La Sociabilité en France et en Grande-Bretagne au Siècle des Lumières

L'émergence
d'un nouveau modèle de société

Tome III
Les Espaces de sociabilité

Sous la direction de
Valérie Capdeville
et Éric Francalanza

La Sociabilité en France et en Grande-Bretagne au Siècle des Lumières

L'émergence
d'un nouveau modèle de société

Tome III
Les Espaces de sociabilité

Transversales

Éditions Le Manuscrit
Paris

DANS LA MÊME COLLECTION

Annick Cossic-Péricarpin et Allan Ingram (sous la direction de), *La Sociabilité en France et en Grande-Bretagne au siècle des Lumières : l'émergence d'un nouveau modèle de société. Tome 1 : Les Lumières en France et en Grande-Bretagne : les vecteurs d'une nouvelle sociabilité – entre ludique et politique*, 2012

Annick Cossic-Péricarpin et Hélène Dachez (sous la direction de), *La Sociabilité en France et en Grande-Bretagne au siècle des Lumières : l'émergence d'un nouveau modèle de société. Tome 2 : Les enjeux thérapeutiques et esthétiques de la sociabilité au XVIIIe siècle*, 2013

© Éditions Le Manuscrit / Manuscrit.com, 2014
© Couverture : James Gillray, *Politeness*. Courtesy of the Lewis Walpole Library, Yale University
EAN : 9782304043563 (livre imprimé)
EAN : 9782304043570 (livre numérique)
EAN : 9782304243574 (Epub)

Présentation de la collection

La collection *Transversales*, dirigée par Annick Cossic-Péricarpin, a pour vocation de rendre compte des travaux d'universitaires dont le champ d'étude est le dix-huitième siècle britannique ou français et qui s'intéressent plus particulièrement aux formes, fonctions et modes opératoires de la sociabilité en Grande-Bretagne et en France. Le socle théorique de la collection est divers en raison de la multidisciplinarité des contributeurs qui font appel aux notions de modèle culturel, d'influence, de transfert et de conflit. Les publications annuelles de la collection font suite à une série de manifestations scientifiques qui ont débuté en décembre 2009 à l'Université de Brest dans le cadre d'un Projet de la Maison des Sciences Humaines de Bretagne. « L'archéologie du savoir » qui y est mise en œuvre a pour objectif ultime, par une lecture croisée de la sociabilité au siècle des Lumières, une meilleure compréhension des enjeux sociétaux d'aujourd'hui.

La problématique posée – l'émergence d'un nouveau modèle de société et sa puissance disséminatoire – est novatrice tant par les sources utilisées que par les attendus scientifiques qui permettraient une remise en cause de postulats généralement admis, en l'occurrence la supériorité du modèle français de sociabilité. Une telle thématique est éminemment moderne et d'une actualité prégnante à une époque où l'individualisme et les conduites antisociales semblent l'emporter sur la ritualisation des rapports sociaux. Un réexamen d'un certain nombre de présupposés sur le dix-huitième siècle et sur les relations entre les nations française et britannique n'est pas seulement une exhumation du passé, mais mène, en dernier ressort, à une réinterprétation du présent.

TABLE DES MATIÈRES

Comité scientifique 11
Les auteurs 15

Introduction. Les Espaces de sociabilité
par Valérie Capdeville 19

Première partie
Lieux et formes de sociabilité

Cafés et *coffeehouses*. Pour une histoire transnationale
des cafés comme lieux de sociabilité
par Brian Cowan 45

London Clubs or the Invention of a 'Home-Made'
Sociability
par Valérie Capdeville 75

Big City, Bright Lights ? Night Spaces in Paris and
London, 1660-1820
par Jonathan Conlin 101

Les loisirs urbains à Paris et à Londres au XVIIIe
siècle : civilité, *politeness* et la construction sociale
des comportements
par Laurent Turcot 139

'Plaire en instruisant' : Learning Manners and Politeness
in Eighteenth-Century England and France
par Michèle Cohen 171

Deuxième partie
Cercles et vecteurs de sociabilité

Un réseau de sociabilité et d'information au siècle des
Lumières : la chambre de lecture
par Paul Benhamou.. 209

La sociabilité dans les cercles huguenots d'Angleterre
au XVIIIe siècle
par Emmanuelle Chaze.. 229

Mise en scène du foyer : sociabilité de la réussite
chez les négociants rochelais
par Brice Martinetti.. 253

Entre amitié et vertu : sociabilités de Schoppenwihr
à Vizille au tournant de la période contemporaine
par Laure Hennequin-Lecomte.. 281

Conclusion. Des espaces de la sociabilité en France et
en Grande-Bretagne au XVIIIe siècle ou les leçons
d'une géométrie dans l'espace
par Éric Francalanza... 303

COMITÉ SCIENTIFIQUE

Annick COSSIC-PÉRICARPIN
Titre : Professeur des Universités
Université ou Centre de recherche : UBO Brest, HCTI/CEIMA, EA 4249
Domaine de compétence : dix-huitième siècle britannique
Principales publications : *Bath au XVIIIe siècle : les fastes d'une cité palladienne*, PUR, 2000, 200 p. ; *Édition critique, The New Bath Guide*, Christopher Anstey, Peter Lang, 2010, 301 p. ; ouvrage en co-direction : *Spas in Britain and in France in the Eighteenth and Nineteenth Centuries*, CSP, 2006, 521 p.

Allan INGRAM
Titre : Professeur des Universités
Université ou Centre de recherche : Northumbria University, Newcastle, UK
Domaine de compétence : dix-huitième siècle britannique
Principales publications : *The Madhouse of Language*, Routledge, 1991 ; *Cultural Constructions of Madness in Eighteenth-Century Writing*, Palgrave, 2005 ; *Melancholy Experience in Literature of the Long Eighteenth Century : Before Depression, 1660-1800* (co-direction Stuart Sim, Clark Lawlor, Richard Terry, Leigh Wetherall-Dickson, John Baker) Palgrave, 2011.

Éric FRANCALANZA
Titre : Professeur des Universités
Université ou Centre de recherche : UBO, Brest, Centre d'Études des Correspondances et Journaux Intimes, UMR 6563
Domaine de compétence : dix-huitième siècle français

Principales publications : *Jean-Baptiste-Antoine Suard journaliste des Lumières*, Paris, Champion, 2002, « Les Dix-huitièmes Siècles », n° 60, 469 p. ; *Voltaire, Patriarche militant. Le Dictionnaire philosophique (1769)*, PUF-CNED, 2008, Série « XVIIIe siècle », 201 p. ; *Correspondance littéraire de Suard avec le margrave de Bayreuth (1773-1775)*. Édition établie à partir des manuscrits inédits de la Bibliothèque Historique de la ville de Paris et de la Bibliothèque municipale de Besançon, présentée et annotée par Éric Francalanza, Honoré Champion, 2010, coll. « Bibliothèque des correspondances, mémoires et journaux », n° 53, 984 p.

Valérie CAPDEVILLE
Titre : Maître de Conférences
Université ou Centre de recherche : Paris 13, PLEIADE-CRIDAF, EA 453
Domaine de compétence : dix-huitième siècle britannique
Principales publications : *L'Âge d'or des clubs londoniens (1730-1784)* Paris, Champion, 2008, « Les Dix-huitièmes Siècles » 496 p. ; « Les cafés à Londres : de nouvelles institutions culturelles à la fin du XVIIe siècle ? », in Jacques Carré dir., *Londres 1700-1900 : naissance d'une capitale culturelle*, PUPS, 2010, coll. « Britannia », pp. 63-84 ; « Gender at stake : the role of eighteenth-century London clubs in shaping a new model of English masculinity », *Culture, Society & Masculinities*, 4.1 (spring 2012), pp. 13-32.

Norbert COL
Titre : Professeur des Universités
Université ou Centre de recherche : UBS, Lorient, HCTI, EA 4249

Domaine de compétence : dix-huitième siècle britannique
Principales publications : *Burke, le contrat social et les révolutions*, Rennes, PUR, 2001 ; *À la Recherche du conservatisme britannique : historiographie, britannicité, modernité (XVIIe-XXe siècles)*, Rennes, PUR, 2007.

Hélène DACHEZ
Titre : Professeur des Universités
Université ou Centre de Recherche : Toulouse 2 – Le Mirail
Domaine de compétence : dix-huitième siècle britannique
Principales publications : *Ordre et désordre : le corps et l'esprit dans les romans de Samuel Richardson (1689-1761)*, Villeneuve d'Ascq, PU du Septentrion, 2000 ; *Le Sang dans le roman anglais du XVIIIe siècle*, Montpellier, PU de la Méditerranée, 2007.

Jean-Noël PASCAL
Titre : Professeur des Universités
Université ou Centre de recherche : Toulouse 2 – Le Mirail
Domaine de compétence : littérature française XVIIIème siècle
Principales publications : *Fables* de Florian, édition critique, Ferney-Voltaire, CIEDS, 2005, *Le Cœur terrible : Gabrielle de Vergy, Fayel, Gabrielle de Passy*, Presses Universitaires de Perpignan, coll. « Études », 2005 ; *Lyres, harpes et cithares : les psaumes en vers français de 1690 à 1820*, Saint-Estève, les Presses littéraires, 2011.

Arlette GAUTIER
Titre : Professeur des Universités
Université ou Centre de recherche : UBO, Brest, CRBC

Domaine de compétence : sociologie (construction des genres et des familles, sur des périodes allant de l'esclavage et du colonialisme à des situations post-coloniales).

Principales publications : *Les Sœurs de solitude*, Paris, Les éditions caribéennes, 1985 ; *Le Sexe des politiques sociales*, avec Jacqueline Heinen, Paris, Éditions Indigo et Côté-femmes, 1993 ; *Politique de population, médiateurs institutionnels et fécondité au Yucatan*, avec André Quesnel, Paris, Éditions de l'IRD, 1993 ; *Les Politiques de planification familiale*, Nogent-sur-Seine, Éditions du CEPED, 2003.

LES AUTEURS

Valérie CAPDEVILLE est Maître de Conférences en civilisation britannique à l'Université Paris 13 et membre du centre de recherche PLÉIADE (ex-CRIDAF). Agrégée d'anglais et spécialiste d'histoire sociale et culturelle, ses recherches portent sur la société anglaise du XVIIIe siècle, plus particulièrement sur la sociabilité londonienne et le phénomène des clubs de *gentlemen*. Elle est l'auteur de *L'Âge d'or des clubs londoniens (1730-1784)*, adapté de sa thèse et paru chez Honoré Champion en 2008, et de plusieurs travaux sur le club comme espace et modèle de sociabilité typiquement britanniques.

Éric FRANCALANZA est Professeur de littérature française à l'Université de Brest et directeur du CECJI (EA7289 – Centre d'Étude des Correspondances et Journaux Intimes). Il a publié plusieurs livres et recueils sur le XVIIIe siècle, dont une édition critique intitulée : *Correspondance littéraire de Suard avec le margrave de Bayreuth (1773-1775)* chez Honoré Champion en 2010. Il s'intéresse plus particulièrement à la critique, au journalisme, aux correspondances et à la poésie du tournant du siècle (1750-1820) ainsi qu'à la pérennité des Lumières au XIXe siècle.

Brian COWAN holds the Canada Research Chair in Early Modern British History and is Associate Professor in the Department of History and Classical Studies at McGill University. He is the author of *The Social Life of Coffee: the Emergence of the British Coffeehouse*, 2005 ; the editor of *The State Trial of Doctor Henry Sacheverell*, 2012 ; and he co-edits *The Journal of British Studies* with Elizabeth Elbourne for the North American Conference on British Studies. He has published numerous articles and essays on the history of sociability and the public sphere in early modern Europe, and his additional publications on the history of early modern taste have ranged from studies of art auctions and connoisseurship to gastronomy and food writing.

Jonathan CONLIN is Senior Lecturer in Modern History at the University of Southampton. He has published numerous articles on eighteenth-century London and Paris and edited the Penn Studies in Landscape Architecture volume *The Pleasure Garden from Vauxhall to Coney Island* (2012). His comparative history of Paris and London was published in June 2013 by Atlantic, under the title *Tales of Two Cities : Paris, London and the Making of the Modern City*.

Laurent TURCOT est Professeur d'histoire à l'Université du Québec à Trois-Rivières, il s'intéresse à l'histoire sociale et l'histoire culturelle, plus particulièrement aux loisirs et aux sports sous l'Ancien Régime. Il a publié *Le Promeneur à Paris au XVIIIe siècle* (Gallimard, 2007) et, en collaboration avec Arlette Farge, *Flagrants délits sur les Champs-Élysées : les dossiers de police du gardien Federici (1777-1791)* (Mercure de France, 2008). Il prépare actuellement une histoire des divertissements à Paris et à Londres du XVIe au XVIIIe siècle et, avec Jonathan Conlin, une traduction en anglais et édition critique de *Louis-Sébastien Mercier, Parallèle de Paris et de Londres (c. 1780)*.

Michèle COHEN est Professeur émérite d'histoire à la Richmond American International University de Londres. Ses recherches sur l'histoire culturelle du XVIIIe siècle en Angleterre et en France portent essentiellement sur le genre, le langage, l'éducation, notamment à travers la sociabilité et la conversation. Elle est l'auteur de *Fashioning Masculinity : National Identity and Language in the Eighteenth Century* (1996), a codirigé *English Masculinities 1660-1800* (1999), et publié des articles sur le Grand Tour, l'apprentissage du français en Angleterre au XVIIIe siècle, et sur la conversation orale et écrite. Elle prépare une monographie sur l'éducation au XVIIIe siècle en Angleterre.

Paul BENHAMOU est Professeur émérite de littérature française à Purdue University, West Lafayette, Indiana (États-Unis). Ses recherches portent sur la presse périodique d'Ancien Régime, les antiphilosophes, l'histoire du livre et les cabinets de lecture. Ses publications récentes sont : « Rhétorique de l'article dans le *Nouvelliste du Parnasse* de Desfontaines », dans *Erudition et Polémique dans les périodiques anciens (XVIIe-XVIIIe siècles)*, Éditions et Presses Universitaires de Reims, 2007, p. 77-90 ; « La diffusion des ouvrages de la STN à travers les cabinets de lecture », dans *La Société typographique de Neuchâtel 1769-1789*, éd. Michel Schlup et Robert Darnton, Neuchâtel, 2005, p. 299-314 ; « Diffusion of Forbidden Books : Four case studies », *SVEC* 12, 2005, p. 259-281.

Emmanuelle CHAZE est chargée de cours en histoire moderne à l'Université de Bayreuth. Elle prépare actuellement une thèse intitulée « La famille au Refuge huguenot : correspondances et réseaux dans les îles Britanniques aux XVIIe et XVIIIe siècles » sous la direction du Prof. Susanne Lachenicht, travail pour lequel elle a obtenu des subsides de la Maison Française d'Oxford, de l'Institut d'Histoire de la Réformation de Genève et de l'Etat de Bavière. Elle a participé au projet de recherche « Diaspora Networks, Diaspora Identities » lancé par la German-Israeli Foundation. Ses thèmes de

Les auteurs

recherche ont trait à l'histoire sociale et culturelle, l'histoire du protestantisme et l'histoire des migrations.

Brice MARTINETTI, Docteur en histoire moderne de l'Université de La Rochelle, est membre du CRHIA (Centre de Recherche en Histoire Internationale et Atlantique). Il a soutenu, en 2012, une thèse de Doctorat ayant pour titre « Les négociants rochelais au XVIIIe siècle. Formations, évolutions et révolutions d'une élite », sous la direction de Didier Poton. Spécialisé dans l'étude des milieux négociants et de la culture matérielle, il consacre une part de ses travaux à l'engagement vers les colonies et à l'histoire du commerce et de l'immigration française dans la puissance du Canada.

Laure HENNEQUIN-LECOMTE est professeur agrégée au lycée Marc Bloch de Bischheim. Membre associé à l'équipe d'accueil ARCHE (Arts, civilisation et histoire de l'Europe) de l'Université de Strasbourg, elle a soutenu une thèse intitulée *Les Réseaux d'influence du patriciat strasbourgeois 1789-1830*, en 2007. Une version remaniée a été publiée aux Presses Universitaires de Strasbourg en 2011 avec le titre suivant *Le Patriciat strasbourgeois (1789-1830), Destins croisés et voix intimes*. Ses thèmes de recherche sont les transformations économiques, sociales, politiques de l'élite européenne, la culture et les mentalités de lignées de premier plan à la jointure de la période moderne et contemporaine.

INTRODUCTION
LES ESPACES DE SOCIABILITÉ

Valérie CAPDEVILLE
Université de Paris 13

Ce troisième volume de *Transversales* rassemble une partie des travaux présentés lors du colloque international organisé à l'UBO (Brest) au printemps 2012, « La sociabilité en France et en Grande-Bretagne au siècle des Lumières : formes, fonctions et modes opératoires », dans le cadre du projet de la Maison des Sciences Humaines de Bretagne. Ce projet du même nom, dont la problématique tente de définir l'émergence d'un nouveau modèle de société, a déjà donné lieu à un premier volume consacré aux vecteurs de cette nouvelle sociabilité (entre ludique et politique) ; puis à un second s'intéressant aux enjeux thérapeutiques et esthétiques de la sociabilité au XVIIIe siècle. Ce présent recueil, composé de neuf articles, propose une réflexion sur les espaces de sociabilité.

Liée aux théories du droit naturel, la notion de « sociabilité » est au cœur de la pensée politique et morale des Lumières. Mais elle renvoie aussi à la représentation des « pratiques de sociabilité » qui prennent forme à l'époque, permettant alors de comprendre la sociabilité en tant que comportement et code de conduite qui sous-tendent la vie en société. Par conséquent, la sociabilité peut se définir de plusieurs manières. L'édition de 1798 du *Dictionnaire de l'Académie française*[1] la définit, en premier lieu, comme une « aptitude à vivre en société, propre à l'espèce humaine, mais non pas à elle seule ». Il est dit d'un homme sociable qu'il est « né propre à vivre en société ». D'autre part, elle désigne aussi un homme « avec qui il est aisé de vivre, qui est de bon commerce ». On parle alors d'un caractère sociable, de mœurs ou de manières sociables. La définition précise enfin que cette qualité est variable, puisqu'il y a « des nations plus sociables les unes que les autres », de même que tout homme n'a pas ou ne développe pas le même degré de sociabilité. On remarque que les dictionnaires prennent en compte, de manière systématique, les deux volets sémantiques du mot.[2] De façon habile, l'historien Michel Morineau parvient à résumer cette évolution, ou plutôt cette double définition de la sociabilité dans une intéressante réflexion sur la « douceur d'être inclus » :

> Un quart de tour et le vocable s'applique non plus à l'appétit ou la tendance mais au degré de souplesse, d'entregent, de sociabilité. [...] La sociabilité est le courant qui passe entre les membres du rassemblement de l'association, qui en établit et en arrime les relations. Elle devient, d'une certaine manière, extérieure aux individus

---

[1] *Dictionnaire de l'Académie française*, Paris, Smits, 1798 (5ᵉ éd.)
[2] Le *Littré* distingue également entre la « disposition innée qui porte les hommes à vivre en société », la « manière, propre à l'homme, de vivre en société », et la « qualité de l'homme sociable », *Littré*, Genève, Famot, 1977, p. 4036. De même, le *Grand Larousse Universel* définit la sociabilité d'une part, comme la « tendance commune aux hommes qui les pousse à vivre ensemble de manière que la paix soit assurée par un ensemble de règles naturelles de vie commune », d'autre part, comme la « qualité de quelqu'un qui est agréable en société et recherche la compagnie de ses semblables ».

Introduction

qui, pour être du groupe, doivent participer à cette sociabilité collective, offrir leur disponibilité, mouler leur aptitude à vivre en société, leur sociabilité personnelle, dans le moule et selon les normes de la sociabilité collective déterminée de tel ou tel groupe.[3]

D'ailleurs, en sociologie, le terme désigne à la fois « l'état qui résulte immédiatement des facultés de l'homme (état de société) » et « un trait de psychologie collective attribué à des groupes plus ou moins étendus ».[4] À la lumière de ces définitions, l'on peut déjà dire des espaces de sociabilité qu'ils répondent au besoin qu'ont les hommes de vivre ensemble, mais aussi qu'ils semblent correspondre à des pratiques et à des représentations de la sociabilité, à travers les interactions et les comportements des individus qui en font partie.

Les recherches sur la sociabilité

Les recherches sur la sociabilité bénéficient de sources primaires riches et multiples. La variété de ces sources constitue un atout considérable, même si elle peut paraître, au premier abord, difficile à appréhender. Qu'il s'agisse de textes politiques ou philosophiques, de traités de civilité, de journaux, d'archives, de mémoires, de récits de voyage, de correspondances, de représentations littéraires et iconographiques, il n'y a pas de hiérarchie des sources. De même, il convient de s'efforcer de ne jamais considérer les sources comme

---

[3] MORINEAU (Michel), « La douceur d'être inclus », in THÉLAMON (Françoise) dir., *Sociabilité, pouvoirs et société : Actes du Colloque de Rouen*, 24-26 nov. 1983, pp. 19-32.
[4] BOUDON (Raymond) dir., *Dictionnaire de la sociologie*, Paris, Larousse, 1993.

purement documentaires. La plupart des sources de l'Histoire de la sociabilité sont elles-mêmes produites par cette sociabilité. D'une part, elles véhiculent des représentations de cette sociabilité auxquelles il faut être sensible. D'autre part, elles participent elles-mêmes de la sociabilité étudiée. Le cas des correspondances est frappant, car dans la sociabilité savante par exemple, elles sont justement une part essentielle de cette sociabilité, elles sont ce qui circule entre les savants, elles sont la nature même du lien. Quant aux archives de clubs ou autres institutions, elles rendent compte de pratiques et de rituels de sociabilité, tout en permettant d'identifier les principaux acteurs de cette sociabilité.

Les travaux sur la sociabilité ont, depuis quelques années, connu un essor important. Ils bénéficient des apports conjoints de la sociologie, de la philosophie, de l'histoire sociale, politique, culturelle, intellectuelle, urbaine et de l'analyse de ses représentations littéraires et artistiques. Tout d'abord, la sociologie des dynamiques d'agrégation sociale (étudiée par Simmel, puis Maisonneuve[5]) est un passage obligé dans l'analyse du phénomène groupal. La socio-histoire de Norbert Elias a permis, quant à elle, de comprendre les pratiques de sociabilité comme les manifestations de configurations sociales.[6] On associe également l'étude des sociabilités à la question de l'opinion publique, sur laquelle Habermas et ses travaux sur l'espace public

---

[5] SIMMEL (Georg), *Sociologie : étude sur les formes de la socialisation*, trad. par L. Deroche-Gurcel & S. Muller, [*Soziologie*, 1908] Paris, PUF, 1999 ; MAISONNEUVE (Jean), *La Dynamique des groupes* [1968] Paris, PUF, coll. « Que sais-je ? », 1990.
[6] ELIAS (Norbert), *La Civilisation des mœurs*, [*Über den Prozeß der Zivilisation*, 1939] Paris, Calmann-Lévy, 1973.

Introduction

servent de référence.⁷ Cependant, le cœur de son analyse n'est pas la sociabilité mais la naissance d'un « espace public » d'abord littéraire puis politique, où des particuliers, constitués en public, font un usage critique de leur raison. Il décrit ces « institutions de la sphère publique » que sont les lieux de sociabilité (salons, clubs, cafés, loges…). Néanmoins, cette théorie séduisante peut se révéler parfois peu concluante pour l'analyse de certains espaces de sociabilité, comme il en sera question plus loin.

Les années 1970-80 ont vu apparaître un courant historiographique nouveau : celui de l'histoire de la vie privée ou plus précisément de toute forme de la vie sociale non liée à la vie politique. L'étude des différentes formes de sociabilité en fait donc partie. Les notions d'amitié, de convivialité sont convoquées (Maurice Aymard).⁸ À la même époque, l'histoire intellectuelle a fourni un autre éclairage à l'étude de la sociabilité. L'œuvre marquante de Daniel Roche (sur les académies de province puis les Républicains des lettres)⁹ se situe dans le cadre d'une histoire des pratiques culturelles, des circulations, des appropriations. La sociabilité permettait ainsi d'étudier le caractère institutionnel de la

---

⁷ HABERMAS (Jürgen), *L'Espace public : archéologie de la publicité comme dimension constitutive de la société bourgeoise*, trad. par M.B. de Launay [*Strukturwandel der Öffentlichkeit*, 1962] Paris, Payot, 1978.
⁸ AYMARD (Maurice), « Amitié et convivialité », in ARIÈS (Philippe) & DUBY (Georges), *Histoire de la vie privée*, tome 3, 1986. Voir plus récemment l'ouvrage de VINCENT-BUFFAULT (Anne), *Une Histoire de l'amitié*, Paris, Bayard, 2010.
⁹ ROCHE (Daniel), *Le Siècle des Lumières en province : académies et académiciens provinciaux, 1689-1789*, Paris, Mouton, 1978 ; *Les Républicains des Lettres : gens de culture et Lumières au XVIIIe siècle*, Paris, Fayard, 1988 ; *La Culture des apparences : essai sur l'histoire du vêtement aux XVIIe et XVIIIe siècles*, Paris, Fayard, 1989.

sociabilité académique, les aspects « matériels » de la vie culturelle et intellectuelle, le rôle des bibliothèques, des réseaux de correspondances par exemple. Du côté français, les travaux plus récents d'Antoine Lilti sur la sociabilité mondaine[10] ont profondément renouvelé l'approche des pratiques mondaines de sociabilité au sein des « sociétés » connues par la suite sous la dénomination de salon. Au même moment, l'historien canadien Brian Cowan a étudié l'histoire et la fonction sociale du café[11] et ses travaux novateurs sur l'espace public en Grande-Bretagne et en Europe permettent d'envisager ces espaces de la sociabilité selon des perspectives transnationales. En Grande-Bretagne, jusqu'aux travaux de l'historien Peter Clark, l'étude de la sociabilité britannique apparaissait comme un champ encore peu exploré. Si l'axe de Clark est celui de la sociabilité urbaine, il offre une dynamique essentielle pour appréhender la formation d'une communauté politique nationale et pour mesurer les enjeux politiques et sociaux des mouvements associatifs. Lors d'une conférence donnée en 1986 à l'Université de Leicester, intitulée « Sociability and Urbanity : Clubs and Societies in the Eighteenth-Century City », Clark pose les premiers jalons d'une réflexion sur l'essor du mouvement associatif en Angleterre au XVIIIe siècle et son incidence sur la

---

[10] LILTI (Antoine), *Le Monde des salons. Sociabilité et mondanité à Paris au XVIIIe siècle*, Paris, Fayard, 2005.

[11] COWAN (Brian), *A Social History of Coffee : the Emergence of the British Coffeehouse*, New Haven, Yale UP, 2005 ; « Publicity and Privacy in the History of the British Coffeehouse », *History Compass*, 5.4 (July 2007), pp. 1180-1213 ; « Public Spaces, Knowledge and Sociability », in *The Oxford Handbook of the History of Consumption*, Frank Trentmann, ed., Oxford, OUP, 2012, pp. 251-66.

construction d'une identité sociale et culturelle urbaine.[12] En France, l'étude des réseaux fait, depuis quelques années, l'objet de travaux par des sociologues d'une part, étudiant le lien social (Michel Forsé, Degenne, Bidart et Grossetti)[13] ; par des historiens d'autre part, s'intéressant aux liens entre réseaux et histoire (Claire Lemercier), aux circulations et réseaux intellectuels (Pierre-Yves Beaurepaire).[14] Cependant, face à l'idée de cosmopolitisme, l'accent a été mis, du côté anglais, sur la constitution de références nationales, voire de cristallisation des identités nationales (Linda Colley)[15] passant aussi par la persistance de stéréotypes (Paul Langford)[16].

Par ailleurs, les liens entre sociabilité et politesse mis en avant avec pertinence par l'historien Lawrence E. Klein ont permis de définir quel modèle offre la France en matière de sociabilité et d'observer les mécanismes d'imitation et de rejet qui s'opèrent, esquissant alors les

---

[12] Dans *British Clubs and Societies, 1580-1800 : the Origins of an Associational World*, Oxford, Clarendon Press, 2000, Clark est le premier qui appréhende le club sous un angle dynamique et pose les questions de son origine, de son essor, de son fonctionnement interne et de son impact sur la société urbaine.

[13] DEGENNE (Alain) et FORSÉ (Michel), *Les Réseaux sociaux, Une Approche structurale en sociologie*, Paris, Armand Colin, 1994 ; BIDART (Claire), DEGENNE (Alain) & GROSSETTI (Michel), *La Vie en réseau. Dynamique des relations sociales*, Paris, PUF, coll. « Le lien social », 2011.

[14] BEAUREPAIRE (Pierre-Yves), spécialiste de la sociabilité maçonnique, publie *Le Mythe de l'Europe française au XVIIIe siècle : Diplomatie, culture et sociabilité au temps des Lumières*, Paris, Autrement (collection « Mémoires ») 2007, puis avec Pierrick Pourchasse, *Les Circulations internationales en Europe. Années 1680-1780*, Rennes, PUR, 2010.

[15] COLLEY (Linda), *Britons : Forging the Nation 1707-1837*, New Haven, Yale UP, 1992.

[16] LANGFORD (Paul), *Englishness Identified : Manners and Character, 1650-1850*, Oxford, OUP, 2000.

contours d'une sociabilité 'britannique'.[17] La question du rapport entre sociabilité et genre venant se superposer à l'opposition France/Grande-Bretagne a été finement analysée par Michèle Cohen et Tim Hitchcock dans *English Masculinities. 1660-1800*.[18] À noter enfin quelques études récentes de Christophe Losfeld, *Politesse, morale et construction sociale. Pour une histoire des traités de comportements (1670-1788)*,[19] ou de Jon Mee, *Conversable Worlds. Literature, Contention, and Community 1762 to 1830*,[20] qui témoignent d'une envie grandissante de mieux comprendre les modes opératoires et les pratiques de la sociabilité aux XVIIe et XVIIIe siècles.

Espace géographique / espace social

Si pour analyser et comprendre l'évolution des formes et des pratiques de sociabilité il semble naturel de mettre l'accent sur le temps et la chronologie, ces phénomènes sociaux ont pourtant aussi une dimension spatiale. Les interactions sociales s'inscrivent résolument dans des espaces, qu'ils soient définis géographiquement ou bien qu'ils s'affranchissent de

---

[17] KLEIN (Lawrence E.), « Politeness and the Interpretation of the British Eighteenth Century », *The Historical Journal*, 45.4 (2002) pp. 869-898 ; *Shaftesbury and the Culture of Politeness : Moral Discourse and Cultural Politics in Early Eighteenth-Century England*, Cambridge, CUP, 1994.
[18] COHEN (Michèle) & HITCHCOCK (Tim), *English Masculinities, 1660-1800*, London & NY, Longman, 1999.
[19] LOSFELD (Christophe), *Politesse, morale et construction sociale. Pour une histoire des traités de comportements (1670-1788)*, Paris, Champion, 2011.
[20] MEE (Jon), *Conversable Worlds. Literature, Contention, and Community 1762 to 1830*, Oxford, OUP, 2011. Jon Mee dirige depuis 2013 un projet financé par le Leverhulme Trust, intitulé 'Networks of Improvement : British Literary Clubs and Societies c.1760-c.1840'.

frontières en une abstraction théorique. Dès lors qu'il envisage la notion d'espace, le chercheur est ainsi confronté à un certain nombre de tensions liées à la définition même de ce qu'est un espace. De fait, pour pouvoir parler d'espace de sociabilité, il convient tout d'abord d'identifier les différentes dimensions que revêt le concept d'espace. La relation entre « espace physique » et « espace social » a été établie par les sociologues depuis la première école de Chicago (Robert E. Park).[21] Il paraît en effet difficile d'envisager l'espace comme étant purement physique (ou géographique). À l'inverse, existe-t-il un espace exclusivement social, indépendamment de la spatialité ? Comme l'ont affirmé plus récemment Bernard Michon et Michel Koebel, les rapports sociaux ne peuvent se concevoir complètement en dehors des espaces physiques où ils s'inscrivent : « il semble que l'analyse de l'espace doive se construire à partir de la tension entre le « physique » et le « social », selon une dimension historique ».[22] Tout d'abord, les espaces de sociabilité renvoient à des lieux ancrés et délimités géographiquement, où s'opèrent les rapports sociaux, où est mise en œuvre la sociabilité (cafés, clubs, salons, assemblées, chambres de lectures, sociétés savantes…).

---

[21] Park montrait dès les années 1920 que les différences sociales mais aussi les conflits sociaux et la dynamique de socialisation s'ancraient spatialement, dans les différents quartiers de la ville de Chicago, élaborant ainsi une théorie spatiale des comportements collectifs. Voir également DI MEO (Guy) & BULEON (Pascal), *L'Espace social. Lecture géographique des sociétés*, Armand Colin, 2005.

[22] MICHON (Bernard) & KOEBEL (Michel), « Pour une définition sociale de l'espace », in GRANDJEAN (P.) dir., *Construction identitaire et espace*, Paris, L'Harmattan, coll. « Géographie et culture », 2009, pp. 39-59.

Or, le recours à la notion d'espace implique aussi de dépasser les caractéristiques géographiques des lieux, des territoires, des institutions de la sociabilité, pour envisager les enjeux sociaux qu'elle contient. La nature des interactions entre les individus qui constituent un espace de sociabilité peut alors porter à considérer cet espace comme une notion abstraite. Ainsi utilise-t-on les expressions d'« espace de la conversation », d'« espace du dialogue », d'« espace de la civilité » ou, comme l'a fait Bourdieu depuis les années 70, associe-t-on plus largement l'espace social à l'« espace des positions sociales », l'« espace des pratiques sociales » ou encore l'« espace des styles de vie ».[23] Ce type d'espace désigne un ensemble plus ou moins uniforme de pratiques, de valeurs ou de normes qui dépassent toute frontière physique. Ce sont les acteurs/vecteurs mis en relation dans ce type d'espace qui participent à sa construction, à son évolution dans le temps et à la production de représentations à son sujet. En conséquence, l'on comprend bien que dans le cadre de cette étude, cette double acception de la notion d'espace est essentielle, et qu'en l'occurrence, l'éloignement géographique ne saurait, par exemple, faire obstacle à la constitution d'un espace de sociabilité.

---

[23] Voir également les travaux de Laurent Turcot sur « l'espace de la promenade » ou ceux de Pierre-Yves Beaurepaire sur « l'espace des francs-maçons » ; de même « spaces of modernity » et « spaces of consumption » mentionnés par Jonathan Conlin en notes 3 et 4 de son article.

Introduction

Espace privé / espace public

Un autre aspect désormais indissociable de la notion d'espace est la dialectique espace privé/espace public. Le concept de « public » n'existant pas encore avant le XVIIe siècle, aucun espace n'est alors défini pour accueillir les pratiques sociales et les associations publiques de personnes privées. Or, en Angleterre à la fin du XVIIe siècle, le rôle de la Cour et du Parlement ayant subi d'importantes transformations, se dessinent les contours d'une sphère publique, fruit de l'extension de la vie des associations. Ce monde « public » au sein de la société civile n'est soumis ni au pouvoir de l'Etat ni à une quelconque autorité monarchique, mais tire sa légitimité de l'association libre et volontaire de personnes privées agissant en tant que citoyens publics. À ce titre, les cafés et les tavernes où commencent à se réunir des groupements politiques et sociaux divers, favorisent la formulation collective des intérêts individuels et acquièrent un rôle privilégié en tant que foyers d'expression de cette opinion publique.

Selon les termes de Jürgen Habermas, un « espace public » apparaît ainsi à la fin du XVIIe siècle en Europe. Il s'agit pour lui d'un espace au sein duquel des personnes privées se rassemblent en un public pour faire un libre usage de leur raison.[24] L'essor parallèle des journaux et des *coffee houses* en Angleterre, par exemple, participe bel et bien à la constitution de ce nouvel espace et l'on assiste ainsi à l'élaboration d'un discours qui représente l'expression même de l'opinion publique. Plus largement, l'espace public est constitué d'organes d'information et de débat politique tels que les journaux, les pamphlets, ainsi que de

---

[24] HABERMAS (Jürgen), *L'Espace public*, p. 38-39.

toutes les institutions où la discussion socio-politique peut avoir lieu : clubs, salons littéraires, assemblées publiques, cafés, etc. La constitution de cet espace public est devenue possible à partir du moment où l'urbanisation s'est développée, mais aussi lorsque s'est opérée une redéfinition de la notion d'espace privé. Précisément, c'est ce processus qui, en contrepoint, a permis à l'espace public de se dessiner et de s'affirmer. La sphère privée est le lieu de l'intimité familiale par excellence, mais aussi l'espace domestique au sein duquel l'individu se retire, lit, écrit, pense et fait usage de son jugement développant ainsi sa subjectivité. En France, une nouvelle pièce occupe peu à peu une place centrale dans l'agencement de la maison, le salon. Pour Habermas, il est le premier élément de transition vers la constitution d'un espace public, car le salon est dévolu à la société.[25] On y reçoit des amis, des artistes, des philosophes et des savants ; l'individu y fait un usage public de son jugement et l'apprentissage de la parole publique et de la conversation. Le salon devient ainsi un lieu de sociabilité publique à part entière, tout en appartenant au domaine du privé. Il semble d'ailleurs que ce soit cette particularité qui ait permis de garantir aux femmes françaises un rôle clef au cœur de la sphère publique.

Qu'il s'agisse du salon français ou du club anglais, ces deux institutions occupent néanmoins un statut problématique, tout du moins ambigu dans le schéma habermasien. Elles peinent en effet à s'y intégrer, car elles se trouvent en réalité à mi-chemin entre sphères privée et publique. Il conviendrait alors d'adjoindre à la traditionnelle séparation bipolaire espace privé/espace

---

[25] *Ibid.*, p. 55-56.

Introduction

public, un troisième espace, complémentaire et intermédiaire, que l'on appellerait « espace de société » ou « espace social » et qui engloberait de telles formes de sociabilité.[26] Michèle Cohen envisage l'existence d'un tel espace : « Social spaces were neither fully public nor private but rather a space-between, created in part by the nature of the activities that took place there, and comprising all the spaces for 'society' both inside or outside the home ».[27] De même, dans son introduction au premier volume de *Transversales*, Annick Cossic fait référence à Amanda Vickery qui, épousant cet argument, dit de la sociabilité qu'elle englobe les deux sphères et résiste justement, par sa nature, à toute catégorisation entre espace privé et espace public.[28]

Les espaces de sociabilité : présentation des travaux des chercheurs

Ces diverses questions sur les espaces de sociabilité nous ont conduits à diviser notre volume en deux

---

[26] CAPDEVILLE (Valérie), *L'Âge d'or des clubs londoniens (1730-1784)*, Paris, Champion, 2008, p. 279-80.
[27] Cet argument est avancé dans le 3e chapitre de l'ouvrage co-édité avec Tim HITCHCOCK, *English Masculinities. 1660-1800*, London & NY, Longman, 1999, intitulé « Manliness, Effeminacy and the French : Gender and the Construction of National Character in Eighteenth-Century England », p. 47.
[28] COSSIC-PÉRICARPIN (Annick), « Introduction. La naissance d'une nouvelle sociabilité », in COSSIC-PÉRICARPIN (Annick) et INGRAM (Allan) dir., *La Sociabilité en France et en Grande-Bretagne au siècle des Lumières : l'émergence d'un nouveau modèle de société. Tome 1 : Les Lumières en France et en Grande-Bretagne : les vecteurs d'une nouvelle sociabilité*, Paris, Le Manuscrit, 2012, p. 20-21. VICKERY (Amanda), *The Gentleman's Daughter. Women's Lives in Georgian England*, New Haven, Yale University Press, 2003, p. 196.

parties. La première propose une étude comparative d'espaces de sociabilité de part et d'autre de la Manche au XVIIIe siècle et s'attache à décrire les lieux et formes de la sociabilité et à analyser leur émergence, leur évolution, leurs points de ressemblance ou de distinction.

Ce recueil s'ouvre sur un article de **Brian Cowan**, « **Cafés** et *coffeehouses*. **Pour une histoire transnationale des cafés comme lieux de sociabilité** », dans lequel l'auteur analyse les enjeux liés à l'écriture d'une histoire transnationale et comparative du café en Europe. Le café est présenté comme une composante essentielle des habitudes de consommation et des pratiques de sociabilité dès son introduction dans le monde occidental au milieu du XVIIe siècle. Véritable révolution sur le plan de la sociabilité, le café désigne aussi bien la boisson que l'espace qui lui est dédié et diffère selon les cultures et les spécificités nationales. Brian Cowan montre à quel point le café, en tant qu'espace social, véritable lieu d'échange et de communication, est indissociable de la culture de la presse et du débat intellectuel qui naît dans l'espace public. En analysant les différentes histoires des cafés en Europe, il tente de réconcilier une approche nationale et comparative de ces espaces de sociabilité, tout en lui confrontant une perspective internationale ou transnationale. L'idéal cosmopolite des cafés londoniens, par exemple, ne peut faire abstraction du contexte de guerre culturelle entre la France et l'Angleterre, donnant lieu à l'émergence d'un modèle britannique de la *coffeehouse*, qui s'imposera également dans l'empire au XIXe siècle.

Le caractère national des espaces de sociabilité est également l'objet de l'article de **Valérie Capdeville**,

Introduction

« **London Clubs or the Invention of a 'Home-Made' Sociability** ». Les clubs londoniens et les salons parisiens sont souvent considérés comme les paradigmes respectifs des sociabilités anglaise et française au XVIIIe siècle. Le salon offre une certaine idéalisation de la sociabilité française, essentiellement féminine, tandis que le club, né de la *coffeehouse*, se veut un espace de sociabilité exclusivement masculin. L'auteur s'interroge sur la façon dont un modèle de sociabilité anglaise a pu se définir grâce à la remise en cause de l'hégémonie française en matière de sociabilité, passant par l'imitation, puis par le rejet de la politesse à la française. Les récits de voyage, les correspondances, la presse périodique et les archives des clubs, fournissent à l'auteur autant d'éléments d'analyse permettant de souligner non seulement les caractéristiques du club londonien comme lieu de divertissement, d'échange, de conversation, mais aussi les paradoxes de cet espace social, à mi-chemin entre espace privé et espace public, à la fois lieu d'intégration et d'exclusion. Valérie Capdeville montre ainsi comment l'essor et le succès du club de *gentlemen* a favorisé l'invention d'un modèle de sociabilité « à l'anglaise », reflet de l'identité nationale.

Dans le troisième article de cette première partie, intitulé « **Big City, Bright Lights ? Night Spaces in Paris and London, 1660-1820** », Jonathan Conlin envisage la nuit non simplement comme temps, mais comme espace de la sociabilité. Comparant Londres et Paris, il décrit l'émergence de nouveaux espaces dédiés à de nouvelles pratiques urbaines. En effet, les progrès de l'éclairage et de la surveillance dans l'une et l'autre capitale transforment peu à peu l'utilisation du temps nocturne. La nuit, auparavant perçue comme une frontière et associée au danger, au crime ou à la marginalité, devient un espace de sociabilité.[29] Jonathan Conlin relie directement les différentes étapes de la mise en place de l'éclairage urbain à l'essor des divertissements nocturnes, tels que les bals masqués, *ridottos* et jardins de plaisir (Vauxhall ou Ranelagh à Londres, par exemple). Dans quelle mesure la « colonisation de la nuit »[30] favoriserait-elle alors politesse et sociabilité ? De même, la nuit serait-elle davantage masculine ou féminine ? Enfin, puisqu'elle est ainsi éclairée et visible, la nuit dans la ville se transforme en spectacle pour les yeux ou mise en scène. Quelques rares représentations picturales de cette nuit désormais illuminée et sociable sont ici analysées par l'auteur. Une nouvelle perception du temps nocturne s'accompagne d'une autre façon de ressentir et de représenter l'espace urbain.

Dans le prolongement de cette étude des divertissements urbains, l'article de **Laurent Turcot, « Les loisirs urbains à Paris et à Londres au XVIIIe siècle : civilité, *politeness* et la construction sociale des comportements »**, cherche à comprendre la manière dont se définissent les comportements sociaux dans l'espace urbain. Les influences, échanges, transferts entre la France et l'Angleterre génèrent une émulation civilisatrice. Dès la fin du XVIIe siècle, une réforme des comportements publics dans les espaces de loisir est à l'œuvre à Paris comme à Londres, dans un contexte de mutation du paysage urbain. Traitant des liens entre divertissements et civilité et montrant que la

---

[29] Voir CAPDEVILLE (Valérie), « Les clubs londoniens : vie nocturne et transgression » in HALIMI (Suzy) dir., *La Nuit dans l'Angleterre des Lumières*, Paris, PSN, 2009, pp. 21-35.
[30] CLARK, *British Clubs and Societies*, p. 171.

politeness apparaît comme un marqueur social des comportements, Laurent Turcot s'interroge sur le rôle de la distinction sociale ou de l'égalité. De nombreux traités de civilité s'inspirant du modèle curial français sont traduits outre-Manche. De même, la presse périodique britannique, en particulier le *Spectator*, qui entend réformer les mœurs et promouvoir l'idéal du *gentleman*, n'est pas sans influencer à son tour les écrits et le public français. Si les récits de voyage témoignent d'un véritable engouement pour les loisirs urbains, quelle place occupent alors ces derniers dans l'éducation ? Cet article établit que les littératures normatives en France et en Angleterre s'influencent mutuellement et se transforment au XVIIIe siècle, puisqu'il s'agit désormais non seulement de définir des comportements liés aux caractères nationaux, mais aussi d'identifier des espaces urbains spécifiquement dédiés aux loisirs.

Dans le dernier article de cette première partie **« 'Plaire en instruisant' : Learning Manners and Politeness in Eighteenth-Century England and France », Michèle Cohen** traite du rôle de la conversation dans l'éducation des enfants. Son auteur entend montrer comment s'acquiert et se pratique la conversation comme mode d'instruction et comme pédagogie au XVIIIe siècle, les connaissances académiques ne constituant pas à elles seules l'éducation. En participant aux loisirs de leurs parents et en évoluant dans un environnement social et intellectuel privilégié, les jeunes enfants se familiarisent avec la politesse et la sociabilité. L'espace de la conversation représente le meilleur terrain d'apprentissage de la vie en société, que ce soit dans la sphère domestique ou publique. L'art de plaire dans la conversation fait l'objet de nombreux traités, dont le premier (*L'Art de plaire dans la conversation*, 1688, de Pierre Ortigue de Vaumorière) est traduit en 1736 en Angleterre. La vocation de la conversation est double : « to entertain and to improve », ainsi que l'écrit Jonathan Swift (*Hints towards an Essay on* Conversation, 1763), elle est à la fois un divertissement social et un exercice intellectuel. Par ailleurs, Michèle Cohen insiste sur l'importance de la lecture comme source de conversation et de sociabilité. De la même façon que la lecture permet d'aiguiser le sens critique et de comparer tel ou tel livre afin de pouvoir en discuter ensuite, savoir écouter est une qualité essentielle pour être capable de restituer une conversation. L'auteur prend l'exemple de plusieurs textes, français et anglais, qui empruntent justement le format de conversations dans le but d'instruire plus facilement, sans « crisper » l'esprit. La conversation apparaît comme le moyen le plus efficace pour éduquer, polir et rendre sociable.

La seconde partie de cet ouvrage traite des espaces de sociabilité comme cercles ou réseaux. L'analyse est désormais régionale ou même locale et les exemples étudiés mettent en lumière des pratiques de sociabilité qui s'inscrivent dans un contexte de diffusion et de rayonnement d'idées et de valeurs, chères à celles et ceux qui en sont les agents/vecteurs.

Le succès de la chambre de lecture en France est au centre de l'article de **Paul Benhamou, « Un réseau de sociabilité et d'information au siècle des Lumières : la chambre de lecture »**. Cet espace de sociabilité, en pleine expansion au XVIIIe siècle, est indissociable de la prolifération de la presse périodique. À la différence du cabinet de lecture (entreprise commerciale, espace annexe d'une librairie, mettant simplement à disposition des journaux, sous condition d'abonnement), la chambre de lecture désigne un espace de communication, un cercle de rencontre entre personnes de même milieu social, où la détente et la discussion favorisent la sociabilité. Paul Benhamou montre comment ces associations répondent admirablement à un besoin d'information et de culture tout en satisfaisant le désir d'être ensemble et de se divertir. Le succès d'un tel espace de sociabilité se traduit par la multiplication des chambres de lecture dans les villes de province, maillage qui constitue peu à peu un véritable réseau de sociabilité dans la France du XVIIIe siècle.

Dans le second article, intitulé **« La sociabilité dans les cercles huguenots d'Angleterre au XVIIIe siècle »**, l'intention d'**Emmanuelle Chaze** est de présenter le Refuge huguenot comme un espace au sein duquel les pratiques de sociabilité permettent aux communautés françaises exilées en Angleterre non seulement de tisser un réseau social intra-communautaire nouveau dans un contexte de déracinement, mais aussi de s'intégrer dans le tissu social local. Lorsque les Huguenots fuient la France après la révocation de l'Édit de Nantes en 1685, nombre d'entre eux se réfugient en Angleterre. Grâce à des correspondances inédites et l'exploitation d'une base de données du Refuge huguenot récemment mise en place, l'auteur montre à quel point la constitution d'un espace d'entraide et de sociabilité dépasse les réseaux ou cercles familiaux, amicaux, professionnels et religieux et favorise les interactions des Huguenots dans leur terre d'accueil, mais aussi les échanges entre les Refuges des différents pays européens.

Dans l'article suivant « **Mise en scène du foyer : sociabilité de la réussite chez les négociants rochelais** », **Brice Martinetti** propose une étude sur les négociants rochelais qui, en quête d'identité sociale, participent à la création, dans l'espace domestique du foyer, d'une culture collective de la sociabilité au centre de laquelle les objets du quotidien mettent en scène leur réussite. L'hôtel particulier est un espace privé, mais dont une partie est consacrée aux rapports publics. L'auteur s'intéresse au mobilier, aux arts de la table, aux produits consommés lors des réceptions, et s'attache à montrer qu'ils reflètent une mise en scène de la richesse et une culture des apparences. Comment la sociabilité des négociants rochelais, autour de la lecture, d'échanges intellectuels, de divertissements, témoigne-t-elle de leur ambition culturelle et d'une véritable stratégie de « démonstration sociale » ?

Le dernier article de cette deuxième partie, rédigé par **Laure Hennequin-Lecomte**, a pour titre « **Entre amitié et vertu : sociabilités de Schoppenwihr à Vizille au tournant de la période contemporaine** ». Le choix de deux cercles de sociabilité, l'un situé en Alsace, l'autre dans le Dauphiné, permet à l'auteur de mettre en évidence les transferts culturels et les relations amicales entre plusieurs membres des élites locales. Par une approche originale, l'auteur entend montrer comment le lien entre ces deux sociétés, l'une catholique, l'autre protestante, est entretenu par le jeu des alliances matrimoniales et par deux figures emblématiques, Oberlin, le pédagogue des Lumières et Pfeffel, le poète. L'analyse des correspondances et des *ego*-documents laissés par leurs sociétaires révèle l'existence d'un réseau intellectuel entre deux espaces géographiques. Des livres d'amitié, dessins, pièces de

Introduction

théâtre (« bouquets de mariage »), échangés par les demoiselles de Berckheim, attestent leur volonté de perfectionner corps et esprit grâce à la création d'un espace de sociabilité, dont l'équilibre repose sur deux valeurs essentielles : l'amitié et la vertu.

En adoptant différentes échelles d'analyse, ce recueil présente une étude des espaces de sociabilité en France et en Grande-Bretagne au siècle des Lumières qui permet non seulement de confronter et de concilier à la fois les deux acceptions de la notion d'espace, mais aussi de percevoir les limites de l'opposition traditionnelle entre espace privé et espace public.

Bibliographie sélective

Aymard (Maurice), « Amitié et convivialité », Ariès (Philippe) & Duby (Georges), *Histoire de la vie privée*, tome 3, Paris, Seuil, 1986, pp. 455-499.

Beaurepaire (Pierre-Yves), *Le Mythe de l'Europe française au XVIIIe siècle : Diplomatie, culture et sociabilité au temps des Lumières*, Paris, Autrement, collection « Mémoires », 2007.

— & Pourchasse (Pierrick), *Les Circulations internationales en Europe. Années 1680-1780*, Rennes, PUR, 2010.

Bidart (Claire), Degenne (Alain) & Grossetti (Michel), *La Vie en réseau. Dynamique des relations sociales*, Paris, PUF, coll. « Le lien social », 2011.

Boudon (Raymond) dir., *Dictionnaire de la sociologie*, Paris, Larousse, 1993.

Capdeville (Valérie), *L'Âge d'or des clubs londoniens (1730-1784)*, Paris, Champion, coll. « Les Dix-huitièmes siècles », 2008.

—, « Les clubs londoniens : vie nocturne et transgression » in Halimi (Suzy) dir., *La Nuit dans l'Angleterre des Lumières*, Paris, PSN, 2009, pp. 21-35.

Clark (Peter), *British Clubs and Societies, 1580-1800 : the Origins of an Associational World*, Oxford, Clarendon Press, 2000.

Cohen (Michèle) & Hitchcock (Tim), *English Masculinities, 1660-1800*, London & NY, Longman, 1999.

Colley (Linda), *Britons : Forging the Nation 1707-1837*, New Haven, Yale UP, 1992.

Cossic-Péricarpin (Annick), « Introduction. La naissance d'une nouvelle sociabilité », in Cossic-Péricarpin (Annick) & Ingram (Allan) dir., *La Sociabilité en France et en Grande-Bretagne au siècle des*

Lumières : L'émergence d'un nouveau modèle de société. Tome 1 : *Les Lumières en France et en Grande-Bretagne : les vecteurs d'une nouvelle sociabilité*, Paris, Le Manuscrit, 2012.

Cowan (Brian), *A Social History of Coffee : the Emergence of the British Coffeehouse*, New Haven, Yale UP, 2005.

—, « Publicity and Privacy in the History of the British Coffeehouse », *History Compass*, 5.4 (July 2007), pp. 1180-1213.

—, « Public Spaces, Knowledge and Sociability », in *The Oxford Handbook of the History of Consumption*, Trentmann (Frank) ed., Oxford, OUP, 2012, pp. 251-266.

Degenne (Alain) & Forsé (Michel), *Les Réseaux sociaux, Une Approche structurale en sociologie*, Paris, Armand Colin, 1994.

Di Meo (Guy) & Buleon (Pascal), *L'Espace social. Lecture géographique des sociétés*, Armand Colin, 2005.

Elias (Norbert), *La Civilisation des mœurs*, [*Über den Prozeß der Zivilisation*, 1939]·Paris, Calmann-Lévy, 1973.

Habermas (Jürgen), *L'Espace public : archéologie de la publicité comme dimension constitutive de la société bourgeoise*, trad. par M.B. de Launay [*Strukturwandel der Öffentlichkeit*, 1962] Paris, Payot, 1978.

Klein (Lawrence E.), *Shaftesbury and the Culture of Politeness : Moral Discourse and Cultural Politics in Early Eighteenth-Century England*, Cambridge, CUP, 1994.

—, « Politeness and the Interpretation of the British Eighteenth Century », *The Historical Journal*, 45.4 (2002) pp. 869-898.

Langford (Paul), *Englishness Identified : Manners and Character, 1650-1850*, Oxford, OUP, 2000.

Lilti (Antoine), *Le Monde des salons. Sociabilité et mondanité à Paris au XVIIIe siècle*, Paris, Fayard, 2005.

Losfeld (Christophe), *Politesse, morale et construction sociale. Pour une histoire des traités de comportements (1670-1788)*, Paris, Champion, 2011.

Maisonneuve (Jean), *La Dynamique des groupes* [1968] Paris, PUF, coll. « Que sais-je ? », 1990.

Mee (Jon), *Conversable Worlds. Literature, Contention, and Community 1762 to 1830*, Oxford, OUP, 2011.

Michon (Bernard) & Koebel (Michel), « Pour une définition sociale de l'espace », in Grandjean (P.) dir., *Construction identitaire et espace*, Paris, L'Harmattan, coll. « Géographie et culture », 2009, pp. 39-59.

Morineau (Michel), « La douceur d'être inclus », in Thélamon (Françoise) dir., *Sociabilité, pouvoirs et société : Actes du Colloque de Rouen*, 24-26 nov. 1983, pp. 19-32.

Roche (Daniel), *Le Siècle des Lumières en province : académies et académiciens provinciaux, 1689-1789*, Paris, Mouton, 1978.

— *Les Républicains des Lettres : gens de culture et Lumières au XVIIIᵉ siècle*, Paris, Fayard, 1988.

— *La Culture des apparences : essai sur l'histoire du vêtement aux XVIIᵉ et XVIIIᵉ siècles*, Paris, Fayard, 1989.

Simmel (Georg), *Sociologie : étude sur les formes de la socialisation*, trad. par L. Deroche-Gurcel & S. Muller, [*Soziologie*, 1908] Paris, PUF, 1999.

Vickery (Amanda), *The Gentleman's Daughter. Women's Lives in Georgian England*, New Haven, Yale University Press, 2003.

Vincent-Buffault (Anne), *Une Histoire de l'amitié*, Paris, Bayard, 2010.

Première partie

Lieux et formes de sociabilité

CAFÉS ET *COFFEEHOUSES*.
POUR UNE HISTOIRE TRANSNATIONALE DES CAFÉS COMME LIEUX DE SOCIABILITÉ

Brian COWAN
McGill University, Canada

En 2005, le regretté historien Tony Judt publiait dans les pages du *New York Review of Books* un texte dans lequel il se livre à une comparaison pour le moins éloquente du café américain et de l'*espresso* italien :

> Consider a mug of American coffee. It is found everywhere. It can be made by anyone. It is cheap — and refills are free. Being largely without flavor it can be diluted to taste. What it lacks in allure it makes up in size. It is the most democratic method ever devised for introducing caffeine into human beings. Now take a cup of Italian espresso. It requires expensive equipment. Price-to-volume ratio is outrageous, suggesting indifference to the consumer and ignorance of the market. The aesthetic satisfaction accessory to the beverage far outweighs its metabolic impact. It is not a drink ; it is an artifact.[1]

Dans cet article intitulé de façon évocatrice « *Europe vs. America* », Tony Judt recourt à cette comparaison entre deux cultures du café – l'une américaine, l'autre italienne – afin d'introduire le véritable objet de son

---

[1] JUDT (Tony), « Europe *vs.* America », *New York Review of Books*, 52.2 (February 2005).

analyse : les divergences et les tensions profondes qui opposent à l'ère de la globalisation l'Europe et l'Amérique sur les plans culturel, économique et politique. Bien qu'il ait pu ne pas en être tout à fait conscient, Judt a inscrit ses propos dans une tradition critique bien établie qui interroge la relation entre les cafés – comme lieux publics de consommation – et la nationalité.

Pratiquement depuis sa découverte par le monde ottoman à la fin du XVe siècle et au XVIe siècle, le café est une composante centrale des habitudes de consommation et des pratiques de sociabilité au sein des sociétés où il a été introduit. Peu de temps après sa diffusion en Europe, puis dans le reste du monde, on a perçu dans ses différents modes de consommation des signes importants de différenciation culturelle et nationale. L'essor de la consommation du café à travers le monde pourrait bien représenter l'un des grands succès commerciaux de l'âge moderne – d'autant plus que le café est en voie de survivre au tabac, son plus vif concurrent, en tant que drogue de prédilection des consommateurs modernes. Or, la popularité universelle que connaît le café ne signifie pas nécessairement que son accueil ait été partout uniforme.

Il est frappant de constater que les divers modes de préparation et de consommation du café sont couramment associés à des spécificités culturelles et nationales. Il y a bien sûr l'*espresso* italien (et ses nombreuses variantes), mais aussi le café turc (associé de façon significative à d'anciennes communautés ethniques du monde ottoman, notamment les Grecs et les Arméniens), la cafetière française ou « cafetière à piston », tandis que la marque de café Starbucks semble désormais indissociable de la culture américaine.[2] La *coffeehouse* anglaise de l'époque moderne est perçue comme un espace de sociabilité très différent du *café* français ou du *Kaffeehaus* allemand. On a souvent mis en relation les formes de sociabilité qui ont prévalu dans chacun de ces établissements avec les caractéristiques plus larges de chaque culture nationale, directement associées à une histoire nationale spécifique. Ainsi, la *coffeehouse* prend place dans l'histoire de la longue révolution anglaise du XVIIe siècle, tandis que le *café* français s'inscrit dans les origines et les suites de la révolution républicaine et de la formation de la classe ouvrière aux XVIIIe et XIXe siècles. De même, l'époque glorieuse des cafés fin-de-siècle de Berlin et de Vienne trouve probablement son terme avec l'accession au pouvoir des nazis en 1933 et l'*Anschluss* autrichien de 1938.[3] Comment et pourquoi l'identité nationale est-elle constamment liée à la consommation du café depuis son introduction dans le monde occidental au milieu du XVIIe siècle ?

Cet article soulève les enjeux liés à l'écriture d'une histoire transnationale et comparative de la consommation du café, et notamment du *café* comme lieu de sociabilité, plus particulièrement dans le contexte européen. Longtemps négligées, voire abandonnées,

---

[2] SIMON (Bryant), *Everything but the Coffee : Learning about America from Starbucks*, Berkeley, University of California Press, 2009.
[3] COWAN (Brian), *The Social Life of Coffee*, New Haven, Yale University Press, 2005 ; HAINE (W. Scott), *The World of the Paris Café*, Baltimore, Johns Hopkins University Press, 1996 ; SEGEL (Harold B.), *The Vienna Coffeehouse Wits 1890-1938*, West Lafayette, Indiana, Purdue University Press, 1993 ; BAUSCHINGER (Sigrid), « The Berlin Moderns : Else Lasker-Schüler and Café Culture », dans BILSKI (E.), *Berlin Metropolis : Jews and the New Culture 1890-1918*, Berkeley, University of California Press, 1999.

l'histoire transnationale, l'histoire comparative et – peut-être surtout – l'histoire globale semblent depuis un moment avoir le vent en poupe.[4] Or, l'histoire globale ne s'écrit pas sans difficulté : non seulement exige-t-elle que l'on sache manier des sources émanant de différents horizons géographiques, mais également que l'on maîtrise les historiographies parfois contrastantes de ces différentes régions. S'il peut paraître simple, de prime abord, de définir et de comparer les modes variés de la consommation du café et les espaces qui y sont consacrés, de manière concrète, cela implique souvent de travailler avec des sources entre lesquelles la démarche de comparaison ne va pas de soi. L'Angleterre, par exemple, n'offre aux historiens rien de comparable aux registres des corporations et aux archives de la police qui forment le cœur de toute histoire sociale des cafés en France, tandis que peu de sociétés européennes ont une culture de la presse aussi développée que celle de l'Angleterre de l'époque moderne. L'histoire des cafés français repose nécessairement sur les archives de l'État, tandis que celle des *coffeehouses* anglaises s'appuie surtout sur les descriptions à la fois riches et variées que renferment les écrits et les pamphlets produits par la presse britannique. Cette multiplicité des sources donne lieu à des histoires nationales des cafés comme lieux de consommation assez différentes, ce qui rend la comparaison d'autant plus délicate.

Cette perspective nationale et comparative de l'histoire des cafés doit néanmoins composer avec un curieux paradoxe : le développement que connaissent

---

[4] Par exemple, ARMITAGE (David) et SUBRAHMANYAM (Sanjay) eds., *The Age of Revolution in Global Context, c. 1760-1840*, Houndmills, Palgrave, 2010.

les cafés depuis leur création recèle une dimension résolument cosmopolite, internationale dont l'influence doit être prise en compte. Dans son célèbre ouvrage, Jürgen Habermas décrit le rôle joué par les cafés dans l'émergence d'un espace public proprement bourgeois ; sa démonstration n'a recours qu'aux témoignages se rapportant aux *coffeehouses* anglaises, mais incite à de plus amples investigations quant à la place tenue par les cafés européens dans les fondements de cet espace public.[5] Les cafés de l'Europe moderne ont été des acteurs de premier plan dans l'émergence et le développement d'une culture internationale « éclairée ». Ils ont été étudiés comme faisant partie intégrante de cette culture cosmopolite.[6]

Comment peut-on concilier ces deux perspectives – nationale et comparative – plutôt distinctes de l'histoire des cafés ? Chaque *café* est-il associé de façon irrémédiable aux caractères nationaux du lieu où il est établi ? Ou existe-t-il plutôt une culture internationale, cosmopolite du *café* ayant plus ou moins persisté à travers le monde occidental et même au-delà ? Bien sûr, ces propositions ne sont pas totalement opposées ; c'est du moins ce que je souhaite démontrer ici. Les différents types de cafés qui apparaissent un peu

---

[5] HABERMAS (Jürgen), *The Structural Transformation of the Public Sphere : an Inquiry into a Category of Bourgeois Society*, trad. par Thomas BURGER (T.) et Frederick LAWRENCE (F.), Cambridge, MIT Press, 1989 ; BLANNING (Tim), *The Culture of Power and the Power of Culture*, Oxford, Oxford University Press, 2000 ; MELTON (James van Horn), *The Rise of the Public in Enlightenment Europe*, Cambridge, Cambridge University Press, 2001.

[6] JACOB (Margaret), *Radical Enlightenment : Pantheists, Freemasons and Republicans*, London, Unwin, 1981 ; JACOB (Margaret), *Strangers Nowhere in the World : the Rise of Cosmopolitanism in Early Modern Europe*, Philadelphia, University of Pennsylvania Press, 2006, p. 99.

partout en Europe dans le sillage de la découverte par les Ottomans de la boisson du même nom, portent souvent les marques spécifiques aux contextes légal, culturel et économique des États qui les accueillent. En même temps, ces établissements présentent tous un air de famille, la *coffeehouse* anglaise s'apparentant de façon évidente au *café* français ou au *Kaffeehaus* allemand. Ces établissements peuvent ainsi être vus comme les éléments distincts d'une histoire plus large – transnationale et même globale – de l'introduction du café dans les habitudes de consommation et de la révolution que ce phénomène a provoquée sur le plan de la sociabilité.

Il faut également poser la question de la chronologie et de la périodisation qui rythme l'évolution des cafés. En effet, telle qu'elle est souvent racontée, l'histoire des cafés et des *coffeehouses* se conclut par un déclin – même si, dans les faits, peu s'entendent sur le moment où se termine l'âge d'or des cafés et où s'amorce ce prétendu déclin. Bien entendu, ce moment fluctue considérablement en fonction de l'attention portée aux traditions culturelles ou nationales. La fin de la culture des cafés sous sa forme classique peut être située, pour l'Angleterre, au début du XIXe siècle, elle correspond pour l'Europe centrale, à la montée du nazisme en Allemagne, et pour l'Europe occidentale, à la période d'« américanisation » survenue durant l'après-guerre.[7] Face à autant de moments pouvant marquer le début de la fin de l'ère des cafés, on serait tenté de croire que

---

[7] COWAN (Brian), « Publicity and Privacy in the History of the British Coffeehouse », *History Compass*, 5.4 (2007), pp. 1180-1213 ; SEGEL (Harold B.), *op. cit.* ; DE GRAZIA (Victoria), *Irresistible Empire : America's Advance through Twentieth-Century Europe*, Cambridge, Harvard University Press, 2005, p. 469.

l'institution s'est trouvée en constant déclin au cours des deux derniers siècles. Pourtant, on boit encore du café. Et on compte aujourd'hui sans doute plus d'établissements qui en font le commerce qu'autrefois. Ainsi, s'attacher au déclin des cafés ne semble pas constituer une approche particulièrement féconde si l'on veut retracer l'histoire des traditions nationales qui ont contribué à façonner ce type d'établissement, pas plus que cela n'est propice au développement d'un paradigme pouvant servir à une histoire comparative ou transnationale des cafés. Il est sans doute préférable d'envisager l'histoire des cafés dans les termes d'un continuel changement, d'une constante adaptation, plutôt qu'à travers le récit d'une naissance et d'un déclin spectaculaires. Je souhaite signaler ici une série de moments qui peuvent contribuer à expliquer la transformation des cafés au cours des quatre derniers siècles.

Le café cosmopolite

Les cafés ont dégagé un parfum d'exotisme et d'étrangeté dès leur apparition en Europe occidentale, au XVIIe siècle. J'ai soutenu dans *Social Life of Coffee* que c'est précisément cette atmosphère cosmopolite qui a rendu les premiers cafés si attrayants auprès de certains cercles sociaux. Tous, cependant, ne voient pas d'un œil favorable l'arrivée de ces nouveaux lieux de consommation, notamment en raison de leur aspect insolite, ce qui n'est pas pour déplaire à leurs propriétaires et défenseurs qui misent au contraire sur ce particularisme. En effet, les premiers cafés tirent parti de leur réputation qui en fait des espaces de sociabilité cosmopolites et les distingue des lieux de consommation traditionnels, tels que la taverne, l'auberge et la brasserie, plutôt associés à une sociabilité alcoolisée.

Ce cosmopolitisme a probablement accru l'inclination naturelle des cafés pour la culture de la presse et le débat intellectuel qui a fait la réputation des premiers établissements, notamment en Angleterre et aux Pays-Bas.

Les choses sont différentes dans le monde ottoman, où les cafés sont le théâtre d'une sociabilité qui semble être ancrée dans les réalités locales du lointain Empire. S'il est, là aussi, sujet à controverse, le débat entourant la propriété des cafés ne semble pas s'être exprimé dans les mêmes termes qu'ailleurs en Europe, si ce n'est par une préoccupation constante – et commune – des souverains qui craignent que ces espaces de sociabilité puissent favoriser l'expression d'un mécontentement envers le régime et, de là, faire naître un esprit de sédition.[8]

Les cafés sont parvenus à susciter l'intérêt dans l'Europe du XVIIe siècle en misant sur leur exotisme et en imitant l'apparence et les usages des cafés turcs. Cela s'explique par le contact direct qu'ont entretenu les premiers propriétaires avec le monde ottoman. Le café de Londres, fondé en 1652 par Pasqua Rosee, pourrait être, selon toute vraisemblance, le premier café établi dans l'Europe chrétienne.[9] Né dans la communauté

---

[8] HATTOX (Ralph S.), *Coffee and Coffeehouses : the Origins of a Social Beverage in the Medieval Near East*, Seattle, University of Washington Press, 1985 ; ÖZKOÇAK (Selma Akyazici), « Coffeehouses : rethinking the public and private in Early Modern Istanbul », *Journal of Urban History*, 33.6 (sept. 2007), pp. 965-986.

[9] COWAN (Brian), « Rosee, Pasqua (*fl.* 1651–1656) », *Oxford Dictionary of National Biography*, édition en ligne, Oxford, OUP, Oct. 2006 http://www.oxforddnb.com/view/article/92862, consulté le

grecque de Ragusa, en Sicile ou peut-être en Dalmatie, Rosee a été au service de Daniel Edwards, un marchand de la Compagnie anglaise du Levant dans la cité ottomane de Smyrne. Son établissement connaît un succès et est rapidement imité à Londres et ailleurs en Angleterre. Des cafés voient le jour à Amsterdam (République des Provinces-Unies) aussi tôt que dans les années 1660. En 1666, un autre entrepreneur d'origine grecque installé à Amsterdam contracte un emprunt afin de financer une entreprise qui pourrait bien être la première *koffiehuis* hollandaise.[10] Le voyageur français Jean de la Roque prétend que les marchands marseillais du Levant ont encouragé l'installation à Marseille d'un café vers 1670. Si cela est vrai, il s'agirait du tout premier café français, devançant ainsi d'une année la fondation en 1671 d'un premier café à Paris par un Arménien nommé Pascal. Celui-ci avait en effet commencé à vendre du café à la Foire Saint-Germain, mais c'est un Italien, Francesco Procopio dei Coltelli, qui fonde dans le même quartier le Café Procope, le plus ancien – et le plus célèbre – café de Paris.[11]

Tandis que le café est consommé en privé à Venise par les membres de la communauté marchande turque qui y sont établis depuis 1575, puis vendu par des apothicaires à des fins thérapeutiques, la cité des Doges

---

29 juin 2008 ; ELLIS (Markman), *The Coffee House : a Cultural History*, London, Weidenfield, 2004, pp. 25-38.

[10] WIJSENBEEK (T.), « Ernst en Luim : Koffiehuizen tijdens de Republiek », dans REINDERS (P.) & WIJSENBEEK (T.) eds., *Koffie in Nederlands*, Zutphen, Walburg, 1994, p. 36-37.

[11] ELLIS (Markman), *op. cit.*, p. 79-80 ; LECLANT (Jean) « Le café et les cafés à Paris (1644-1693) », *Annales. Histoire, Sciences Sociales*, 6.1 (janvier-mars 1951), p. 1-14. Voir également SPARY (Emma), *Eating the Enlightenment : Food and the Sciences in Paris, 1670-1760*, Chicago, University of Chicago Press, 2012, p. 53.

doit attendre jusqu'en 1683 avant d'accueillir son premier café public, plusieurs années après les débuts florissants de ce type d'établissement dans le nord-ouest de l'Europe.[12] Les cafés se répandent dans les régions germaniques de l'Europe centrale un peu plus tardivement qu'en Europe occidentale, mais leur popularité est irrépressible. Un café est ouvert à Hambourg en 1671, tandis que le premier café de Vienne est créé en 1685 par l'Arménien Johannes Diodato à la suite de la défaite des armées turques en périphérie de la ville. Ratisbonne et Nuremberg emboîtent le pas en 1686, Francfort-sur-le-Main et Leipzig en font autant en 1689 et en 1694. Berlin, peut-être en raison de l'opposition des Hohenzollern, est l'une des dernières villes importantes du monde germanique à accueillir un café.[13]

L'influence turque apparaît de façon évidente dans les premiers cafés européens, fondés pour la plupart par des entrepreneurs – des Grecs, des Italiens, des Arméniens, des Juifs et des Turcs – possédant une vaste expérience des cafés du monde ottoman méditerranéen.[14] Dans certains établissements, les serveurs sont vêtus « à la turque » et on offre le sorbet, un met typiquement turc.[15] En 1664, la pièce *Knavery in All Trades* se moque des nouvelles *coffeehouses* anglaises en mettant en scène un personnage nommé Mahoone, un Turc, gérant d'un café. Parmi les premiers cafés,

---

[12] ELLIS (Markman), *op. cit.*, p. 82. La présence souvent évoquée d'un premier café à Venise dès 1645 n'a pas été démontrée jusqu'à maintenant de façon convaincante.
[13] MELTON (James van Horn), *op. cit.*, p. 240-241 ; SEGEL (Harold), *op. cit.*, p. 8-9.
[14] WIJSENBEEK (T.), *op. cit.*, p. 39.
[15] LECLANT (Jean), *op. cit.*

beaucoup prennent comme nom « La tête de Turc » et plusieurs enseignes arborent le symbole du sultan de façon à souligner l'exotisme des produits offerts. Loin d'être dissimulées, les origines turques des cafés européens constituent plutôt, au XVIIe siècle, un des principaux attraits de ces nouvelles institutions.

La clientèle des premiers cafés semble être attirée par l'exotisme de ces établissements. Bien sûr, ces derniers se conforment aux coutumes et aux règles qui régissent ce type de commerce dans les différentes villes d'Europe, mais ils apparaissaient néanmoins au public sous le signe de la nouveauté et de l'originalité. Le caractère cosmopolite de la consommation du café et du tabac est également associé à une certaine audace intellectuelle et procure une sensation d'aventure qui a peu à voir avec le monde tumultueux des brasseries et des tavernes.[16] En Angleterre, les nouvelles *coffeehouses* font figure d'« académies privées du savoir », et on en parle comme des « penny universities ». Dans ce contexte, il n'est pas étonnant que clients et investisseurs participent eux-mêmes à cette sociabilité internationale et cosmopolite qui est alors celle des *virtuosi* ; ces derniers ont importé dans ces établissements plusieurs de leurs mœurs et usages, fournissant ainsi un modèle à cette future sociabilité des cafés.

En raison peut-être de ce modèle cosmopolite introduit par les *virtuosi* dès la création des premiers établissements dans l'Angleterre du XVIIe siècle, les

---

[16] À ce sujet, on peut comparer COWAN (Brian), *op. cit.* et KÜMIN (Beat), *Drinking Matters : Public Houses and Social Exchange in Early Modern Central Europe*, Houndmills, Palgrave, 2007 ; CLARK (Peter), *The English Alehouse : a Social History, 1200-1830*, London, Longman, 1983.

cafés qui sont apparus partout ailleurs en Europe ont cherché à suivre la tendance. Londres comptait un si grand nombre de *coffeehouses* à la fin du XVIIe siècle qu'elles ont fini par se distinguer les unes des autres en vue d'attirer et de servir différentes clientèles. Ainsi, la *British Coffeehouse*, l'*Edinburgh Coffeehouse* et la *Caledonian Coffeehouse* s'adressent, au XVIIIe siècle, aux Écossais établis à Londres. La *Paris Coffeehouse* attire pour sa part une clientèle formée d'expatriés venus du continent. Bien que son propriétaire soit d'origine française et que le français y soit la langue d'usage, la plupart de ses habitués sont des Allemands.[17] Zacharias Conrad von Uffenbach (1683-1734) en fait d'ailleurs le centre de sa vie sociale durant le séjour qu'il effectue à Londres en 1710 ; c'est là qu'il se lie d'amitié avec plusieurs *virtuosi* silésiens ainsi qu'avec un antiquaire italien originaire de Lucques. En parlant de la *Paris Coffeehouse*, Uffenbach affirme :

> there is very good company to be found there, especially Germans, who are charmed to be able to converse for once in a way. For one is forced to act the deaf and dumb man on account of the desperately hard language and, above all, of the pronunciation, of which every foreigner complains, even if he imagines he is far advanced in the language and can read everything.[18]

Certaines *coffeehouses* spécialisées dans la conversation latine sont créées à l'époque de la Restauration. Celles-ci continuent de prospérer au XVIIIe siècle ; d'ailleurs, le père du peintre et graveur William Hogarth en tenait une. D'autres *coffeehouses* offrent également des cours de

---

[17] COWAN (Brian), *op. cit.*, p. 169.
[18] UFFENBACH (Zacharias Conrad von), *London in 1710*, trad. par W. H. Quarrell, London, Faber, 1934, p. 27 (citée), 70, 97, 142, 149, 151, 188.

français, de latin et d'italien.[19] Or, c'est probablement sur le continent que le café « polyglotte » est le plus répandu. À propos des cafés viennois des années 1830, John Strang fait cette observation : « the Turke, the Greek, the Armenian, the Jew, and the Gentile, are constantly to be seen amusing themselves, and realising, in respect to variety of tongues spoken, no imperfect idea of Babel ».[20] Composante essentielle et originale de la sociabilité métropolitaine, le café ou la *coffeehouse* de l'époque moderne parvient à créer une ambiance cosmopolite qui en fait un espace social distinct.

Les liens qui unissent les cafés de l'époque moderne à la presse et à la culture imprimée constituent un autre aspect important de ces nouveaux établissements. Les premières *coffeehouses* anglaises, notamment, deviennent des lieux privilégiés pour qui veut s'informer des plus récentes actualités. Celles-ci circulent sous la forme de bavardages, mais on s'informe également en consultant des journaux imprimés ou manuscrits et des pamphlets. Le lien qui unit déjà au XVIIIe siècle les cafés et la culture de la presse est demeuré à peu près intact jusqu'à aujourd'hui. Il revêt cependant une importance particulière à une époque où la presse et l'industrie de l'information en sont encore à leurs balbutiements.

Or, si la *coffeehouse* peut revendiquer un certain esprit d'avant-garde à cet égard, la situation anglaise n'est pas unique et a même perduré au siècle suivant. Les cafés parisiens, tout comme ceux de l'Europe centrale, sont également approvisionnés en journaux, en pamphlets et en livres de toutes sortes. Certains ont un inventaire si vaste qu'ils font office de bibliothèques autant que de

---

[19] COWAN, *op. cit.*, p. 100, 282 (note 31), 99.
[20] STRANG (John), *Germany in 1831*, London, T. Foster, 1836, vol. 2, p. 243.

lieux de consommation. À la fin de l'Empire, le *Café Bauer*, à Berlin, met à la disposition de sa clientèle plus de six cents titres de journaux et de revues. Au milieu du XIXe siècle, l'historien des cafés parisiens Marc Constantin notait : « [...] on sera toujours forcé de reconnaître que la création des gazettes politiques, date elle-même de l'époque de l'établissement des cafés publics. »[21]

Les descriptions des premières *coffeehouses* anglaises fournies par leurs défenseurs et celles, idéalisées, des cafés « modernes » de l'Europe continentale s'inscrivent dans une curieuse continuité. En 1888, le moderniste Émile Goudeau a tracé un portrait de la vie publique dans les cafés français qui aurait pu paraître familier aux lecteurs anglais d'Addison et de Steele un siècle et demi auparavant.

> Il faut donc, en une ville telle que Paris, descendre dans la foule, se mêler aux passants, et vivre, comme les Grecs et les Latins, sur l'agora ou le forum, c'est le café, voire, pour les politiciens de faubourg, l'humble marchand de vin du coin. Les cafés sont le lieu de réunion, où, entre deux parties de bésigue ou de dominos, on peut ouïr de longues dissertations – parfois confuses, hélas ! sur la politique, la stratégie, le droit ou la médecine. De plus, ces établissements ont remplacé le jardin d'Academémus, le jardin fameux, où les philosophes promenaient péripatétiquement leurs inductions et déductions.[22]

---

[21] FRITZSCHE (Peter), *Reading Berlin 1900*, Cambridge, Harvard University Press, 1996, p. 281 note 40 ; CONSTANTIN (Marc), *Histoire des cafés de Paris : extraite des mémoires d'un viveur*, Paris, Desloger, 1857, p. 121.
[22] GOUDEAU (Émile), *Dix Ans de bohème*, 1888, p. 99, cité dans GLUCK (Mary), *Popular Bohemia : Modernism and Urban Culture in Nineteenth-Century Paris*, Cambridge, Harvard University Press, 2005, p. 124-125.

Cafés et coffeehouses.
Pour une histoire transnationale des cafés comme lieux de sociabilité

Ce commentaire fait écho à la célèbre déclaration de Joseph Addison parue dans le *Spectator* (n° 10, 12 mars 1711) : « It was said of Socrates, that he brought Philosophy down from Heaven, to inhabit among Men ; and I shall be ambitious to have it said of me, that I have brought Philosophy out of Closets and Libraries, Schools and Colleges, to dwell in Clubs and Assemblies, at Tea-tables, and in Coffee houses. »

Cet idéal cosmopolite et philosophique a longtemps persisté dans les esprits. Au milieu du XXe siècle, les réminiscences de l'intellectuel autrichien Stefan Zweig sur les cafés viennois d'avant-guerre présentent une frappante ressemblance avec les observations faites pour la France par Constantin un siècle auparavant, de même qu'avec les abondants commentaires laissés par les Anglais sur les *coffeehouses* des XVIIe et XVIIIe siècles.

> [Les cafés viennois] étaient des espèces de clubs démocratiques accessibles à tous pour le prix modique d'une tasse de café et où chaque hôte pouvait demeurer pendant des heures, discuter, écrire, jouer aux cartes, recevoir sa correspondance et surtout absorber le contenu d'un nombre illimité de journaux et de revues. Dans un bon café de Vienne on trouvait tous les journaux viennois, et non pas seulement les viennois, mais ceux de tout l'Empire allemand, les Français, les Anglais, les Italiens et les Américains, et de toutes les plus importantes revues d'art et de la littérature du monde entier… Ainsi nous savions tout ce qui se passait dans le monde, et cela de première main, nous étions renseignés sur tous les livres qui paraissaient, sur toutes les représentations, en quelque lieu que ce fût, et nous comparions entre elles les critiques de tous les journaux ; rien n'a peut-être contribué davantage à la mobilité intellectuelle et à l'orientation internationale de l'Autrichien que cette facilité qu'il avait de se documenter

amplement au café sur tous les événements mondiaux et de les discuter dans un cercle d'amis.[23]

Il est frappant de constater à quel point ce passage fait écho aux commentaires antérieurs concernant l'importance du rôle social et culturel joué par les cafés. Des impressions similaires évoquant l'édification d'une culture cosmopolite propre aux *coffeehouses* avaient été exprimées par le *virtuoso* anglais John Houghton dans les années 1690.[24] On pourrait également citer les essais influents d'Addison et de Steele, parus au début du XVIIIe siècle[25] et qui visent à promouvoir, dans les cafés, leur idéal de « société polie ».

Il reste à écrire une histoire intellectuelle de l'idée, et de l'idéal du *café*, qui traiterait de l'articulation et de l'évolution de cette culture cosmopolite propre aux cafés depuis son émergence, vers le milieu du XVIIe siècle, jusqu'au XXe siècle. Une histoire qui pourrait débuter à l'époque d'Addison et de Steele et prendre fin à celle de Jürgen Habermas.

En tant que l'un des tout derniers intellectuels « éclairés », dont la célèbre notion d'espace public s'appuie en grande partie sur les œuvres d'auteurs anglais tels qu'Addison et Steele, Habermas semble en effet être un terme approprié à une histoire d'un idéal « cosmopolite » de la *coffeehouse*.[26] Si l'on considère les

---

[23] ZWEIG (Stefan), *Le Monde d'hier. Souvenirs d'un Européen*, trad. par Jean-Paul Zimmermann, Paris, Albin Michel, 1948, p. 59-60.
[24] COWAN (Brian), *op. cit.*, p. 99, 282 note 30.
[25] COWAN (Brian), « Mr. Spectator and the Coffeehouse Public Sphere », *Eighteenth-century Studies*, 37.3 (2004), pp. 345–366.
[26] ELLIS (Markman), « Coffee-women, "The Spectator" and the Public Sphere in the Early-Eighteenth Century », dans EGER (E.) & al., *Women, Writing and the Public Sphere 1700-1830*, Cambridge, Cambridge University Press, 2001, p. 44-45.

ressemblances qui persistent dans les descriptions des cafés données en divers endroits et au fil des siècles, il est plausible que l'idéal de la *coffeehouse* anglaise, imité et adapté selon les contextes, soit parvenu à subsister dans l'espace et dans le temps.

Cafés et nationalité

Il y a une autre histoire des cafés et *coffeehouses* que l'on pourrait retracer. Adoptant une démarche différente – mais qui exigerait du chercheur beaucoup d'efforts – cette histoire observerait l'influence des contextes locaux et nationaux sur le développement de traditions distinctes de la consommation du café. Elle tenterait en quelque sorte d'expliquer pourquoi l'Italie a choisi d'adopter l'*espresso* et les États-Unis, le café filtre. Elle montrerait comment différentes cultures nationales ont contribué à l'émergence et au développement de cafés aux caractères distincts.

L'histoire de la différenciation des cafés commence au moment où le café lui-même et les lieux de sa consommation ont cessé d'être une nouveauté. Vers le milieu du XVIIIe siècle, les cafés sont devenus chose commune à travers l'Europe et dans le monde colonial. Plusieurs historiens soutiennent que le « long XVIIIe siècle » a vu l'émergence d'un sentiment d'identité nationale et même l'apparition de politiques nationales, particulièrement en Grande-Bretagne, en France et – plus tardivement – en Allemagne.[27] Or, c'est justement

---

[27] NEWMAN (Gerald), *The Rise of English Nationalism : a Cultural History, 1740-1830*, London, Palgrave, 1997 ; COLLEY (Linda), *Britons : Forging the Nation*, New Haven, Yale University Press, 1992 ; BELL (David), *The Cult of the Nation in France : Inventing Nationalism, 1680-1800*, Cambridge, Harvard University Press,

vers la fin du XVIIIe siècle que les différences sur le plan national entre les cultures du *café* deviennent apparentes. Pourtant, certains historiens ont affirmé qu'il existe des différences substantielles entre les premières *coffeehouses* anglaises du XVIIe siècle et les premiers cafés établis sur le continent, notamment à Paris.[28] Certes, il est vrai que Londres compte au XVIIIe siècle bien plus de *coffeehouses* que partout ailleurs à la même époque, et cela est probablement le cas jusqu'à la fin du siècle. La société londonienne des *coffeehouses* est toujours demeurée aussi distincte que la place occupée par Londres elle-même sur la scène urbaine européenne. Londres, à l'exception de Constantinople pour une brève période, a été depuis la fin du XVIIe siècle jusqu'à aujourd'hui de loin la plus grande et la plus diversifiée des villes d'Europe.[29] Londres ayant à l'époque la capacité d'accueillir une plus grande variété de *coffeehouses* qu'aucune autre ville, il semble difficile de comparer les *coffeehouses* londoniennes avec les cafés des autres cités européennes. Au XVIIIe siècle, on compte à Londres probablement trois fois plus de *coffeehouses* que de cafés à Paris, pourtant la seconde plus grande ville d'Europe à l'époque. On peut penser que cette proportion est demeurée la même durant tout le siècle, même si, de part et d'autre de la Manche, le nombre des *coffeehouses* et

---

2003 ; BERLIN (Isaiah), *Against The Current : Essays in the History of Ideas*, Princeton, Princeton University Press, 2001, pp. 333-355.

[28] PINCUS (Steve), *1688 : The First Modern Revolution*, New Haven, Yale University Press, 2009, p. 76-77.

[29] BEIER (A. L.) et FINLAY (R.), « Introduction : The Significance of the Metropolis », *London 1500-1700 : The Making of the Metropolis*, London, Longman, 1986, p. 2-4 ; LEES (Lynn) & LEES (Andrew), *Cities and the Making of Modern Europe, 1750-1914*, Cambridge, Cambridge University Press, 2007.

cafés ne cesse d'augmenter.[30] Ce contraste est encore plus prononcé en ce qui concerne l'Europe centrale. En 1737, la clientèle des cafés a crû de manière importante à Vienne ; la ville accueille alors autour de 37 cafés. Or, Londres compte à cette époque un nombre quinze fois plus élevé de *coffeehouses*.[31]

Il faut notamment mettre sur le compte de cultures commerciales diversifiées les distinctions observées entre les cafés de telle ou telle ville. Londres est pour ainsi dire unique dans l'Europe des XVIIe et XVIIIe siècles, non seulement par sa taille et parce qu'elle est à la fois le lieu de résidence de la cour et le siège du gouvernement (surtout après 1689, le parlement se réunissant alors sur une base plus régulière) – ce qui est le cas également de Vienne et de Rome –, mais aussi parce qu'elle constitue un pôle commercial important, tout comme Hambourg et Amsterdam. On trouve également de très nombreux cafés à Constantinople – peut-être autant qu'à Londres. Première ville à avoir accueilli ce type d'établissement, elle combine également des fonctions politiques et commerciales. Constantinople pourrait avoir compté jusqu'à 2500 cafés au début du XIXe siècle.[32] Or, la

---

[30] MELTON (James van Horn), *op. cit.*, p. 240, fournit des chiffres pour Paris en 1720, 1750 et 1789. Il n'existe pas de données précises pour Londres à la même époque, mais le nombre de *coffeehouses* doit varier entre 1000 et 3000 au cours du siècle, si l'on inclut les *coffeehouses* non licenciées. Voir COWAN (Brian), *Social Life of Coffee, op. cit.*, p. 154.

[31] BÖDEKER (Hans Erich), « Le café allemand au XVIIIe siècle : une forme de sociabilité éclairée », *Revue d'histoire moderne et contemporaine*, 37.4 (1990), p. 574 ; COWAN, *Social Life of Coffee, op. cit.*, p. 154.

[32] KIRLI (Cengiz), « Coffeehouses : public opinion in the Nineteenth-century Ottoman Empire », SALVATORE (A.) &

présence de l'Islam et les traditions légales de la ville font que ces cafés adoptent une forme très différente. En Italie, certains cafés parmi les plus renommés semblent mener leurs activités sous des auspices princiers et aristocratiques, plutôt qu'en tant que véritables établissements de commerce.[33] De nouvelles recherches pourraient bien révéler d'autres situations de ce genre ailleurs en Europe.

La diversité de la réglementation – officielle et non officielle – et de la législation peut aussi expliquer certaines différences observées entre les établissements, selon les contextes. Les *coffeehouses* anglaises ont tendance à être réglementées au niveau local, par le biais des autorités en place. Les furtives tentatives que l'on fait pour les supprimer ou encore pour les réglementer par décret royal à l'époque de la Restauration restent sans effet.[34] Les études portant sur les établissements publics d'Europe centrale ont mis au jour une mosaïque de réglementations basées sur les traditions et le pouvoir des autorités locales.[35] Si de plus amples recherches restent à être menées sur le sujet, on sait que les cafés français font l'objet d'une surveillance et d'une réglementation plus attentives de la part de l'État monarchique. Les cafetiers eux-mêmes, soucieux de réguler leur commerce, se regroupent en 1676 sous l'égide de la corporation des Limonadiers-marchands

---

EICKELMAN (D.) eds., *Public Islam and the Common Good*, Leiden, Brill, 2004, p. 76.
[33] JOHNS (Christopher M. S.), « Did the King take Coffee with the Pope ? Charles III, Benedict XIV and the Quirinale Caffeaus », communication présentée lors du congrès annuel de l'*American Society for Eighteenth-Century Studies (ASECS)*, Portland, Oregon, 2008.
[34] COWAN (Brian), « The Rise of the Coffeehouse Reconsidered », *The Historical Journal*, 47.1 (March 2004), pp. 21-46.
[35] KÜMIN (Beat), *op. cit.*

d'eau-de-vie.³⁶ On n'a jamais vu de semblable association de tenanciers de *coffeehouses* en Angleterre ni ailleurs en Grande-Bretagne. Même s'il conviendrait de mener de plus amples recherches sur l'existence ou non de telles organisations ailleurs en Europe, le cas français s'avère probablement exceptionnel.

Les commentateurs, qui ont su cerner les différents caractères nationaux à l'intérieur de l'Europe, ont commencé à percevoir de semblables distinctions sur le plan de la sociabilité des cafés européens. Dans la première moitié du XIXᵉ siècle, John Strang écrit que les Berlinois sont « certainly a more domestic race than the citizens of [Paris] », mais que, néanmoins, « they nevertheless spend much more time in [coffeehouses] than we do in Britain ».³⁷ Il est permis de se questionner sur la véracité de tels propos. En effet, nous en savons encore trop peu sur la sociabilité dans les *coffeehouses* de l'époque romantique en Angleterre, comme d'ailleurs partout en Europe.

Au cours de la guerre culturelle que se livrent la France et l'Angleterre au XVIIIᵉ siècle prend forme un préjugé qui oppose le caractère volubile et inconstant des cafés français à l'ambiance solennelle, silencieuse et sérieuse des *coffeehouses* anglaises. Les remarques formulées par Johann Wilhelm Archenholz en 1789 illustrent bien cette croyance. Selon ce dernier, une *coffeehouse* anglaise

> has no resemblance to a French or German one. You neither see billiards nor backgammon tables ; you do not even hear the least noise ; every body speaks in a low tone,

---

³⁶ FRANKLIN (Alfred), *La Vie privée d'autrefois : le café, le thé et le chocolat*, Paris, 1893, p. 297-301 ; COWAN, *Social Life of Coffee, op. cit.*, p. 188 ; SPARY, *op. cit.*, p. 98-106.
³⁷ STRANG (John), *op. cit.*, t. 1, p. 247-248.

for fear of disturbing the company. They frequent them principally to read the papers, a task that is absolutely necessary in that country.[38]

Les commentaires de ce type soulignant le caractère calme et propice au recueillement des *coffeehouses* de la fin du XVIIIe siècle sont répandus ; on ne trouve toutefois aucun propos du même ordre concernant les cafés du continent.[39] Il n'est pas nécessaire de souscrire entièrement à l'interprétation de Paul Langford selon laquelle « by continental standards English coffee houses were always dull places and not sociable at all », pour noter que les descriptions des cafés de l'ère romantique renferment des stéréotypes d'ordre assez général qui reflètent plus largement la perception des caractères nationaux.[40] Le portrait que l'on fait des *coffeehouses* à cette époque recèle les prémices de la figure stéréotypée de l'Anglais flegmatique, un trait de personnalité qui sera au centre des commentaires sur le caractère national de l'époque victorienne.

Au moment où la perception des caractères nationaux s'exprime de plus en plus nettement à travers l'étude des phénomènes culturels, il n'est pas étonnant que les distinctions entre les cafés des différentes nations européennes soient perçues avec plus d'acuité. Le défi posé à l'historien soucieux de décrire ces

---

[38] ARCHENHOLZ (Johann Wilhelm), *A Picture of England*, London, E. Jeffery, [1789], vol. 2, p. 107-108.
[39] COWAN (Brian), « Publicity and Privacy in the History of the British Coffeehouse », *op. cit.*, p. 1194-1196.
[40] LANGFORD (Paul), *Englishness Identified : Manners and Character 1650-1850*, Oxford, Oxford University Press, 2000, p. 253. Sur le même thème, mais de façon plus nuancée, voir MANDLER (Peter), *The English National Character : the History of an Idea from Edmund Burke to Tony Blair*, New Haven, Yale University Press, 2006.

transformations est – comme dans toutes choses – de savoir faire le tri parmi ces multiples représentations et de les mettre en relation du mieux qu'il peut de manière à saisir l'expérience sociale telle qu'elle a été vécue.

Les caractères nationaux n'apparaissent jamais avec autant de clarté que lorsqu'ils sont juxtaposés les uns aux autres. Ainsi, l'une des voies les plus prometteuses de la recherche sur le rapport entre caractère national et sociabilité pourrait bien passer par les colonies européennes. Le lointain Empire britannique, en effet, ne manque pas de *coffeehouses*, autant du côté de ses possessions américaines qu'asiatiques. Boston accueille sa première *coffeehouse* en 1686, tandis que les cafés de New York et de Philadelphie sont dès le début du XVIIIe siècle le théâtre d'une vie sociale florissante.[41] À la suite de la conquête de la Nouvelle-France, Québec et Montréal assistent également à la fondation sur leur territoire de *coffeehouses* de style anglais,[42] tout comme les nouvelles villes coloniales indiennes de Calcutta et de Bombay – car bien que la boisson obtenue des graines du caféier ait été consommée en Asie du Sud bien avant son introduction en Angleterre, les cafés eux-mêmes se répandent dans la société indienne seulement avec la présence coloniale britannique. Les premières *coffeehouses*

---

[41] SHIELDS (David S.), *Civil Tongues and Polite Letters in British America*, Chapel Hill, University of North Carolina Press, 1997.

[42] EAMON (Michael), « The Quebec Clerk Controversy : A Study in Sociability, the Public Sphere, and the Eighteenth-century Spirit of Enlightenment », *Canadian Historical Review*, 90.4 (2009), pp. 609-638. Pour des études sur les auberges de Montréal avant l'ère britannique, voir aussi POLIQUIN, (Marie-Claude), « Les aubergistes et les cabaretiers montréalais entre 1700 et 1755 », MA Thesis, McGill University, Montréal, (Aug. 1996) ; et BRIAND (Yves), *Auberges et cabarets de Montréal (1680-1759) : lieux de sociabilité*, Mémoire, Faculté des études supérieures, Université Laval, Québec, (Décembre 1999).

en Inde britannique, fondées sur le modèle des célèbres établissements londoniens de l'époque, connaissent une soudaine explosion à Calcutta dans les années 1780.[43] Dans les territoires « créoles »[44] de l'Empire britannique, on semble avoir fait un effort afin d'imiter les *coffeehouses* de la métropole. Plusieurs établissements prennent comme nom « London Coffehouse » dans une volonté manifeste de signifier leur filiation au modèle anglais.[45] Tout aussi intéressant : le plus important café de Budapest à la fin du XIXe siècle a comme nom « New York Coffeehouse » (1894), ce qui témoigne sans doute de l'influence de l'idéal de la *coffeehouse* britannique sur l'essor de la culture du *café* en Europe de l'Est, aussi bien que dans les limites officielles de l'Empire. Or, il faut le mentionner, l'opulent édifice dans lequel est installé le café hongrois, censé imiter les grands palais de la renaissance italienne, n'est en rien comparable aux modestes *coffeehouses* de Londres. En outre, vers la fin du XIXe siècle, les États-Unis sont désormais en mesure de rivaliser avec la Grande-Bretagne en se posant à la face

---

[43] SETON-KARR (Walter Scott) ed., *Selections from Calcutta Gazettes of the Years 1784, 1785, 1786, 1787, and 1788, showing the political and social condition of the English in India eighty years ago*, Calcutta, Military Orphan Press, 1864, p. 28-29, 286 ; [GIBBS (Phebe)], *Hartly House, Calcutta. In three volumes [...]*, London, J. Dodsley, 1789, vol. 1, p. 103-104.

[44] Le terme « créole » est utilisé ici non comme référant spécifiquement aux individus d'appartenance ethnique mixte ou aux cultures et langues d'origine mixte, mais dans une acception bien plus large et plus souple à la fois. Notre intention est de proposer une réflexion sur la manière dont l'idéal britannique de la *coffeehouse* (tel qu'il s'est forgé dans le Londres de la fin du XVIIe et du XVIIIe siècle, mais aussi grâce aux essais d'Addison et Steele) a influencé le développement de la *coffeehouse* dans les territoires de l'Empire britannique (en Amérique du Nord et en Asie du Sud) aux XVIIIe et XIXe siècles.

[45] SHIELDS (David S.), *op. cit.*, p. 56, 61.

du monde comme un modèle de richesse, de puissance et de cosmopolitisme.[46]

On en sait encore trop peu sur les cafés dans les autres empires européens. Néanmoins, il est permis de conclure que le modèle britannique de la *coffeehouse* est celui qui s'est imposé hors de l'Europe durant la plus grande part du XIXe siècle. En ce sens, il est étonnant de constater que ce sont les cafés du continent – ceux de Paris et de Vienne – qui ont le mieux su capter l'esprit de la culture moderne à la fin du XIXe et au début du XXe siècle. Au moment précis où l'idéal du *café* commence à s'estomper dans le monde anglophone, il pénètre de façon évidente dans les représentations de la culture continentale, notamment en Europe francophone et germanophone. L'histoire des cafés européens qui a dominé jusqu'à présent l'historiographie est celle d'un déclin. Or, cette histoire a curieusement négligé de prendre en considération les mutations que subissent les cafés au XIXe siècle, tant dans leur dimension cosmopolite que nationale. Elle se présente, en ce sens, sous une forme incomplète.

Alors que les cafés figurent à présent en bonne place dans l'histoire du « long XVIIIe siècle » européen, le rôle qu'ils ont joué durant le – non moins important – « long XIXe siècle » demeure peu connu. Les chercheurs ont encore beaucoup à apprendre sur le caractère changeant des cafés à l'ère de la modernité. Cette époque de soi-disant déclin pourrait bien se révéler être une période de transformation – une transformation dont les modalités restent cependant à découvrir.

---

[46] BEREND (Ivan T.), *History Derailed : Central and Eastern Europe in the Long Nineteenth Century*, Berkeley, University of California Press, 2003, p. 86, 232 ; LUKACS (John), *Budapest 1900 : A Historical Portrait of a City and Its Culture*, New York, Weidenfeld, 1988, p. 14-15, 151-52.

Selected bibliography

Archenholz (Johann Wilhelm), *A Picture of England*, 2 vols., London, E. Jeffery, 1789.

Armitage (David) & Subrahmanyam (Sanjay) eds., *The Age of Revolution in Global Context, c. 1760-1840*, Houndmills, Palgrave, 2010.

Bauschinger (Sigrid), « The Berlin Moderns : Else Lasker-Schüler and Café Culture », dans Bilski (E.), *Berlin Metropolis : Jews and the New Culture 1890-1918*, Berkeley, University of California Press, 1999.

Beier (A. L.) & Finlay (R.), « Introduction : The Significance of the Metropolis », *London 1500-1700 : The Making of the Metropolis*, London, Longman, 1986.

Bell (David), *The Cult of the Nation in France : Inventing Nationalism, 1680-1800*, Cambridge, Harvard University Press, 2003.

Berend (Ivan T.), *History Derailed : Central and Eastern Europe in the Long Nineteenth Century*, Berkeley, University of California Press, 2003.

Berlin (Isaiah), *Against The Current : Essays in the History of Ideas*, Princeton, Princeton University Press, 2001.

Blanning (Tim), *The Culture of Power and the Power of Culture*, Oxford, OUP, 2000.

Bödeker (Hans Erich), « Le café allemand au XVIIIe siècle : une forme de sociabilité éclairée », *Revue d'histoire moderne et contemporaine*, 37.4 (1990).

Briand (Yves), « Auberges et cabarets de Montréal (1680-1759) : Lieux de sociabilité », Mémoire, Faculté des études supérieures, Université Laval, Québec, (Décembre 1999).

Clark (Peter), *The English Alehouse : A Social History, 1200-1830*, London, Longman, 1983.

Colley (Linda), *Britons : Forging the Nation*, New Haven, Yale University Press, 1992.

Constantin (Marc), *Histoire des cafés de Paris : extraite des mémoires d'un viveur*, Paris, Desloger, 1857.

Cowan (Brian), « Mr. Spectator and the Coffeehouse Public Sphere », *Eighteenth-Century Studies*, 37.3 (2004), pp. 345–366.

—, « *Publicity and Privacy* in the History of the British *Coffeehouse* », *History Compass*, 5.4 (2007), pp. 1180-1213.

—, « Rosee, Pasqua (*fl.* 1651–1656) », *Oxford Dictionary of National Biography*, édition en ligne, Oxford, OUP, Oct. 2006.
http://www.oxforddnb.com/view/article/92862, consulté le 29 juin 2008.

—, « The Rise of the Coffeehouse Reconsidered », *The Historical Journal*, 47.1 (March 2004), pp. 21-46.

—, *The Social Life of Coffee*, New Haven, Yale University Press, 2005.

De Grazia (Victoria), *Irresistible Empire : America's Advance through Twentieth-Century Europe*, Cambridge, Harvard University Press, 2005.

Eamon (Michael), « The Quebec Clerk Controversy : A Study in Sociability, the Public Sphere, and the Eighteenth-Century Spirit of Enlightenment », *Canadian Historical Review*, 90.4 (2009), pp. 609-638.

Ellis (Markman), « Coffee-women, 'The Spectator' and the Public Sphere in the Early-Eighteenth Century », dans Eger (E.) & *al.*, *Women, Writing and the Public Sphere 1700-1830*, Cambridge, Cambridge University Press, 2001, pp. 27-52.

—, *The Coffee House : A Cultural History*, London, Weidenfield, 2004.

Franklin (Alfred), *La Vie privée d'autrefois : le café, le thé et le chocolat*, Paris, 1893.

Fritzsche (Peter), *Reading Berlin 1900*, Cambridge, Harvard University Press, 1996.

[Gibbs (Phebe)], *Hartly House, Calcutta*, 3 vols., London, J. Dodsley, 1789.

Gluck (Mary), *Popular Bohemia : Modernism and Urban Culture in Nineteenth-Century Paris*, Cambridge, Harvard University Press, 2005.

Goudeau (Émile), *Dix Ans de bohème*, 1888, Golfier (Michel) & Wagneur (Jean-Didier), dir., Seyssel, Champ Vallon, 2000.

Habermas (Jürgen), *The Structural Transformation of the Public Sphere : An Inquiry into a Category of Bourgeois Society*, trad. par Burger (Thomas) & Lawrence (Frederick), Cambridge, MIT Press, 1989.

Haine (W. Scott), *The World of the Paris Café*, Baltimore, Johns Hopkins University Press, 1996.

Hattox (Ralph S.), *Coffee and Coffeehouses : The Origins of a Social Beverage in the Medieval Near East*, Seattle, University of Washington Press, 1985.

Jacob (Margaret), *Radical Enlightenment : Pantheists, Freemasons and Republicans*, London, Unwin, 1981.

—, *Strangers Nowhere in the World : The Rise of Cosmopolitanism in Early Modern Europe*, Philadelphia, University of Pennsylvania Press, 2006.

Johns (Christopher M. S.), « Did the King take Coffee with the Pope ? Charles III, Benedict XIV and the Quirinale Caffeaus », communication présentée lors du congrès annuel de l'*American Society for Eighteenth-Century Studies (ASECS)*, Portland, Oregon, 2008.

Judt (Tony), « Europe vs. America », *New York Review of Books*, 52.2 (February 2005).

Kirli (Cengiz), « Coffeehouses : Public Opinion in the Nineteenth-Century Ottoman Empire », dans Salvatore (A.) & Eickelman (D.) eds., *Public Islam and the Common Good*, Leiden, Brill, 2004.

Kümin (Beat), *Drinking Matters : Public Houses and Social Exchange in Early Modern Central Europe*, Houndmills, Palgrave, 2007.

Langford (Paul), *Englishness Identified : Manners and Character 1650-1850*, Oxford, OUP, 2000.

Leclant (Jean) « Le café et les cafés à Paris (1644-1693) », *Annales. Histoire, Sciences sociales*, 6.1 (janvier-mars 1951), pp. 1-14.

Lees (Lynn) & Lees (Andrew), *Cities and the Making of Modern Europe, 1750-1914*, Cambridge, Cambridge University Press, 2007.

Lukacs (John), *Budapest 1900 : A Historical Portrait of a City and Its Culture*, New York, Weidenfeld, 1988.

Mandler (Peter), *The English National Character : the History of an Idea from Edmund Burke to Tony Blair*, New Haven, Yale University Press, 2006.

Melton (James van Horn), *The Rise of the Public in Enlightenment Europe*, Cambridge, Cambridge University Press, 2001.

Newman (Gerald), *The Rise of English Nationalism : A Cultural History, 1740-1830*, London, Palgrave, 1997.

Özkoçak (Selma Akyazici), « Coffeehouses : Rethinking the Public and Private in Early Modern Istanbul », *Journal of Urban History*, 33.6 (Sept. 2007), pp. 965-986.

Pincus (Steve), *1688 : The First Modern Revolution*, New Haven, Yale University Press, 2009.

Poliquin (Marie-Claude), « Les aubergistes et les cabaretiers montréalais entre 1700 et 1755 », MA Thesis, McGill University, Montréal, (Aug. 1996).

Segel (Harold B.), *The Vienna Coffeehouse Wits 1890-1938*, West Lafayette, Indiana, Purdue University Press, 1993.

Seton-Karr (Walter Scott) ed., *Selections from Calcutta Gazettes of the Years 1784, 1785, 1786, 1787, and 1788, showing the political and social condition of the English in India eighty years ago*, Calcutta, Military Orphan Press, 1864.

Shields (David S.), *Civil Tongues and Polite Letters in British America*, Chapel Hill, University of North Carolina Press, 1997.

Simon (Bryant), *Everything But the Coffee : Learning about America from Starbucks*, Berkeley, University of California Press, 2009.

Spary (Emma), *Eating the Enlightenment : Food and the Sciences in Paris, 1670-1760*, Chicago, University of Chicago Press, 2012.

Strang (John), *Germany in 1831*, 2 vols., London, T. Foster, 1836.

Uffenbach (Zacharias Conrad von), *London in 1710*, trad. par W. H. Quarrell, London, Faber, 1934.

Wijsenbeek (Thera), « Ernst en Luim : Koffiehuizen tijdens de Republiek », dans Reinders (Pim) & Wijsenbeek (Thera) eds., *Koffie in Nederlands*, Zutphen, Walburg, 1994.

Zweig (Stefan), *Le Monde d'hier. Souvenirs d'un Européen*, trad. par Jean-Paul Zimmermann, Paris, Albin Michel, 1948.

LONDON CLUBS OR THE INVENTION OF A 'HOME-MADE' SOCIABILITY

Valérie CAPDEVILLE
Université de Paris 13

English sociability cannot be reduced to London clubs as well as French sociability cannot be reduced to Parisian salons. However, these two forms of sociability, thanks to their respective representations and success, have become paradigms or emblems of each national sociable identity.

Clubs appeared in London at the end of the seventeenth century as small informal assemblies of men who met in coffee houses or taverns to share their common interests and ideas in a convivial atmosphere. In the 1730s, they progressively became more formal and private. Then, in the 1760s, clubs started to provide their members with their own large and comfortable premises. If most London clubs were socially exclusive, they were all gender exclusive. Their various activities were definitely male pastimes, not considered as suitable for ladies. However, how can we explain the success of this form of refined sociability which excluded women, whereas the latter were considered essential to the perfection of taste and politeness in France ? How then did the English succeed in re-inventing their own model of sociability ?

Indeed, the attraction-repulsion dynamics towards the hegemonic French model helped redefine English sociability. Comparing the English club to the French salon, their respective memberships, activities, operational modes and functions will reveal their similarities but also their specificities and highlight the contrast between the two nations. Thanks to selected examples and cross analysis, this chapter will show to what extent London clubs contributed to question and replace a model inspired from French "feminine" sociability with a unique model of English "masculine" sociability.

A gentleman's world : socially selective and gender exclusive

The club as an institution needs to be defined precisely before analyzing its characteristics and its operational modes. The meaning of the word "club" followed the evolution of the form of sociability to which it corresponded through the century. In the *Oxford English Dictionary*, the noun "club" was first defined as a social gathering held in a tavern or in a coffee-house, during which the expenses were split among the members present. In the early eighteenth century, the term "club" was an association or society which met on a regular basis in a precise location according to a set of rules. Its members gathered according to their common interests to promote social relationship and cooperation. In the 1730s were created the *Royal Society Club*, *White's Club*, the *Dilettanti Society* or the *Sublime Society of Beefsteaks*, for instance. Then, from the 1760s, the word "club" reached its full maturity, as an association of persons, gathering under definite rules, a selective vote securing admission. Clubs' meetings were held in the "club-house", a specific building reserved to the exclusive use of its members as a space for social intercourse and entertainment (*Boodle's* or *Brooks's* located in St James's street are good examples).

As we can clearly infer from these definitions, the club institution, which mainly grew out of the seventeenth-century coffee house, followed an evolution and significant transformations throughout the eighteenth century, characterized by stricter rules and a more exclusive membership. The space of the club itself became symbolically independent, private and closed. Of course, the degree of formalization and openness could vary depending on the object of the club and on the activities of its members. Nevertheless, all types of clubs (political, literary, artistic or merely social, such as gambling clubs) obeyed some defining principles of regulation and admission.

If most London clubs met around convivial dining and social conversation, their members were to follow selective election procedures and codified rituals. Club rules were both a constitutive and structuring element, which helped to determine the nature and the identity of each club. They tended to be systematic only from the 1730s, when more and more clubs became private institutions.

An important part of the internal regulations of a club was usually devoted to its criteria and procedures of admission. This category of rules typically constituted the first rules of the most selective clubs of the capital, such as *White's*, *Brooks's* or *Boodle's*. For example, sixteen out of the twenty-three rules of *Boodle's* were exclusively dealing with the admission procedures of its members (ballot, subscription, restrictions, etc.) François de la Rochefoucauld-Liancourt, aged 18 when he first visited England in 1783, was puzzled by the complexity of club election procedures : "Pour entrer dans une de ces nombreuses sociétés, il faut être présenté par un membre et que l'on scrutine. Si vous avez une seule boule noire, vous ne pouvez être reçu [...]".[1] *White's*, *Boodle's* and *Brooks's* all followed this "blackballing" procedure : one single black ball was enough to exclude a candidate.[2] Friendship or political connections could be very helpful, as recommendation and support often secured an election. To be part of a French salon however, no such process was necessary. There were three options : to be directly invited by the host or hostess, to be introduced by an *habitué*, or to have a letter of recommendation. Cooptation was the most efficient way of being part of a salon as the hospitality was indeed limited and controlled. The selection of the *maîtresse de maison* was her own choice and could be socially discriminating. Here, the dialectics of integration and exclusion was common to the London club, whose selective membership served a two-fold function : on the one hand, social recognition through a perfect introduction to the world and a strengthening of networks, on the other hand, social discrimination through the rejection from a closed

---

[1] LA ROCHEFOUCAULD-LIANCOURT (François de), *La Vie en Angleterre au XVIIIe siècle ou Mélanges sur l'Angleterre* [1784], Paris, Le Prat, 1945, p. 50.
[2] At *Boodle's*, it is rule n° 3 : "One black ball excludes", extracted from the original rules of the club reproduced in FULFORD (Roger), *Boodle's, 1762-1962, A Short History*. London, Eyre & Spottiswoode ltd., Her Majesty's Printers at The Chiswick Press, 1962, p. 5-12.

circle of distinguished equals. As revealed by the various lists of club membership analyzed in our own work *L'Âge d'or des clubs londoniens*, club sociability was indeed mainly aristocratic, a space for the English social and political elite.[3] But men of letters, renowned scientists and artists were also frequent club members as they represented the intellectual elite of the country. For example, the selected members of *The Club* created by Samuel Johnson in 1764 were truly considered as "an aristocracy of the mind".[4]

The club was not only reserved for the higher circles of society but also exclusively masculine. So was its ancestor, the coffee house, already a male-only institution though socially open, the only woman being sometimes the coffee house owner or the waitress.

---

[3] CAPDEVILLE (Valérie), *L'Âge d'or des clubs londoniens (1730-1784)*, Paris, Champion, 2008. Moreover, we can note that clubs in London had a social geography. As eighteenth-century sociability was strongly linked to the transformations of the urban space, most London clubs were geographically concentrated in the West End, which corresponded to the aristocratic districts of London. The word "clubland" was created to define this specific area centered around St James's Street. Interestingly enough, a similar geography of the salons seemed to exist in the French capital, as most of them were located in the *Beaux-quartiers* of Western Paris, (faubourg Saint-Germain, faubourg Saint-Honoré…) where the aristocracy mainly lived. Social homogeneity, architectural harmony, elegant living and "socializing" were the characteristics of this social geography both in London and Paris, see LILTI (Antoine), *Le Monde des salons. Sociabilité et mondanité à Paris au XVIIIe siècle*, Paris, Fayard, 2005, p. 136.

[4] With its "mixed complexion, its own standards of merit, and the freedom its members felt toward each other, The Club was in fact a true democracy", CURTIS (Lewis P.) & LIEBERT (Herman W.), *Esto Perpetua: The Club of Dr. Johnson and his Friends, 1764-1784*, Hamden, Conn., Archon Books, 1963, p. 5, 96.

London clubs then perfectly answered the need for selective conviviality in a changing urban environment ; social exclusiveness and homosociality thus favouring cohesion among the polite circles of London society.

Most of the activities of those new social spaces were clearly considered inappropriate for women. Clubmen gathered around dinner and enjoyed drinking, gambling, conversing with each other. Such assemblies enabled them to share their political, scientific or artistic interests in a convivial environment. Gambling, for example, was a pastime which helped men to create ties and become an essential part of the male affiliation network.[5] An initiation ritual often followed the election of a new member. As a means to introduce the new clubman to the other members of the club, it not only strengthened male bonding but also produced a sense of belonging to a selective community. Therefore, gentlemen's clubs represented the perfect model of exclusive male sociability.

If men tended not to welcome women into their clubs, as institutions of the public sphere, it is mainly because the segregation of the sexes was still a prevailing feature of English society and sociability. For example, at the end of the seventeenth century, the habit English women had to leave the table after dessert was widespread. It then allowed men to freely share some conversations and activities reputed as 'masculine' and not suitable for ladies.[6] César de

---

[5] TIGER (Lionel), *Men in Groups*, London, Nelson, 1969, p. 123.

[6] "It is customary, after the cloth and dessert are removed and two or three glasses of wine are gone round, for the ladies to retire and leave the men to themselves", TRUSLER (John), *The Honours of the Table, or Rules for Behaviour during Meals* [1788], Dublin, W. Sleater, 1791, p. 8.

Saussure was surprised at this established custom ;[7] as well as abbé Le Blanc, who described such a ritual in a long passage from his *Lettres d'un François* in 1745.[8] Therefore, the pleasure of gathering among men can easily be understood as a continuation of that tradition ; club members thus enjoying male-only leisure time without restraint. Nevertheless, this practice did not prevent women from being present in clubmen's thoughts as they were often the object of toasts and bets. The *Kit-Cat Club* members, one of the most celebrated clubs of the early eighteenth century, used to drink to the health of the most beautiful ladies of the time. Verses written by Lord Halifax were engraved on special toasting glasses.[9] Moreover, the betting books of *White's* or *Brooks's* testify to the frequent bets involving women : their life expectancy or their fertility being the subject of numerous entries. Here is one example reported in *White's* betting book : "March 21st 1747. Mr John Jeffries bets Mr Dayrolle five guineas, that Lady Kildare has a child born alive before Lady Caroline Petersham. N.B. Miscarriages go for nothing."[10]

Women had many occasions to socialize : they met at concerts, in neighbourhood circles and around the famous ritual of tea-table conversation. However, they were unquestionably excluded from club sociability.

---

[7] SAUSSURE (César de), lettre 8, *Lettres et voyages de Monsieur César de Saussure en Allemagne, en Hollande et en Angleterre : 1725-1729*, Lausanne, Paris, Fishbacher, 1903, p. 229.

[8] LE BLANC (Abbé Jean-Bernard), *Lettres d'un François* [1745], 3 vol., Amsterdam, 1751, vol. 2, p. 110-116.

[9] For precisions on the ritual of toasting, see CAPDEVILLE (Valérie), *op. cit.*, p. 139-143.

[10] Quoted in BOURKE (Henry Algernon), *The History of White's*, 2 vols., London, Waterloo & sons Ltd., 1892, vol. 2, p. 1.

Indeed, the status they occupied in English society and their confinement to the domestic sphere seem to provide effective explanations. Even Addison and Steele, whose *Spectator* and *Tatler* were known for granting woman a unique position in the "literary public sphere", continually reminded their readers of her specificity. Both sexes should remain in their respective provinces and follow their expected social roles : "Men and Women ought to busie themselves in their proper Spheres, and on such Matters only as are suitable to their respective Sex".[11] Therefore, the role prescribed to woman in English society appears as a major feature to highlight the particularity of club sociability in England and to understand the reasons why England offered such a contrasted example with France, the paradise of *salonnières*.[12]

---

[11] *The Spectator*, n° 57 (May 5, 1711).

[12] An exception being the famous *Blue-Stocking Club* mentioned for the first time in Elizabeth Montagu's correspondence in 1757, but it was more a *salon* than a real club. The *Blue-Stockings* circle was not a formal society : contrary to a *club*, it had no regular meeting day, no admission procedures, no rules. It is even almost impossible to draw an exact list of its members as they varied depending on the occasions and on the affinities of the persons invited. From the start, Mrs. Elizabeth Montagu's aim was to promote literary conversation as the main pleasure of social life. As the founder and dominant figure of this mixed assembly, "la Belle Présidente" gathered in her own house the most remarkable figures of London society. Elizabeth Vesey, Mrs. Boscawen, Elizabeth Carter, Catherine Talbot, Hester Chapone, Hannah More attended regularly, as well as eminent gentlemen from London high society such as Lord Lyttleton, Lord Pulteney, the Earl of Bath. Among the circle's *habitués* were also Horace Walpole, David Garrick, Dr. Johnson or Edmund Burke.

Politeness and conversation: a French model of sociability ?

In the eighteenth century, France was still considered as the "sociable nation by excellence". In a famous passage from his *Lettres Persanes*, Montesquieu suggested : "On dit que l'homme est un animal sociable. Sur ce pied-là, il me paraît qu'un Français est plus homme qu'un autre".[13] At the same period, the Swiss traveller Béat-Louis de Muralt wrote : "À tous les égards les Français semblent être faits pour la Société [...] Ce qu'ils veulent surtout que nous admirions d'eux, c'est l'Esprit, la Vivacité, la Politesse, les Manières".[14] Indeed, politeness, refinement and conversation were strongly associated with France and became characteristic features of French society, thus helping to assert the superiority of a French model of sociability.

If conversation progressively became the main activity of clubs such as the *Royal Society Club*, the *Society of Dilettanti* or even more symbolically Johnson's *Club*, it is because it was itself born in the heart of these institutions and before them in coffee houses. At the time, the rules of conversation were dictated by several treatises and books that insisted, through a series of principles, on the respect anyone should show towards the other.[15] Good manners, and conversation in

---

[13] MONTESQUIEU (Charles-Louis Secondat de), lettre LXXXVII, *Lettres persanes*, in *Œuvres complètes*, texte établi par Roger Callois, 2 vol., Bibliothèque de la Pléiade, Gallimard, Paris, 1949-51, vol. 1, p. 261.

[14] MURALT (Béat-Louis de), *Lettres sur les Anglois et les François et les Voiages* [1728], éd. Charles Gould, Paris, Champion, 1933, p. 176-177.

[15] See BURKE (Peter), *The Art of Conversation*, Oxford, Polity Press, 1993, which gives several references : [Simon WAGSTAFF] SWIFT

particular, had an almost unanimously acknowledged social function : that of pleasing. In England, these rules were prescribed by numerous French treatises devoted to the "art of pleasing" in conversation or in society and translated into English.[16] One of the most famous, *L'Art de plaire dans la conversation* written by Pierre Ortigue de Vaumorière in 1688, was translated in 1736 by John Ozell as *The Art of Pleasing in Conversation*. In other words, it is from French models that the contours of English sociability and conversation were first drawn.[17]

The representation of French sociability was built thanks to the idealization of the Parisian salon and the privileged role it granted to women. Contrary to what happened in England, woman occupied a choice position in the French public sphere : she was considered as indispensable to the refinement of manners, to politeness and sociability. The French salon was a form of sociability that allowed the mixed conversation of the sexes and in which woman reigned.

(Jonathan), *A Treatise on Polite Conversation*, 1738 ; CONSTABLE (John), *The Conversation of Gentlemen*, 1738 ; FIELDING (Henry), *An Essay on Conversation*, 1743 ; [Anon.], *The Art of Conversation*, 1757.

[16] For example : MÉRÉ (Antoine Gombaud chevalier de), *Discours de la conversation*, Paris, D. Thierry & C. Barbin, 1677 ; SCUDÉRY (Madeleine de), "De la conversation" et "De parler trop ou trop peu", *Conversations sur divers sujets*, Paris, C. Barbin, 1680 ; FENNE (François de), "De la conversation", *Entretiens familiers pour les amateurs de la langue françoise*, Leyde, C. Boutesteyn, 1680 ; LA BRUYÈRE (Jean de), "De la société et de la conversation" [1688], *Caractères*, Paris, 1765 ; COURTIN (Antoine de), "Ce qui règle la conversation en compagnie", *Nouveau Traité de la civilité qui se pratique en France parmi les honnestes gens*, Paris, H. Josset, 1771.

[17] See COHEN (Michèle), *Fashioning Masculinity : National Identity and Language in the Eighteenth Century*, London, New York, Routledge, 1996.

Presiding over her receptions, she chose her guests, she decided to grant her protection to an artist or a man of letters, thus defining the spirit of *her* salon. The success of a salon largely depended on the skills and personality of the woman who hosted it. For example, Sainte-Beuve admired how organized the salon of Mme Geoffrin had been : "le plus complet, le mieux organisé et […] le mieux administré de son temps".[18] She received her guests in her appartement rue Saint-Honoré on Mondays and Wednesdays and perfectly knew how to create a subtle mixture of the most eminent aristocrats, politicians, men of letters and artists.[19] As for Julie de Lespinasse who started welcoming visitors in her salon rue Saint Dominique at the end of 1764, her guests didn't form a homogeneous group, but Marmontel found them so perfectly combined that the encyclopedist declared : "ils s'y trouvaient en harmonie comme les cordes d'un instrument monté par une habile main […] elle jouait de cet instrument avec un art qui tenait du génie".[20] There were neither institutionalized membership nor officially established rules, however the definition of the salon formulated by Antoine Lilti in *Le Monde des salons*, published in 2005, showed that certain codes and norms of behaviour had to be respected : "un domicile

---

[18] SAINTE-BEUVE (Charles Augustin), "Madame Geoffrin", *Causeries du lundi*, Paris, Garnier, 1852, t. II, p. 309.

[19] See LOUGEE (Carolyn), *Le Paradis des Femmes : Women, Salons and Social Stratification in Seventeenth-Century France*, Princeton, Princeton UP, 1976. For a more general analysis, see PICARD (Roger), *Les Salons littéraires et la société française (1610-1789)*, New York, Brentano's, 1943.

[20] MARMONTEL (Jean-François), *Mémoires*, Paris, Mercure de France, 1999, Introduction et notes de Jean-Pierre Guicciardi et Gilles Thierriat, p. 260.

ouvert à ceux qui ont été présentés, et abritant une sociabilité mixte, régie par des normes de civilité."[21]

What was significant in France was the indirect role women played in politics. Benedetta Craveri in *The Age of Conversation*, considered that women held the strings of power by favouring political connections and influence networks.[22] The support of the "salonnières" was decisive in a political career. But this position of woman in French society was not without surprising foreigners. In a letter to Thomas Jefferson in 1787, Anne Willing Bingham, an American lady who toured Europe and frequented Parisian salon society, expressed both astonishment and admiration for a practice which seemed unusual to her: "The Women of France interfere in the politics of the Country, and [...] have obtained that Rank and Consideration in society, which the Sex are entitled to, and which they in vain contend for in other Countries".[23] In England, certain topics such as politics, law or any discussions related to public affairs were considered as "masculine" and would not be discussed by women or even dealt with in their presence.

Confronted with the stereotyped representation of French ideal mixed sociability, England was divided

---

[21] LILTI (Antoine), *op. cit.*, p. 69.
[22] CRAVERI (Benedetta), *The Age of Conversation*, Paris, Gallimard, 2002, p. 386.
[23] Letter from Anne Willing Bingham to Thomas Jefferson (Philadelphia, June 1st 1787), *The Papers of Thomas Jefferson*, ed. by BOYD (Julian P.), Princeton, Princeton UP, 1955, vol. 2, p. 393. Anne Willing Bingham became the arbiter of fashion and intellectual conversation at her style palace, Lansdowne, in Philadelphia. Even Thomas Jefferson, who hated salons in the Parisian mode, felt compelled to attend because the finest minds in the Republic gathered in Mrs. Bingham's parlor.

between those who considered woman as necessary to public sociability, politeness and refinement, and those who perceived her as a threat, even susceptible of questioning man's essential character: his masculinity. Some thought conversation between the sexes would help soften the coarseness frequently attributed to the English. James Fordyce in his *Sermons to Young Women* (1766) praised its virtuous effect: "nothing formed the manners of men so much as the turn of the women with whom they converse [...] Such society, beyond anything else, rubs off the corners that give many of our sex an ungracious roughness."[24] A few years earlier, Swift was also convinced that the presence of ladies in society would be salutary to "lay a Restraint upon those odious Topicks of Immodesty and Indecencies into which the Rudeness of our Northern Genius is so apt to fall."[25] Conversation between men and women appeared to be the best means to perfect their politeness, as their interaction had a positive influence on each other.

---

[24] FORDYCE (James), *Sermons to Young Women* [1766] 2 vols., London, 1786, vol. 1, p. 17.
[25] SWIFT, "Hints towards an Essay on Conversation" (1763), *The Prose Writings of Jonathan Swift*, ed. H. David, Oxford, 1973, vol. 4, p. 95. This was confirmed by Ferri de Saint-Constant who once asked an Englishman the following question: "À la question, mais pourquoi excluez-vous les femmes qui prendraient part à la conversation d'une manière agréable?" The Englishman answered: "Oh! c'est que leur présence serait pour nous un sujet de gêne et de contrainte : nous ne pourrions pas dire ce que nous voudrions, ni pousser nos toasts"; the Italian traveller added: "C'est-à-dire, que vous ne pourriez pas vous livrer à des excès scandaleux, détruire votre constitution et vos principes, vous abandonner à l'intempérance et à l'obscénité". FERRI DE SAINT-CONSTANT (Jean-Louis), *Londres et les Anglais*. Paris, Fain Jeune, 1804, p. 198.

Nevertheless, the suspicion of the English towards the fair sex was expressed by those who accused mixed conversation of encouraging the confusion of sexual identities by effeminizing the masculine character. Joseph Spence, among others, considered that "some conversation with the ladies [was] necessary to smooth and sweeten the temper as well as the manners of men, but too much of it [was] apt to effeminate or debilitate both."[26] Therefore, through the prism of gendered polarization, conversation *à la française* started to be criticized in England. Simultaneously, the art of pleasing was questioned. The main reproaches made against the French ideal of conversation were that it was artificial and often degenerated into a desire to shine.[27] The conversation of French high society lacked spontaneity and natural, its use of flattery[28] was constant and, as early as 1711, Steele denounced "[its] great and general

---

[26] SPENCE (Joseph), *Letters from the Grand Tour 1730-1741*, ed. by S. Kilma, London, Mc Gill, Queen's UP, 1975, p. 9-10. On the dangers represented by the fop, see CAPDEVILLE (Valérie), "Gender at stake : the role of eighteenth-century London clubs in shaping a new model of English masculinity", *Culture, Society & Masculinities*, Vol. 4, 1 (spring 2012), pp. 13-32.

[27] "L'idéal de la conversation devient une imposture, puisque la socialité y dégénère en désir de briller, l'esprit en jargon, et qu'elle se vide de son contenu." SERMAIN (Jean-Paul), "La Conversation au dix-huitième siècle : un théâtre pour les Lumières ?", in MONTANDON (Alain) dir., *Convivialité et politesse : du gigot, des mots et autres savoir-vivre*, Clermont-Ferrand, Faculté de lettres et sciences humaines de l'Université Blaise-Pascal, 1993, p. 127.

[28] "Flattery is compounded of the most sordid, hateful Qualities incident to Mankind, viz. Lying, Servility and Treachery", PUCKLE (James), *The Club ; or, A Dialogue between Father and Son*, London, 1711, p. 14.

want of sincerity",[29] devoting the entire number 103 of the *Spectator* to the condemnation of the French model. French and English conversations were opposed on these terms : one being characterized by frankness and the other conversely, by an excess of courtesy, even preciosity. This view was shared by the Swiss traveller Béat-Louis de Muralt who made the following statement in 1728 : "L'Anglois […] dépend peu de l'Opinion, et dans la Conversation, il préfère le plaisir de dire la Vérité, à celui de dire des choses obligeantes aux gens à qui il parle, et de les rendre contens de lui. Le Français […] compte pour beaucoup l'Opinion qu'ils ont de lui ; […] de là viennent tant de Douceurs, tant de choses flatteuses qu'il dit dans la Conversation".[30]

As for the Grand Tour that once provided an opportunity for young aristocrats to form their tastes and, on their way to Italy, to spend some time in France in order to polish their education, going abroad was soon considered as potentially dangerous and encouraging effeminacy and foppery.[31] More generally, following foreign fashions, be it clothes, cooking or conversation, should be avoided, as advised by Lord Shaftesbury in his *Characteristicks of Men, Manners, Opinions, Times* : "To look abroad as little as possible ;

---

[29] *The Spectator*, n° 103 (June 28, 1711) ; in the same article : "The Dialect of Conversation is now-a-days so swell'd with Vanity and Compliment and so surfeited (as I may say) of Expressions of Kindness and Respect."

[30] MURALT, *op. cit.,* p. 230.

[31] "An effeminate and unmanly foppery", COHEN (Michèle) ed., *Masculinity : Men Defining Men and Gentlemen, 1660-1918*, Part 1 : 1660-1800, Sources from the Bodleian Library, Oxford, 2000. Editorial Introduction.

[…] and despise all knowledge, Learning, or Manners which are not *of a Home-Growth*".[32]

The invention of a 'home-made' sociability

After trying to imitate a model of sociability, idealized by French salon society and associated with femininity, the English realized that it did not correspond to their national character at all. Indeed, sociability is not universal. The ability to live in society, as well as the degree of sociability of an individual, seems to depend on his culture and on the character of his nation. The eighteenth-century Scottish anthropologist and historian William Robertson asserted that "the dispositions and manners of men are formed by their situation, and arise from the state of society in which they live".[33] More recently, the historian Michel Morineau formulated the same principle : "l'aptitude à vivre en société […] est aptitude à vivre dans *une* société déterminée. De sorte que la sociabilité individuelle et collective est informée et investie, en chaque occurrence, par les caractères de cette société".[34]

As developed earlier, a significant number of travellers' accounts deplored the lack of sociability and of politeness the English seemed to display. By

---

[32] COOPER (Anthony Ashley), Earl of Shaftesbury, *Characteristicks of Men, Manners, Opinions, Times*, 3 vols., London, 1723, vol. 3, p. 153.
[33] ROBERTSON (William), *The History of the Discovery and Settlement of America* [1777], New York, Derby & Jackson, 1857, p. 131.
[34] MORINEAU (Michel), "La Douceur d'être inclus", in THÉLAMON (Françoise) dir., *Sociabilité, pouvoirs et société. Actes du colloque de Rouen, 24-26 nov. 1983*, Rouen, Presses de l'Université de Rouen, 1987, p. 30.

denouncing the roughness of their manners and their inability to master the art of conversation, they contributed to build a stereotyped representation of the English nation as "unsociable". Thomas Wilson's remark in 1729 that "silence and difficulty of speaking and fewness of words [we]re a kind of national Character"[35] accounted for the taciturn character of the English.[36] As the antithesis of politeness and sociability, taciturnity was characterized by the silence and the difficulty to speak with one another. The Englishman was often reproached with a lack of refinement and of sociable skills, which will grow into an emblematic feature of the English nation and more particularly of English masculinity. Then, how did such an unsociable and taciturn individual manage to make of the English club the temple of polite conversation and masculine sociability *par excellence* ?

This paradox stands as the first of several that justified the unique status of the London club in England's social history. The success of this truly English institution, whose members represented the best examples of highly sociable masculinity constituted a blatant proof that the bluntness of the Englishman, as well as his reserve or the roughness of his manners, were not incompatible with the refined and the sociable character of his nation. Once criticized as real

---

[35] WILSON (Thomas), *The Many Advantages of a Good Language to any Nation, with an Examination of the Present State of our Own* (1724), in HITCHCOCK (Tim) & COHEN (Michèle) eds., *English Masculinities 1660-1800*, London & NY, Longman, 1999, p. 48. See also *The Spectator*, n° 135 (Aug. 4, 1711) : "Our Discourse is not kept up in Conversation but falls into more Pauses and Intervals than in our Neighbouring Countries."

[36] See LANGFORD (Paul), *Englishness Identified : Manners and Character, 1650-1850*, Oxford, OUP, 2000, p. 188, 194.

deficiencies, those traits of the national identity have turned into positive attributes and have contributed to the redefinition of English sociability. Free from the heavy weight of French norms, politeness and masculinity could be reconciled.

Another question needed to be raised: how could men achieve politeness without the presence of women ? On the one hand, the gentleman ideal, which dominated in London's fashionable circles, expressed a desire to shape a new model of masculinity.[37] It was a model set for men only and inherent to club sociability in the eighteenth century. Through their successful periodicals, Addison and Steele aimed at diffusing "gentlemanly values" to their readers and promoted what David Solkin called a "well-mannered masculinity."[38] The gentleman's formation started with "learning", then came politeness, as an essential component of his education.[39] Conversation was all the more central to the polite ideal, "as the crucial means for uniting and engaging friends, professional associates or strangers" and "a key requirement of the modern

---

[37] According to the *Oxford English Dictionary*, the term "gentleman" has evolved along the economic and social changes of the time. It is "a man of superior position in society, or having the habits of life indicative of this ; often, one whose means enable him to live in easy circumstances, a man of money and leisure." On the concept of the gentleman and its evolution in the eighteenth century, see CARRÉ (Jacques), "Gentleman", in MONTANDON (Alain) dir., *Dictionnaire raisonné de la politesse et du savoir-vivre du Moyen-Âge à nos jours*, Paris, Seuil, 1995, pp. 425-438.

[38] SOLKIN (David H.), *Painting for Money. The Visual Arts and the Public Sphere in Eighteenth-century England*, New Haven, London, Yale UP, 1993, p. 60.

[39] According to the *OED*, "politeness" is a synonym for "polish, refinement, elegance, good taste".

gentleman".[40] Moreover, conversation had a decisive function in the education of a well-bred man : it widened the scope of his knowledge. Richelet's *Dictionnaire de la langue française* gave this beautiful definition : "La conversation met en œuvre les talents de la nature et les polit. Elle épure et redresse l'esprit et elle est le grand livre du monde".[41] Among all the advice given to his son, Lord Chesterfield often exhorted him, while travelling abroad, to indulge in conversation as much as possible. Also part of the gentleman's experience was sociability. For the young aristocrat impatient to polish his manners and gain social recognition, the club was a crucial step, which often proved a useful passport to enter London's polite political and literary circles.

It is true that clubs had an influence on the art of conversation, on politeness and on society in general : they shaped new norms of sociability and enabled to replace a model of French "feminine" sociability with a model of English sociability, among which man reigned. In fact, the exclusion of women from clubs provided the necessary condition for the redefinition of English male sociability.

Besides, the conviviality of the club was not an obstacle to the calm and intimacy sought after by the clubman. Comfort, meals, various services provided by the club, or even a fire in the main room around which men gathered to converse, all participated in the identification of the club as a kind of extension of the

---

[40] CARTER (Philip), *Men and the Emergence of Polite Society, Britain 1660-1800*, London, Longman, 2001, p. 62.
[41] RICHELET (Pierre), *Dictionnaire de la langue française, ancienne et moderne*, augmenté de plusieurs additions, Lyon, Bruyset frères, 1728.

domestic sphere, as a "second home". This expression was already used by contemporaries of Queen Anne to define the coffee house, where a man could spend his day reading the news, listening, talking, while receiving his friends as well as his letters. But, a few decades later, the club offered a different and more elaborate version of that "second home". As a private institution, by definition, it adopted various domestic features that helped its members to feel at home. This evolution corresponded to the aspirations of the clubmen themselves, but should we interpret it as a growing need for the clubman to escape from his real home, leaving behind the doors of his club all the troubles of his domestic life and recreating a "second home" in a male-only enclave ? or could it be another paradox of English sociability which would associate an aspiration for reserve, intimacy and domesticity and an inclination towards publicity, worldly experience and social visibility ?

The ambiguous position of the English club in the private/public sphere dialectics bears some resemblance but fundamentally differs from that of the French salon, which is a public space, or more exactly a "social" space, physically inscribed in the domestic sphere. Antoine Lilti explains that the space of the salon was not only a domestic space but a form of hospitality. Significantly enough, the term *salonnière* did not exist then ; people used the phrase *maîtresse de maison*.[42] Therefore, salons should be distinguished from other forms of sociability located in public spaces such as gardens, cafes, royal academies, but also all those that required admission fees such as clubs or reading societies. This difference of location between the

---

[42] LILTI, *op. cit.*, p. 65.

English club and the French salon seems essential as it helps to understand the position that woman did or did not occupy in those institutions on both sides of the Channel.

The prejudices that many foreigners had against the English at the time often proved false, as the Swiss Muralt witnessed : "It is usual for them to be reserved at first, easing only once they are better acquainted with the persons they are dealing with".[43] Sociability allowed them to forget their first reserves. After breaking the ice and adjusting to their environment, Englishmen could then become truly sociable. The private, exclusive and friendly atmosphere of the club, as well as its masculine character, offered them the perfect conditions to behave as sociable individuals in a selected assembly of limited size and composed by their peers. In 1783, Samuel Johnson, a renowned clubman himself and the founder of *The Club*, referred to James Boswell as "a very clubable man".[44] As an alternative to "sociable", the adjective "clubable" seems to perfectly, if not better, correspond to the English character.

The English club, as an arena of exclusive male sociability, allowed to shape a different model of politeness, in which refinement and masculinity could be reconciled. Among the main objectives and achievements of clubs were the preservation of their members' masculine identity and the reinforcement of social cohesion. A unique model of male sociability was

---

[43] "Il leur est ordinaire d'être d'abord réservez, & de ne s'ouvrir qu'à mesure qu'ils connaissent les personnes à qui ils ont à faire", MURALT, *op. cit.*, p. 143.

[44] Anecdote recorded by James Boswell on November 29th, 1783, BOSWELL (James), *Life of Johnson*, ed. by R.W. Chapman, 1953, Oxford, OUP, 1998, p. 1260.

born thanks to the triumph of clubs in England, proving that being an English gentleman was not incompatible with politeness and sociability.

The aim of this chapter was to show to what extent London clubs questioned and replaced a French-inspired pattern of sociability with a 'home-made' sociability, which mirrored the characteristics and paradoxes of the English character. The English predisposition to assemble into clubs has often been associated with the spirit of freedom and independence of their nation. In his third dialogue on education, David Fordyce speculated on the reasons for this typically English "clubability". Not without suggesting either a national inclination towards liberty or a potential influence of the climate, Sophron, one of Fordyce's two main characters, analyzed it in physiological terms :

> Soph. I had not been long acquainted with these young Gentlemen, when we conceived the Design of Forming ourselves into a Club, and having regular Times of Meeting, for the sake of Conversation.
> Whether our Liberty, or Climate, be the Reason, I cannot tell ; but I found the Observation true, that we are, of all Nations, the most forward to run into Clubs, Parties & Societies, which, by the by, is no ill Proof of the Sociable Turn of our Temper, whatever Foreigners may say of our Sullenness and Reserve.
> This Humour runs thro' the whole Nation and diffuses itself among all Characters of Men. We have Clubs for Trade, musical Clubs, Clubs for mathematical and philosophical Researches, Clubs for Improvements in the fine Arts, Clubs for pure Diversion and Merriment.[45]

---

[45] FORDYCE (David), *Dialogues concerning Education*, [Facsim. 1757] 3rd ed., 2 vols., London, Routlege, Thoemmes P, 1992, vol.1, p. 61-62.

Selected bibliography

Addison (Joseph), *The Spectator*, ed. Donald F. Bond, 5 vols., Oxford, Clarendon Press, 1965.

Boswell (James), *Life of Johnson*, ed. by R.W. Chapman, 1953, Oxford, OUP, 1998.

Bourke (Henry Algernon), *The History of White's*, 2 vols., London, Waterloo & sons Ltd., 1892.

Burke (Peter), *The Art of Conversation*, Oxford, Polity Press, 1993.

Capdeville (Valérie), "Gender at stake : the role of eighteenth-century London clubs in shaping a new model of English masculinity", *Culture, Society & Masculinities*, 4.1 (spring 2012), pp. 13-32.

—, *L'Âge d'or des clubs londoniens (1730-1784)*, Paris, Champion, 2008.

Carré (Jacques), "Gentleman", Montandon (Alain) dir., *Dictionnaire raisonné de la politesse et du savoir-vivre du Moyen-Âge à nos jours*, Paris, Seuil, 1995, pp. 425-438.

Carter (Philip), *Men and the Emergence of Polite Society, Britain 1660-1800*, London, Longman, 2001.

Cohen (Michèle), ed., *Masculinity : Men Defining Men and Gentlemen, 1660-1918*, Part 1 : 1660-1800, Sources from the Bodleian Library, Oxford, 2000. Editorial Introduction.

—, *Fashioning Masculinity : National Iidentity and language in the Eighteenth Century*, London, New York, Routledge, 1996.

Constable (John), *The Conversation of Gentlemen*, 1738.

Cooper (Anthony Ashley), Earl of Shaftesbury, *Characteristicks of Men, Manners, Opinions, Times*, 3 vols. London, 1723.

Courtin (Antoine de), "Ce qui règle la conversation en compagnie", *Nouveau Traité de la civilité qui se pratique en France parmi les honnestes gens.* Paris, H. Josset, 1771.

Craveri (Benedetta), *The Age of Conversation*, Paris, Gallimard, 2002.

Curtis (Lewis P.) & Liebert (Herman W.), *Esto Perpetua : The Club of Dr. Johnson and his Friends, 1764-1784*, Hamden, Conn., Archon Books, 1963.

Fenne (François de), "De la conversation", *Entretiens familiers pour les amateurs de la langue françoise*, Leyde, C. Boutesteyn, 1680.

Ferri de Saint-Constant (Jean-Louis), *Londres et les Anglais*, Paris, Fain Jeune, 1804.

Fielding (Henry), *An Essay on Conversation,* 1743 ; [Anon.], *The Art of Conversation*, 1757.

Fordyce (David), *Dialogues concerning Education,* [Facsim. 1757] 3rd ed., 2 vols., London, Routlege, Thoemmes P, 1992.

Fordyce (James), *Sermons to Young Women* [1766] 2 vols., London, 1786.

Fulford (Roger), *Boodle's, 1762-1962, A Short History*, London, Eyre & Spottiswoode ltd., Her Majesty's Printers at The Chiswick Press, 1962.

La Bruyère (Jean de), "De la société et de la conversation" [1688], *Caractères*, Paris, 1765.

La Rochefoucauld-Liancourt (François de), *La Vie en Angleterre au XVIIIe siècle ou Mélanges sur l'Angleterre* [1784], Paris, Le Prat, 1945.

Langford (Paul), *Englishness Identified : Manners and Character, 1650-1850*, Oxford, OUP, 2000.

Le Blanc (abbé Jean-Bernard), *Lettres d'un François* [1745], 3 vol., Amsterdam, 1751.

Letter from Anne Willing Bingham to Thomas Jefferson (Philadelphia, June 1st 1787), *The Papers of*

Thomas Jefferson, ed. by Boyd (Julian P.), Princeton, Princeton UP, 1955, vol. 2, p. 393.

Lilti (Antoine), *Le Monde des salons. Sociabilité et mondanité à Paris au XVIIIe siècle*, Paris, Fayard, 2005.

Lougee (Carolyn), *Le Paradis des Femmes : Women, Salons and Social Stratification in Seventeenth-Century France*, Princeton, Princeton UP, 1976.

Marmontel (Jean-François), *Mémoires*, Paris, Mercure de France, 1999, Introduction et notes de Jean-Pierre Guicciardi et Gilles Thierriat.

Méré (Antoine Gombaud chevalier de), *Discours de la conversation*, Paris, D. Thierry & C. Barbin, 1677.

Montesquieu (Charles-Louis Secondat de), *Lettres persanes*, in *Œuvres complètes*, texte établi par Roger Callois, 2 vols., Bibliothèque de la Pléiade, Gallimard, Paris, 1949-51, vol. 1.

Morineau (Michel), "La Douceur d'être inclus", in Thélamon (Françoise) dir., *Sociabilité, pouvoirs et société. Actes du colloque de Rouen, 24-26 nov. 1983*, Rouen, Presses de l'Université de Rouen, 1987.

Muralt (Béat-Louis de), *Lettres sur les Anglois et les François et les Voiages* [1728], éd. Charles Gould, Paris, Champion, 1933.

Picard (Roger), *Les Salons littéraires et la société française (1610-1789)*, New York, Brentano's, 1943.

Puckle (James), *The Club ; or, A Dialogue between Father and Son*, London, 1711.

Richelet (Pierre), *Dictionnaire de la langue française, ancienne et moderne*, augmenté de plusieurs additions, Lyon, Bruyset frères, 1728.

Robertson (William), *The History of the Discovery and Settlement of America* [1777], New York, Derby & Jackson, 1857.

Sainte-Beuve (Charles Augustin), "Madame Geoffrin", *Causeries du lundi*, Paris, Garnier, 1852, t. II.

Saussure (César de), *Lettres et voyages de Monsieur César de Saussure en Allemagne, en Hollande et en Angleterre : 1725-1729*, Lausanne, Paris, Fishbacher, 1903.

Scudéry (Madeleine de), "De la conversation" et "De parler trop ou trop peu", *Conversations sur divers sujets*, Paris, C. Barbin, 1680.

Sermain (Jean-Paul), "La Conversation au dix-huitième siècle : un théâtre pour les Lumières ?", in Montandon (Alain) dir., *Convivialité et politesse : du gigot, des mots et autres savoir-vivre*, Clermont-Ferrand, Faculté de lettres et sciences humaines de l'Université Blaise-Pascal, 1993.

Solkin (David H.), *Painting for Money. The Visual Arts and the Public Sphere in Eighteenth-century England*, New Haven, London, Yale UP, 1993.

Spence (Joseph), *Letters from the Grand Tour 1730-1741*, ed. by S. Kilma, London, Mc Gill, Queen's UP, 1975.

Swift (Jonathan) [Simon Wagstaff], *A Treatise on Polite Conversation*, 1738.

—, "Hints towards an Essay on Conversation" (1763), *The Prose Writings of Jonathan Swift*, ed. H. David, Oxford, 1973, vol. 4.

Tiger (Lionel), *Men in Groups*, London, Nelson, 1969.

Trusler (John), *The Honours of the Table, or Rules for Behaviour during Meals* [1788], Dublin, W. Sleater, 1791.

Wilson (Thomas), *The Many Advantages of a Good Language to any Nation, with an Examination of the Present State of our Own* (1724), in HITCHCOCK (Tim) & COHEN (Michèle) eds., *English Masculinities 1660-1800*, London & NY, Longman, 1999.

BIG CITY, BRIGHT LIGHTS ?
NIGHT SPACES IN PARIS AND LONDON, 1660-1820[1]

Jonathan CONLIN
University of Southampton, UK

John Vanbrugh's unfinished play *A Journey to London* (1720) tells of the marital tribulations of Lord Loverule and his fashionable wife Arabella. In London the pair are confronted with a whirl of assembly rooms, routs and other resorts popular with members of the privileged elite. Their ability to enjoy these resorts and activities is dependent, however, on their ability to adjust to the temporal rhythm of London, one very different from that they were accustomed to in the country. Lady Arabella adjusts quickly to this Augustan jet-lag, resetting her body clock to enable her to stay out until 3 or 4 am. Her husband retires at ten, loath to change his habits. "I thought, to go to Bed early and rise so," he observes, "was ever esteem'd a right Practice for all People." For Arabella, such behaviour smacks of "a Mechanick, who must get to Bed betimes,

---

[1] I would like to thank Brian Cowan for drawing my attention to *The Night-Walker*, Kate Heard for assistance locating images of the urban night and especially Laurent Turcot for his helpful comments on an earlier draft.

that he may rise early to open his Shop. Faugh!" Early to bed and early to rise ? Lady Loverule's reply is curt : "Beasts do it".[2]

Thanks to the so-called "spatial turn", Anglophone urban historians and cultural geographers have enriched our understanding of how the modern city emerged in seventeenth- and eighteenth-century Europe.[3] We are able to relate the hard facts of street architecture and the geographic distribution of retail outlets to Georgian consumer culture, for example, allowing us to observe the emergence of "shopping as a place to go".[4] We can revisit royal gardens with the help of medical treatises and etiquette books, and discover in them spaces where city dwellers learned to promenade, giving both leg muscles and imaginations a healthy workout.[5] In such narratives it seems that the modern city is spawning new spaces for new urban practices. "A space for everything", we might conclude, "and everything in its space".

---

[2] VANBRUGH (John), *A Voyage to London*, acte II, sc. i.

[3] For an example see OGBORN (Miles), *Spaces of Modernity : London's Geographies, 1680-1780*, New York, Guilford Press, 1998. For a Francophone study of this "turn" see *Annales de la recherche urbaine*, 87 (Sept. 2000) 'Nuits et Lumières'.

[4] HANN (Andrew), MORGAN (Victoria) & STOBART (Jon) eds., *Spaces of Consumption : Leisure and Shopping in the English Town, c.1680-1830*, London, Routledge, 2007 ; BERG (Maxine), *Luxury and Pleasure in Eighteenth-Century Britain*, Oxford, Oxford University Press, 2007, ch. 7.

[5] TURCOT (Laurent), *Le Promeneur à Paris au XVIIIe siècle*, Paris, Gallimard, 2007 ; CONLIN (Jonathan), "Mr. What'd-ye-call-him : à la recherche du flâneur à Paris et à Londres au XVIIIe siècle", in BELLEGUIC (Thierry) and TURCOT (Laurent) dir., *Les Histoires de Paris*, Paris, Hermann, 2012, t. II, pp. 73-98.

But what of the fourth dimension, time ? Writing in *The Spectator* in 1712, Joseph Addison was well aware that a single urban location could be used for different purposes at different times of day by people "as different from each other as those who are Born in different Countries". "Men of Six-a-clock" were different, he noted, from those of nine, from "the Generation of Twelve", as well as from "the fashionable World, who have made Two-a-clock the Noon of the Day".[6] Sadly, historians have largely failed to note this process, so characteristic of the city, by which one location could operate as several different spaces. Vanbrugh's comical contrast between the lady of fashion and the stolid man of sense suggests a tension between a natural rhythm, where darkness is for restorative sleep, and a polite rhythm, where darkness is for exhausting pleasures. This contrast, for Arabella at least, is also a contrast of sociability and anti-sociability, as well as of class and gender. The polite world's day reaches its peak long after the artisan's day ends. This lady of fashion gambles while her husband stays at home, alienating them so much that their marriage breaks down.[7]

This essay considers how new street lighting and new types of resort such as cafes and pleasure gardens changed the way in which the hours after sunset were used in the city. It takes Paris and London as its focus, starting from the late seventeenth century, when the first experiments in city-wide street lighting were made, to the early nineteenth century, when gaslight was

---

[6] *The Spectator* n° 454 (Aug. 11, 1712).
[7] That was Vanbrugh's original intention, at least. Colley Cibber supplied the unfinished play with a happy ending, staging the result as *The Enrag'd Husband*.

introduced in London. The history of the urban night is still in its infancy, and any historian must confront a number of obstacles. Many denizens of the city night failed to indicate what time they engaged in this or that activity. How "late" is "late"? When does "evening" become "night"? Another challenge is the tendency to exaggerate the benefits of each change in lighting technology. James Sayers' engraving *Coke and Gas ; Coal and Oil* (1808) claims that the difference between gas light and oil light was tantamount to that between night and day.[8] Yet the same had been said before, of oil and candle.

Recent work by Alain Cabantous and Craig Koslofsky has synthesized and added to a wealth of primary as well as secondary material previously published by others, much of it more than fifty years ago.[9] Whereas this older generation of historians studied one city at a time, now we are able to trace the relative effectiveness of these installations across eighteenth-century France and early modern Europe, and begin to compare them with more familiar nineteenth-century developments considered by Wolfgang Schivelbusch and Simon Delattre.[10] Rather

---

[8] BM 1868, 0808.10302. BM Satires 11092.

[9] For examples see FOURNIER (Édouard), *Les Lanternes de Paris, histoire de l'ancien éclairage*, Paris, Dentu, 1854 ; HERLAUT (Auguste Philippe), "L'éclairage des rues de Paris à la fin du XVIIe siècle et au XVIIIe siècle", *Mémoires de la Société de l'histoire de Paris*, n° 43, 1916, pp. 130-240 ; DE BEER (E. S.), "The early history of London street-Lighting", *History*, 25 (March 1941), pp. 311-324 ; STEAD (Philip John), *The Police of Paris*, London, Staples, 1957, p. 32, 46, 59.

[10] CABANTOUS (Alain), *Histoire de la nuit : XVIIe-XVIIIe siècles*, Paris, Fayard, 2009 ; KOSLOFSKY (Craig) *Evening's Empire : a History of the Night in Early Modern Europe*, Cambridge, Cambridge University

than an irreversible march of light Koslofsky identifies several cities which experimented with lighting only to drop it as an expensive luxury.[11]

Cabantous has proposed that street lighting in French cities passed through four phases : a period when lighting was exceptional, at the behest of the individual householder (up to 1660), the first city-wide lighting schemes (1660-1720), a period of relative inactivity (1720-60) followed by another burst of activity (1770 onwards).[12] Although this essay largely accepts this chronology, it does question the traditional focus on street illumination as a manifestation of royal authority. The smashing of street lights and beating up of nightwatchmen have been interpreted as examples of students, prostitutes and other "natives" of the city night resisting "colonization" by their superiors.[13] This approach is similar to that adopted by Schivelbusch and Melbin in their studies of the "industrialization of light" and night as a "frontier".[14] A model primarily focussed on control and surveillance may not work for London, however, or even for the supposedly more rigidly-surveyed Paris. This essay proposes other ways we might tell this story : considering the city night as gendered, as polite, and finally how it was framed as a

---

Press, 2011 ; SCHIVELBUSCH (Wolfgang), *Disenchanted Night : the Industrialization of Light in the Nineteenth Century*, Berkeley, University of California Press, 1988 ; DELATTRE (Simone), *Les Douze Heures noires : la nuit à Paris au XIXe siècle*, Paris, Albin Michel, 2000.

[11] KOSLOFSKY (Craig), *op. cit.*, p. 153-154, 159. See also CABANTOUS (Alain), *op. cit.*, p. 252.
[12] CABANTOUS (Alain), *op. cit.*, p. 251-257.
[13] KOSLOFSKY (Craig), *op. cit.*, p. 158.
[14] SCHIVELBUSCH (Wolfgang), *op. cit.*, p. 87, 97-98 ; MELBIN (Murray), *Night as Frontier : Colonizing the World after Dark*, London, Collier Macmillan, 1987, ch. 3.

visual spectacle for the first time. All three trends formed part of a process by which the night shifted from being associated with anti-social figures and practices to become the time of day most associated with sociability, at least for the upper middling rank and elite.

Charleys and lapins ferrés : policing the night

For seventeenth-century city-dwellers the hours of darkness meant much the same as they did for those who lived in the country. A time to sleep, recovering from the day's labours and preparing for the next ; to commune with God and pray for his protection from the dangers of the night. These dangers loomed large in cities : fire spread easily between wooden houses, as the incineration of London in 1666 amply demonstrated. Night was associated with crimes against the person and property, of the sort we still fear today, as well as crimes against God (witchcraft) and King (the posting of seditious papers, graffiti on statues). As early as the fourteenth century Londoners saw the city night as an "underworld" of *noctivagantes*, who either walked aimlessly or with some nefarious purpose in mind.[15] This world was a temporal equivalent to the many special jurisdictions which made early modern London and Paris a patchwork of enclaves (the Temple in Paris, Southwark Mint in London), governed by different laws and conventions. An exchange from a set of dialogues by the London-based poet Benvenuto Italiano published in 1612 sums the mood up nicely :

---

[15] REXROTH (Frank), *Deviance and Power in Late Medieval London*, Cambridge, Cambridge University Press, 2007, pp. 53-64.

> Ho, within?
> Who knocks at the doore?
> Friends.
> Friends walke not in the night.[16]

Some did, of course, walk in the night, breaking the nine o'clock curfew (ten o'clock in summer) in force in seventeenth-century London and Paris: students, apprentices, prostitutes, the first two groups providing the last with much of their custom.[17]

The curfew had been in place since at least the thirteenth century, and was signalled in medieval London and Paris by the ringing of a bell. This was when the city gates, taverns and *cabarets* all closed. Householders were duty-bound to hang a candle in a lant*horn* by their door, or, in Paris, "au-dessous des fenêtres du premier étage" on moonless winter nights.[18] As the name suggests, these devices were made, not of glass, but of horn. They shed little light and did not last more than a few hours. Nor did they need to, being intended to help people find their way home in the hours between dusk and curfew. The frequency with which Londoners and Parisians were reminded of this duty suggests that it was not universally carried out.[19]

---

[16] ITALIANO (Benvenuto), *The Passenger*, London, T. Snodham, 1612, cited in HALE (John), *England and the Italian Renaissance*, Oxford, Blackwell, 2005, p. 6.

[17] KOSLOFSKY (Craig), *op. cit.*, p. 159.

[18] The quote is from the 1551 *arrêt* of the Paris *Parlement*. HERLAUT (Auguste Philippe), *op. cit.*, p. 131.

[19] In the City of London, the 9pm curfew was confirmed by mayoral proclamation in 1383, and the duty to put out lanterns confirmed by acts of Common Council in 1599 and 1646. A 1662 act set a penalty of one shilling for default, but it is not clear that this was collected. DE BEER (E. S.), *op. cit.*, p. 313-315 ; BEATTIE (John), *Policing and*

After curfew the streets were patrolled by the night watch. Anyone out had to carry a lit lantern and be ready with a good story to account for themselves. Suspicious individuals were brought before a magistrate for further examination ; in Paris, to the prison of the Châtelet ; in London, to one of five night prisons (or compters) scattered across London.[20] Here the night walker might be held until morning, or, if he or she was particularly unlucky, longer. Though the rules were similar, the level and means of enforcement differed in London and Paris. In Paris the watch was an armed paramilitary force, the *guet*, which consisted of 139 *archers* (100 on foot, 39 mounted) in 1719. The *Garde de Paris* (43 horse, at least initially) was established in 1666, and was also charged with patrolling the streets at night.[21] The eighteenth-century Paris glazier Jacques-Louis Ménétra and others of the *petit peuple* had little time for these *lapins ferrés* or *tristes-à-pattes*.[22]

The night watch of London was a civilian force, unmounted and unarmed, apart from rusty halberds, which few actually possessed.[23] Whereas the *guet* was

---

Punishment in London, 1660-1750 : Urban Crime and the Limits of Terror, Oxford, Oxford University Press, 2001, p. 208.

[20] HERLAUT (Auguste Philippe), *op. cit.*, 133 ; CABANTOUS (Alain), *op. cit.*, p. 364-365 (note 61).

[21] After its 1771 merger with the *garde*, the latter disappeared in 1783. EL GHOUL (Fayçal), *La Police parisienne dans la seconde moitié du XVIIIe siècle (1760-1785)*, 2 vol., Tunis, Université de Tunis, 1995, vol. 1, p. 126-129.

[22] KOSLOFSKY (Craig), *op. cit.*, p. 169 ; MÉNÉTRA (Jacques-Louis), *Journal of my Life*, New York, Columbia, 1986, p. 23, 113 ; CHAGNIOT (Jean), "Le Guet et la Garde de Paris à la fin de l'Ancien régime", *Revue d'histoire moderne et contemporaine*, 20 (1973), pp. 58-71.

[23] By the second quarter of the century these had been replaced with a wooden staff. BEATTIE (John), *op. cit.*, p. 181.

paid by the King, London's night watch was made up of householders following a rota (like jury service) : each night citizens met at a pre-arranged spot to patrol their own neighbourhoods, wearing their own clothes. In addition to rounding up night walkers the watch checked that doors and shops were shut and cried the hours. The contrast between despotic, militarized, closed Paris and the free, open London seems sharp enough. Whereas the curfew remained in force in eighteenth-century Paris, in London it was widely flouted. In 1660 the shops were open until 10pm, and many taverns even later.[24]

On closer inspection, however, the picture becomes more complicated. At points the Parisian authorities experimented with a less regimented force. In 1740, *Lieutenant de police* d'Argenson experimented with patrols of fifteen plain-clothes men led by an inspector ; 1775 saw the introduction of *patrouilles grises*, made up of a sergeant from the Châtelet and *gardes* in civilian clothes.[25] Far from being model citizens in the late seventeenth century the vast majority of Londoners were paying substitutes to carry out their duties. In 1696 only one of the City's wards could claim to have the stipulated number of watchmen on duty. Those were "decrepit, superannuated wretches" (according to Daniel Defoe), who knocked off early.[26]

---

[24] As John Beattie notes, "The idea behind the curfew – the 9pm closing down of the City – was not so much abolished as overwhelmed." *Ibid.*, p. 172.
[25] CABANTOUS (Alain), *op. cit.*, p. 235-236.
[26] London's nightwatchmen were supposed to patrol 9pm to 7am in winter and 10pm to 5am in summer. The Paris patrols began earlier, at 5:30pm (*guet*) and 7pm (*garde*), and ended earlier, at 11pm, suggesting that there was little for them to do after that hour. But the hours shifted back later in the century : 9pm to 1am in 1760

They knew their "inhabitants" well.[27] But neighbourliness could come close to criminality when watchmen took prostitutes under their protection. The nightwatchman in John Bogle's atmospheric engraving of 1776 seems to be in no hurry to move on the prostitute resting in the doorway across the street.[28]

Though acts of 1735-6 affecting the cities of both London and Westminster raised levels of pay, the stock image of the watchman or "charley" as a dopey old codger survived up to the creation of the Metropolitan Police in 1829. The Regency bucks of Piers Egan's *Life in London* (1821) seem to have found knocking over their watch-stands (with "charley" inside) just as fun as the Mohocks had a century before. Though it is a striking coincidence that the first *sergents de ville* should have hit Parisian streets the same year as London's bobbies, it must be conceded that until 1829 patrolling the streets at night in Paris remained a quasi-military exercise. Though police spies were far less numerous than *Lieutenants* Sartine and Lenoir led people to believe, the spectre of the *mouchard* or, after 1810, of the *Sûreté* agent lent the Parisian night an added frisson, equally absent in London. Some night walkers seem to have used this to their advantage, claiming to be *Sûreté* agents on a secret undercover mission when stopped by the *garde* – and being let off.[29]

---

and 10pm to 3 or 4am in 1770. CABANTOUS (Alain), *op. cit.*, p. 239 ; BEATTIE (John), *op. cit.*, p. 190.
[27] BEATTIE (John), *op. cit.*, p. 203.
[28] BOGLE (John), untitled engraving, 1776. Guildhall Library, Prints and Drawings Department, Pr.L42.2
[29] DELATTRE (Simone), *op. cit.*, p. 277.

Candles, oil, gas : systems of illumination

The years 1660-1700 represent the first phase in the history of modern street lighting. In 1660 the requirement that Londoners keep a candle lantern lit for two hours before curfew 117 nights of the year was confirmed by an Act of Parliament.[30] In 1667 the ordinance which established the *Lieutenance de police* ordered the setting up of three thousand candle lanterns in Paris. This system was funded by the *taxe des boues et lanternes* (which funded scavenging as well as lighting). The new lights were suspended from ropes above the middle of the street, being lowered by pulleys for lighting and cleaning (fig. 1). They were to remain lit until 2am between 20 October and 31 March (i.e. Michaelmas to Lady Day). The number of lanterns had increased to more than 5,700 by 1729 and just shy of 7,000 in 1770.[31]

Fig. 1 : Nicolas Guérard II, *Les Cris de Paris : l'allumeur de lanternes devant la rôtisserie*, etching, c. 1700-20. © Musée Carnavalet/Roger-Viollet

---

[30] BEATTIE (John), *op. cit.*, p. 208.
[31] EL GHOUL (Fayçal), *op. cit.*, vol. 1, p. 270-271 ; KOSLOFSKY (Craig), *op. cit.*, p. 136.

Gushing claims that this system "fera comme en plein midi / Clair la nuit dedans chaque rue, / De longue ou de courte étendue" need to be taken with a bucketful of salt, however.[32] Whereas the Île de la Cité was well supplied with lanterns, the *faubourgs* had few, if any. One candle every thirty metres would have shed very little light, and, at an elevation of fifteen feet, they were easily damaged (often willfully) by those driving carriages or coaches. Candles blew out or were used up well before the stipulated time.[33] These lanterns' sides were admittedly glass rather than horn, and their manufacture kept Ménétra as busy as he wanted to be.[34] But there were no reflectors or lenses. As the *taxe* was a royal one, the crown sometimes abused it as a cash cow, rather than simply using it to cover costs. Parisians paid the tax, paid for the offices associated with levying the tax, and paid *not* to pay the tax (several times). Some streets resisted the introduction of lights not because they opposed "improvement" or surveillance, but simply because they didn't want to be fleeced. When a new levy was imposed on houses which had *boîtes de lanternes* (which held the pulley mechanism used to lower lanterns for servicing, for an example, see fig. 1) in 1702 hundreds of householders simply ripped them off their walls.[35]

---

[32] An anonymous poem from the *Gazette de Robinet*, 29 October 1667, cited in SCHIVELBUSCH (Wolfgang), *op. cit.,* p. 90.

[33] EL GHOUL (Fayçal), *op. cit.*, vol. 1, p. 275. The boulevards were lit from the Porte Saint Antoine to the Porte du Temple, using the proceeds from licensing those entrepreneurs who rented out chairs to fashionable Parisians promenaded there. CABANTOUS (Alain), *op. cit.*, p. 253, 258-259.

[34] MÉNÉTRA (Jacques-Louis), *op. cit.*, p. 125-126, 135.

[35] Of the 374 in the faubourg Saint Germain, only 30 survived. The *rachats* of the tax and *charges* for posts were entirely typical of the

Since the 1670s London "projectors" like Richard Reeves, Anthony Vernatty and Samuel Hutchinson had been hawking their designs for oil lamps around, trying to get individual householders or neighbourhoods to pay them to install, maintain and light these lamps in lieu of candle lanterns. After a semi-political lobbying campaign the Corporation of London agreed in 1695 to sell (for £600) the Light Royal Company exclusive rights to put up oil lights within the City, for twenty-one years. Lamps were to be no more than thirty yards apart on main streets, thirty-five on lesser ones, and the Company was empowered to collect fines from those who did not light up. Around a thousand Light Royals were installed in the City, which encouraged neighbourhoods in Westminster to adopt similar lamps. The City contract was renewed in 1716, although the company was struggling to collect payments in the 1720s, particularly from those who lived in semi-private alleys or courts.[36]

In 1735 the City invited new designs for lamps of "globular" type, the previous "bull's eye" models have been deemed unsatisfactory, blinding those driving carriages and coaches. The Lighting Act of 1736 (an act of parliament, not the City's Common Council) incorporated a rating scheme based on the assessed value of all houses, extending the hours of lighting and narrowing the prescribed distance between lamps. Each

---

Ancien Régime fisc. See HERAULT (Auguste Philippe), *op. cit.*, p. 144-154, 174-180.

[36] DE BEER (E. S.), *op. cit.*, 315-317 ; BEATTIE (John), *op. cit.*, p. 211-216. See the anonymous, undated broadsides entitled *Reasons humbly offered against the passing of a bill for the sole use of the convex-lights* [1692] and *The Case of the convex-lights* [1694], both in the British Library. A greater range is in the Guildhall Library.

ward was now able to contract out to whichever firm they wished.[37] Lighting Acts for specific parishes in London (as well as for cities like Kingston upon Hull and Bath) were passed in the 1740s and 1750s. In 1739 there were 4,825 lamps in the City's 26 wards, maintained by 17 contractors. Being a local rate rather than a tax, this system was not subject to the abuses found in Paris. Although Amsterdam was probably better lit in the 1660s, by 1700 London had taken the lead, and remained the best-illuminated city in Europe up to the 1760s. Perception, however, is another matter entirely.

The twenty years after 1765 saw the introduction of oil-powered reflector lamps or *réverbères* in Paris. One of the most talked-about municipal improvements in Paris between the Sun King and the Revolution, it has been overlooked by historians.[38] *Réverbères, quinquets* and the eponymous lamp unveiled by the chemist François Ami Argand in 1781 were at the centre of a cross-Channel technological rivalry.[39] In 1763 *Lieutenant de police* Sartine

---

[37] The act (9 Geo. II, c. 20) confirmed the requirements imposed by the City's Common Council in 1735, viz. that lamps be 25 yards apart in main streets, and be lit from sunset until sunrise between 10 August and 10 April, with no more "dark nights" (i.e. exemptions when the moon was full). BEATTIE (John), *op. cit.*, p. 216-222.

[38] It is not mentioned in JONES (Colin), *Paris, Biography of a City*, London, Penguin, 1994 or HAROUEL (Jean-Louis), *L'Embellissement des villes : l'urbanisme français au XVIIIe siècle*, Paris, Picard, 1993.

[39] For a taste of this rivalry see GURY (Jacques), "Journal du marquis de Bombelles en Grand-Bretagne et en Irlande", *Studies on Voltaire and the Eighteenth Century*, n° 269, Oxford, Voltaire Foundation, 1989, p. 301 ; for *quinquets*, DORVEAUX (Paul), "L'inventeur Quinquet, maitre apothicaire de Paris (1745-1803)", *Bulletin de la Société historique de la Ville de Paris*, n° 21, pp. 14-27.

offered a prize to encourage inventors to come forward with their ideas. No winner was awarded, however, and, the competition was re-started in 1766, this time with a prize of 2,000 *livres*, as shown in a painting from the Waddesdon *Livre des caricatures* (fig. 2). This time three winners were declared. Each had their design trialled, that of Dominique-François Bourgeois de Châteaublanc coming out triumphant. With financial backing from a financier, Pierre Tourtille-Saugrain, and a *commissaire général de la voirie*, Pierre-Joseph Lavalar, he formed a company that was awarded a twenty-year monopoly in 1769.[40]

Fig. 2 : Attributed to Charles-Germain de Saint Aubin, « Les Brigands n'aiment pas les Réverbères », watercolour, ink and graphite on paper, 1766, from the *Livre des caricatures*, Waddesdon Manor, 675.374 © National Trust

---

[40] HERAULT (Auguste Philippe), *op. cit.*, p. 246-254.

Powered by smelly tripe oil and hung over the middle of the street thirty *toises* apart, these hexagonal *réverbères* had reflectors (as their name indicated), and between two and four wicks. There was a commissioner and an inspector in each *quartier* to check that they were working properly. There were complaints that the *réverbères* blinded coachmen and that their oil reservoirs were insufficiently filled, causing them to extinguish by 9 or 10pm.[41] By 1790 there were a mere 3,783 of them, rising slowly to 5,123 in 1828.[42] In both London and Paris "link-boys" or *porte-falots* continued to make a good living by carrying torches or lanterns with which to light one's way home. That these urchins continued working well into the nineteenth century suggests that the illumination of the city was far from complete.[43]

---

[41] MERCIER (Louis-Sébastien), *Tableau de Paris*, nouv. ed., Amsterdam, 1782. "Réverbères", n° 65, t. I, p. 212-214 ; PATTE (Pierre), *De la manière la plus avantageuse d'éclairer les rues d'une ville, pendant la nuit*, Amsterdam, n. p., 1766, p. 16 ; SCHIVELBUSCH (Wolfgang), *op. cit.*, p. 95. Those at junctions had four, a t-junctions three, while the rest had two. The tripe oil did not burn clearly, requiring regular cleaning. Colza oil was substituted in 1788. EL GHOUL (Fayçal), *op. cit.*, vol. 1, p. 271-273, 275-276, 353 (note 66).

[42] DELATTRE (Simone), *op. cit.*, p. 583 (note 21).

[43] In 1662 the Italian *abbé* Laudati de Caraffa secured a contract to operate a network of stations where Parisians could find *falots*, who were all numbered. Link-boys in London were freelance, though both were suspected of consorting with criminal elements. FOURNIER (Éric), *op. cit.*, p. 24 ; HERAULT (Auguste Philippe), *op. cit.*, p. 133-134 ; DELATTRE (Simone), *op. cit.*, p. 82-83, 85-86 ; FALKUS (Malcolm), "Lighting in the dark ages of English economic history : town streets before the Industrial Revolution", in COLEMAN (D. C.) and JOHN (A. H.) eds., *Trade, Government and Economy in Pre-Industrial England : essays presented to F. J. Fischer* (1976), 248-273 (267) ; SCHIVELBUSCH (Wolfgang), *op. cit.*, p. 96 (note 34). For depictions of link-boys see the William Hogarth's

The *réverbères* nonetheless inspired the first depictions of the city night ever made, as we shall see.

The next step in lighting technology came with the advent of coal gas, at the very end of the period considered here. London's Pall Mall was lit with gas in January 1807, the first street in the world. As with the "projectors" in the 1690s, once again there was skepticism of the inventors' claims, in this case those of the Moravian immigrant Friedrich Albert Winzler, who had been inspired by 1790s experiments with gas *thermolampes* invented by Philippe Lebon. As Rowlandson's *A Peep at the Gas Lights in Pall Mall* (1809) indicates, speculation surrounding Winzler's proposed New Patriotic Imperial and National Heat and Light Company was rife, as were claims that prostitutes would be put out of business. Winzler (anglicized as Winsor) eventually found sufficient backers for the Chartered Gas Light and Coke Company to be formed in 1810. By 1815 30 miles of gas pipe had been laid in London. In 1816 Winsor returned to Paris and began staging demonstrations, illuminating the Passage des Panoramas. His Paris enterprise failed, however, in 1819. Officially approved in 1822, it took some time for gaslight to arrive on the streets of Paris. In 1829 the Rue de la Paix and the Rue de Castiglione became the first streets to be lit by gas. It would take much longer to reach less fashionable streets.[44]

Times of Day: Night (1743) ; Carington Bowles, *An Evenings Invitation ; with a Wink from a Bagnio* (1773) ; George Cruikshank, *Returning from a Rout on a Rainy Night* (1792) ; Thomas Rowlandson, *The Inn Door*, Yale Center for British Art, 1975B.3.112. EL GHOUL (Fayçal), *op. cit.*, vol. 1, p. 278, 356 (note 102).

[44] SCHIVELBUSCH (Wolfgang), *op. cit.*, p. 7-26 (26) ; DELATTRE (Simone), *op. cit.*, p. 86-88 ; FALKUS (M.), "The early development

A gendered night ? Night walkers and coffee houses, 1660-1720

Stopped by the watch in Smithfield at around 9:30pm one fine evening in 1591, Francis Kenningham refused to justify himself. "Honest men may walk at all hours", he claimed.[45] Was he right? And what of honest *women*? In contrast to the fourteenth and fifteenth centuries, in the seventeenth century women formed the majority of individuals committed to London's Bridewell for walking the streets after curfew. This probably indicates increasing demonisation of female night walkers, rather than any change in who walked the city streets.[46]

"Nightwalking" became a focus of anti-vice campaigners in the closing decades of the seventeenth century.[47] Some claimed that with the recent advances in street illumination "The plying Punks [prostitutes] crept into Holes, / Who walk'd the streets before by sholes".[48] This was not the case. Between September 1696 and March 1697 the bookseller John Dunton published a monthly periodical entitled *The Night-*

---

of the British gas industry, 1790-1815", *Economic History Review*, 2nd ser., 35 (1982).
[45] GOWING (Laura), "The freedom of the streets : women and social space, 1560-1640", GRIFFITHS (Paul) and JENNER (Mark S. R.) eds., *Londinopolis : Essays in the Cultural and Social History of Early Modern London*, Manchester, Manchester University Press, 2000, p. 140.
[46] GRIFFITHS (Paul), "Meanings of nightwalking in early modern England", *The Seventeenth Century*, 13.2 (Autumn 1998), pp. 212-238.
[47] CABANTOUS (Alain), *op. cit.*, p. 180.
[48] ANON., *State-poems : continued from the time of O. Cromwell, to this Present Year 1697*, London, n. p., 1697, p. 245.

Walker, describing a series of nightly rambles devoted to tracking, confronting and attempting to "reform" female prostitutes as well as their male clients. The *Night-Walker* is a jeremiad on the decadence of Restoration London, evidence for which is found in over-dressed shopkeeper's wives and makeup as well as a surfeit of taverns and coffee houses. The editor acts as *agent provocateur*, posing as a potential client and buying this or that woman a drink in a tavern before suddenly launching into a homily on vice. Sometimes this results in a tearful confession; at others with threats to "salute" him with a chamber pot. The *Night-Walker* disguises himself as a fop for an outing to Cupid's Garden, a pleasure garden on the south bank of the Thames, powdering his hair and putting on rings.[49] Though he rarely records the time, his encounters seem to occur between eight and ten pm.[50]

In the January 1697 issue the *Night-Walker* visits a coffee house in Farringdon Without, which he sees as inappropriate "where most of the Neighbourhood are Men who work for their Bread before they Eat it... such places serve only to ensnare Apprentices and Young men, who if they had not Tentations might perhaps never be Debaucht".[51] There appears to be an assumption that such haunts and activities might be acceptable when patronized and practiced by the elite,

---

[49] [DUNTON (John)], *The Night-Walker : or, evening rambles in search after lewd women, with the conferences held with them, &c, to be publish'd monthly, 'till a discovery be made of all the chief prostitutes in England, from the pensionary miss, down to the common strumpet...dedicated to the whoremasters of London and Westminster*, 2 vols., London, James Orme, 1697-8, vol. 1, p. 17 (chamber pot), 8 (Cupid's Garden).
[50] *Ibid.*, vol. 2, p. 14.
[51] *Ibid.*, vol. 2, p. 8.

but not when their social inferiors are involved. Dunton was not alone in his belief that coffee houses could be a front for brothel keepers, and ought to be regulated better. Suspicious that coffee houses were dens of thieves and potential troublemakers, Charles II had tried and failed to close them down in 1675. In Paris *Lieutenant* La Reynie attempted to impose a curfew of 1700 on such cafes in 1695, citing similar concerns – and with equal success.[52]

Coffee's effects seem to have been mixed : while it is sometimes described as a stimulant that helped drinkers make the most of a sociable evening, others such as Richard Steele's *The Tatler* saw a visit "as taking my first Nap before I go to Bed". Bickerstaff generally arrives at 6pm. At ten his maid comes with a lantern to light him home.[53] The coffee house was primarily a masculine environment, even if the "idol" at her throne-like counter (fig. 3) and sometimes the owner were women.[54] As well as being much more lavishly decorated, with mirrors, chandeliers and fine *boiseries*, Parisian cafes may have differed from their London equivalents in admitting women as well as men.[55] When Mailly introduces a lady in his *Entretiens des Cafés de Paris* (1702), however, he anticipates scepticism. "On me dira peut-être que c'est contre la bienséance d'introduire une femme dans un Café. Cependant j'en

---

[52] KOSLOFSKY (Craig), *op. cit.*, p. 176.
[53] *The Tatler*, n° 132, (Feb. 11, 1710). BOND (Donald F.) ed., *The Tatler*, 3 vols., Oxford, Clarendon, 1987, vol. 2, p. 265.
[54] COWAN (Brian), "What was masculine about the public sphere ? Gender and the coffeehouse milieu in post-Restoration England", *History Workshop Journal*, 51 (2001), p. 128-129, 143.
[55] KOSLOFSKY (Craig), *op. cit.*, p. 193-194. For a view of a Parisian café interior see SAINT-AUBIN (Gabriel de), *Les Nouvellistes*, etching with engraving, 1752. BNF.

ai vu quelque fois de fort jolies & de fort spirituelles".[56]

The city night in the decades around 1700 was as much a female as a male space, even if it was still highly suspect. Nocturnal rambling and activity of any kind are offensive to the *Night-Walker*, regardless of whether the individual concerned is male or female. The night is for resting at home, not for going out. Although improvements in street lighting had begun to transform the city, there was still a sense that the lights were there to expose as much as to make resorts like coffee houses safer and more accessible. This view proved surprisingly persistent. In the 1760s it was claimed that the new *réverbère* would act as a police spy, "talking" of what illicit acts it saw, as if it had eyes and a voice.[57] Though the lone female walker would remain a troubling mystery, as the century progressed new resorts emerged, above all in London. Here middling and elite men *and* women mingled of an evening in a spirit of play and fantasy that enchanted the city night.

---

[56] [DE MAILLY], *Les Entretiens des cafés de Paris*, Trévoux, Étienne Ganeau, 1702, p. 367-368.

[57] ANON., *Les Sultanes nocturnes, et ambulantes de la ville de Paris, contre les réverbères*, [Paris ?], 1768. A number of similar pamphlets are reproduced in an appendix to FOURNIER (Éric), *op. cit.*. This "eye", like the watch and magistrates, was male, and tended to problematize the presence of women in the streets. Yet, as Griffiths has noted, "the feminisation of nightwalking was never inevitable" and took longer than one might think. "Night-walker" is gender neutral in Samuel Johnson's *Dictionary* (1755). Its definition is "One who roves in the night upon ill designs." See GRIFFITHS (Paul), "Meanings of Nightwalking", p. 213.

Fig. 3 : Anonymous, *Interior of a London Coffee-House*, drawing, c. 1680. 1931, 0613.2. © The Trustees of the British Museum

A polite night? Masquerades and pleasure gardens, 1720-1760

However fashionable, "civilized" or "polite", evening activity was and remains a rejection of human diurnality, and hence a rejection of a natural rhythm.[58] "The day sufficeth not some Persons to drink 3 or 4 dishes of Coffee in", wrote a 1661 pamphlet on the London coffee craze, "They borrow of the night, though they are sure, that this drink taken so late, will not let them close their Eyes all Night".[59] Fifty years on *The Tatler* had his tongue only half in his cheek when he complained that, as a result of pushing "Business and Pleasure into the Hours of Rest", the "most Polite part

---

[58] LUCE (Gay Gaer), *Biological Rhythms in Psychiatry and Medecine*, Washington, National Institutes of Health, 1970.
[59] ANON., *Character of Coffee and Coffee-houses* [1661], cited in KOSLOFSKY (Craig), *op. cit.*, p. 175.

of Mankind" ended up waking up so late "that near Two thirds of the Nation lie fast asleep for several Hours in broad Day-light". Concerned, he had enquiries made in the country to see if the chickens were changing their habits, too. They were not.[60]

Late-night ridottos and masquerades were the main reason Steele's "Polite" people were so tired. These were held at a number of London venues from the 1710s up the 1770s, with John James Heidegger's at the Haymarket Theatre being popular early on, followed by Vauxhall Gardens around 1730, with Carlisle House in Soho and the Pantheon taking the baton in later decades.[61] Jeremiahs claimed that identities were entirely confused at such events, with the elite disguised as chimney-sweeps and the chimney-sweeps disguised as lords. In fact, as Aileen Ribeiro has shown, such "character dresses" were limited in range, and rituals of unmasking ensured that nobody was really in doubt about who was who. Many attended attired in a plain domino rather than anything more elaborate, while subscriptions kept real butchers and bakers on the outside.[62] Pleasure gardens championed a similar, quasi-utopian carnival spirit, only to impose significant costs

---

[60] *The Tatler*, n° 263, (Dec. 14, 1710). BOND (Donald F.) ed., *op. cit.*, vol. 3, p. 331, 333.

[61] CASTLE (Terry), *Masquerade and Civilization: the Carnivalesque in Eighteenth-Century English Culture and Fiction*, Stanford, Calif., Stanford University Press, 1986.

[62] RIBEIRO (Aileen), "Transformations: dress and disguise in eighteenth century London" unpublished conference paper, "Vauxhall Revisited: pleasure gardens and their publics, c.1660-1880", Tate Britain/Garden Museum, London.

in time, money and courage on those would-be visitors who were not of the *beau monde*.[63]

When Mrs Percivall came to London from the West Country in 1714 she was astonished to hear of the sum (2,000 guineas) spent on a recent masquerade in the Haymarket Theatre. "There is Such a Vast Quantity of Wax Lights So many branches in the Midle [sic] of the Room, Sconces on the Pillars and in every Vacancy that the theatre appears in a perfect blaze".[64] Lighting large spaces used up a lot of candles, and was therefore expensive. Indeed, the "ostentatious waste" was presumably one reason spectacles of light had been such a potent symbol of royal power.[65] As the century progressed masquerades became a business, rather than a court-centred festivity, even if masquerade impresarios like the singer Teresa Cornelys ensured that their clientele remained select. Cornelys organized a series of evening subscription concerts for the nobility at Carlisle House from 1760 onwards, providing dancing, refreshments and gambling.[66]

---

[63] GREIG (Hannah), "All together and all distinct : sociability and social exclusivity in London's pleasure gardens", *Journal of British Studies*, 51 (Jan. 2012), pp. 50-75.

[64] [PERCIVALL], "Observations made by Mrs Percivall when in London… in Letters to a Friend" Lewis Walpole Library, Yale University. Ms. 70, f. 56.

[65] SCHIVELBUSCH (Wolfgang), *op. cit.*, p. 7. Though, as Lynn has noted, in eighteenth-century France the monarchy ceased to monopolize fireworks. LYNN (Michael R.), "Sparks for sale : the culture and commerce of fireworks in early Modern France", *Eighteenth-Century Life*, 30.2 (Spring 2006), pp. 74-97.

[66] The accounts for her 1763-4 season show expenses for lighting of £16 4s (5 % of her total expenses £292 5s). The National Archives, Kew. Cornelys v. Fermor, 1763–4, C12/1471/1.

Established shortly after the Restoration, in its first fifty years Vauxhall Gardens does not seem to have featured artificial light. Mrs Percivall pronounced it "a kind of Mahometan Paradice, for the delights that abound here are all Sensial [sic]." These delights were apparently restricted to the smell of the flowers, the call of the birds and the sight of "People of Honour" promenading, albeit not without regrettable "Ludeness and Debauchery".[67] After Jonathan Tyers took over the management, however, Vauxhall's "Sensial" pleasures became more intense : an orchestra and singers in lieu of birdsong, as well as sculpture, paintings and notoriously overpriced food and drink. Crucial to his revamp was the introduction of artificial light. This enabled Tyers to remain open after dusk, and to offer the same light entertainments that the masquerades had offered, albeit outdoors. In June 1732 he held a *ridotto al fresco* to celebrate the Garden's transformation.

Tyers' Vauxhall was renowned for the hundreds of coloured oil lamps which were "magically" set aglow all at once when dusk fell. The description from Oliver Goldsmith's *Citizen of the World* (1760) of the light effects of a night at Vauxhall is typical of many accounts in its breathless mingling of visual and auditory effects, as well as its delight in "the company gayly dressed looking satisfaction".[68] At Vauxhall as well as at Ranelagh, Marylebone and other London pleasure gardens middling and elite men and women promenaded, flirted, listened to music, ate and drank and ogled one another. Levels of illumination varied from one part of each resort to another, giving visitors

---

[67] [PERCIVALL], *op. cit.*, f. 14.
[68] *The Citizen of the World*, n° 71 (Sept. 2, 1760).

a choice of relatively decorous, well-lit central areas, the notorious, licentious "dark walks", as well as areas that were neither one nor the other. Norms of behaviour observed in each of these areas in turn varied from hour to hour, creating a myriad of spaces within a small geographic area. This combined with these resorts' emphasis on fantasy and illusion allowed visitors the opportunity to experiment with alternative identities.[69]

Even if they did not take these opportunities, all visitors knew they were available, and derived a frisson of excitement from it. The darkness of the city night, the idea of moving amid half-perceived strangers had been seen as menacing. Inside pleasure gardens they became a source of delight, of the expected unexpected, teaching Londoners a new way of experiencing the night. Though transient, in these fleeting moments the city night became a fairyland, a paradise.[70] Similar nocturnal resorts were less common in eighteenth-century Paris. Several *vauxhalls* were established in Paris in the 1760s and 1770s, but they had proved a flash in the pan.[71] There were *bals champêtres* held at Auteuil and other suburbs for the court elite, while the working man could drink and dance away his Sunday afternoon and

---

[69] NORD (Deborah), "Night and day: illusion and the carnivalesque at Vauxhall", in CONLIN (Jonathan) ed., *The Pleasure Garden, from Vauxhall to Coney Island*, Philadelphia, University of Pennsylvania Press, 2012, pp. 177-194.

[70] See CONLIN (Jonathan), "Introduction", in CONLIN (Jonathan) ed., *op. cit.*, pp. 1-27.

[71] CONLIN (Jonathan), "Vauxhall on the boulevard: pleasure gardens in London and Paris, 1764-84", *Urban History*, 35.1 (2008), pp. 24-47.

possibly the evening too at a *guinguette*.[72] The northern boulevards were lit by *réverbères* from 1777, and certainly attracted a diverse crowd. Fairs such as those of St Bartholomew (London) and Saint-Germain (Paris) continued to give many city dwellers temporary license to roam certain areas late into the night. In both cities, however, there were moves to shut down or relocate such fairs in the course of the eighteenth century. In Paris those troupes able to make the leap to permanent year-round quarters survived ; the days of those smaller troupes which remained on their rickety *parade* stages were numbered.[73]

Though it is important to note these exceptions, otherwise Paris had to await the *bals publics* of the July Monarchy, above all the Bal Mabille. Here similar light entertainment could be enjoyed by a similarly mixed clientele of men and women, courtesy of exotic gasoliers, designed to look like palm trees, which surrounded an open dance hall surrounded by gardens.[74] Pre-revolutionary Paris, it seemed, was not quite ready for nocturnal, heterosocial resorts like London's pleasure gardens. But that does not mean that Paris was not able to present itself as a *ville lumière*.

---

[72] In 1763 it was reported to Sartine that women were selling rope ends dipped in resin at the *barrières* so that drunks returning from guinguettes could see their way home. This and Ménétra's account of dancing until late at a guinguette named Magny's suggest that they did operate through the evening. HERAULT (Auguste Philippe), *op. cit.*, p. 243 ; MÉNÉTRA (Jacques-Louis), *op. cit.*, p. 112.

[73] ISHERWOOD (Robert M.), *Farce and Fantasy : Popular Entertainment in Eighteenth-Century Paris*, Oxford, 1986, ch. 6.

[74] DELATTRE (Simone), *op. cit.*, p. 168-169. GASNAULT (François), *Guinguettes et lorettes. Bals publics et danse sociale à Paris de 1830 à 1870*, Paris, Aubier, 1986.

A visible night ? Depictions of the city night, 1760-1820

Visual representations of the city at night are very rare in the eighteenth century. Engravings were produced of firework displays, of course, held to mark royal or ecclesiastic festivities, such as those held in London's Green Park in 1743 to mark the Treaty of Aix-la-Chapelle.[75] Accidental incinerations of theatres or other large buildings such as the Hôtel-Dieu were spectacles of a different kind.[76] Otherwise the city night was a pictorial void in Paris and London. The arrival of the *réverbères* in Paris changed this, inspiring a new aesthetic language as well as the first depictions of the city street at night. As Rétif de la Bretonne's *Les Nuits de Paris* noted in 1788, "la lueur des réverbères, tranchant avec les ombres, ne les détruit pas, elle les rend plus saillantes : c'est le clair-obscur des grands Peintres !"[77]

Les Nuits de Paris consists of a series of short sketches describing the narrator's adventures over 363 nights. Each chapter gives a detailed account of the narrator's wanderings through the city. As we follow him by the light of the *réverbère*, Rétif de la Bretonne's "Spectateur-hibou" tracks down cases of crime, disorder, errant children and amorous intrigue. The night walker seems to shift his shape. Like Dunton's *Night-Walker* of almost a century before, the "Spectateur-hibou" is prone to moralizing, and often sees the night as exposing the licentiousness hidden behind daytime appearances. But Rétif's obsession with the city as a web of mysterious

---

[75] CABANTOUS (Alain), *op. cit.*, p. 262-268.
[76] BAILEY (Colin), *Gabriel de Saint-Aubin, 1724-80*, Paris, Somogy, 2008, p. 60-63, cat. 29 ; CABANTOUS (Alain), *op. cit.*, p. 50-52.
[77] [RÉTIF DE LA BRETONNE], *Les Nuits de Paris, ou le spectateur nocturne*, 14 vol., London, n. p., 1788-89, vol. 1, p. 3-4.

connections and his eye for the city as a spectacle of light and dark smack of something new : the detective.[78]

Two gouaches by the Lille artist Henri-Joseph Van Blarenberghe of Paris streets at night allow us to see the *réverbères* in a somewhat less moody light. One shows a police raid on a brothel located in a street without *réverbères*, the other (unfinished), shows a scene in the Rue Saint-Honoré, where there are *réverbères* and prostitutes moving undisturbed on the sidewalks. The paintings (Louvre, Département des Arts graphiques, RF3487, RF3490) are almost the same size, and have been explained by Monique Maillet-Chassagne in her catalogue raisonné as "un récit de journaliste commentant l'application de l'ordonnance de police du 6 Novembre 1778", that is, one of the many ordinances against prostitutes to be promulgated in the period.[79] Alongside a series of works by the equally obscure artist Jean-Pierre Norblin de la Gourdaine (Musée Carnavalet ; Private Collection) and an etching by Gabriel de Saint-Aubin (Louvre) produced in the same period, these works represent the first scenes ever produced of Parisian streetlife at night.[80]

---

[78] STIERLE (Karlheinz), *Der Mythos von Paris, Zeichen und Bewußtsein der Stadt*, Munich, DTV, 1998, p. 128-136 ; CONLIN (Jonathan), *Tales of Two Cities : Paris, London and the Making of the Modern City*, London, Atlantic, 2013, ch. 5.

[79] MAILLET-CHASSAGNE (Monique), *Une Dynastie de peintres lillois : les Van Blaerenberghe*, Paris, Bernard Giovanangeli, 2001, p. 30.

[80] Jean-Pierre NORBLIN DE LA GOURDAINE, *Le Joueur de guitare. Parade sur la place de l'École, Chanteuse* and *Le Quai des Théatins et le Pont Royal*, all Musée Carnavalet. The *Café Manoury at night, with a fairground stall by the fountain of Bralle, rue de l'Arbre Sec, Paris*, Sotheby's Sale 9040 (New York, 1999), Lot 191. Gabriel de SAINT-AUBIN, *Scène de nuit*, Louvre, Département des arts graphiques, Collection Rothschild, LR21568.

Figs. 4 & 5 : Henri-Joseph van Blarenberghe, *Descente de police la nuit* (top) and *Scène de rue* (bottom), gouache on paper, c. 1780. © Louvre

Raids on brothels such as that occurring in RF3487 had become more frequent in the 1770s and 1780s, and we can find other depictions, including on the frontispiece to Rétif's *Les Nuits de Paris*. But it is more likely that Henri-Joseph intended these two paintings as a "before-and-after" depiction of how the *réverbères* had changed Paris. This explains why the lights are so prominent in the second painting, as well as their absence in the first. In the raid scene ("before", fig. 4) we see few people apart from the *archers* in blue. It is so dark that the only other vehicle out (dimly visible in the background) is being led by a man carrying a torch (just out of sight), who leads one of the two horses by the bridle. Were it not for the raid there would be nothing to see.

Nothing nearly so dramatic has happened in the scene with the *réverbères* ("after", fig. 5), and yet there is plenty going on, with a real sense of people and vehicles flowing through the scene, rather than collecting around a rare and surprising interruption to the stillness of the city night. Several of the residents of the surrounding apartments are awake, and fully dressed. In the raid scene, admittedly, local residents are also awake, but it is clear from the nightcaps on their heads that they have been awoken by the ruckus outside. In the second scene men and women are out promenading. There are prostitutes among them, accosting and being accosted. Henri-Joseph was presumably commenting on the irony (noted above) by which street lighting seemed to encourage the very prostitution it was supposed to prevent. No less than four coaches are moving, the horses don't need anyone to lead them. The buildings hardly differ, but a change has come over the city. Even if nobody stops to stare, the city night has become visible for the first time, a spectacle of sociability.[81]

The arrival of gas lighting in London from 1807 elicited many of the same responses as had the arrival of the *réverbères*: wonder at the technology, as well as ironic complaints that they would be bad for prostitutes. "If this light is not put a stop to", wails one prostitute in Rowlandson's 1809 print "A Peep at the Gas Lights", "we must give up our business. We may as well shut up shop".[82] Rowlandson has made no attempt to depict the resulting light effects. Instead he shows the lights during the day, when, of course, they were not lit. With the notable exception of pleasure gardens, there are few nocturnal depictions of Georgian or Regency London.[83]

In a century and a half street lighting in European cities developed from glow to glare, from candles to gas lamps. Intricate gadgets fed by oil or gas, with multiple

---

[81] Carmontelle also illustrated a Paris street lit by *réverbères* in a transparency of the same date, albeit without showing in the street. CHATEL DE BRANCION (Laurence), *Carmontelle's Landscape Transparencies: Cinema of the Enlightenment*, Los Angeles, Getty, 2008, p. 97.

[82] ROWLANDSON (Thomas) after, *A Peep at the Gas Lights in Pall Mall*, 1809. British Museum Satires 11440.

[83] One exception is George Cruikshank's *Tom Getting the Best of a Charley*, illustration to EGAN (Pierce), *Life in London*, 1820, in which a nightwatchman's box is knocked over. BM Satires 14332. George Scharf has left behind a series of sketches of views from his windows on St Martin's Lane made in the 1820s, which seem to be organized into groups according to the hour at which he saw them pass. But these focus on the hours between 5 and 10am. British Museum, 1862.0614.340, 1862.0614.360 and 361, 1862.0614.822 and verso (which shows Francis Street). See also SOANE MUSEUM, *George Scharf: from the Regency Street to the Modern Metropolis*, London, British Museum, 2009, cats. 26-27.

wicks and ingeniously contrived reflectors, new lights could be found across the city. Improvements in lighting and new evening entertainments fed off each other, further widening the gap between "natural" and "unnatural" rhythms, and helping to make the latter seem "polite", "civilized" and above all sociable, rather than strange, depraved or corrupt. The middling and elite ranks entered a nocturnal realm that had previously been the preserve of criminals, students and other marginal figures. The result was, as Cabantous has noted, "une nouvelle perception du temps nocturne... une autre manière d'habiter et de vivre la ville et une autre façon de ressentir l'espace urbain lui-même".[84]

Claims by Schivelbusch that eighteenth-century lighting systems were not "street lighting in the modern sense", that they cast "a kind of private light" need to be viewed for what they are : yet another case of trumpeting one in a series of technological improvements (electricity, in this case) as *the* moment when night supposedly became day. Blaerenberghe's painting alone indicates that the *réverbères* did much more than act merely as "orientation lights or position markers".[85] Seventeenth- and eighteenth-century lighting wasn't just "public", in a real sense it *made* a public. Street lighting and new polite resorts which commercialized and spectacularized the city night did not banish the city night. Instead they made it visible for the first time.

There remain many unanswered questions, however. Work on women in the nineteenth-century city by Elizabeth Wilson and Deborah Nord as well as the

---

[84] CABANTOUS (Alain), *op. cit.*, p. 262.
[85] SCHIVELBUSCH (Wolfgang), *op. cit.*, p. 95-96, 114. Compare DELATTRE (Simone), *op. cit.*, p. 84.

recent "Reclaim the Night" marches have shown that opportunities for women to occupy the city night remain limited. Was this always the case, or does the city night follow the model of "golden age to separate spheres" ?[86] How exactly did new nocturnal leisure opportunities make a "night out" the norm for modern city-dwellers ? How far do earlier visual representations of the city night anticipate that way of seeing described as cinematic, as urban *noir* ? The history of urban surveillance is certainly a strand of this story. But there are other, equally important stories and figures to be distinguished inside the cafés, between the trees of the pleasure garden, and amidst the shadows of the *réverbère*.

---

[86] WILSON (Elizabeth), *The Sphinx in the City*, London, University of California Press, 1991 ; NORD (Deborah), *Walking the Victorian Streets : Women, Representation and the City*, Ithaca, Cornell University Press, 1995 ; VICKERY (Amanda), "Golden age to separate spheres ? a review of the categories and chronology of English women's history", *The Historical Journal*, 36.2 (1993), pp. 383-414.

Selected bibliography

Anon., *Les Sultanes nocturnes, et ambulantes de la ville de Paris, contre les réverbères*, [Paris ?], 1768.

Bailey (Colin) dir., *Gabriel de Saint-Aubin, 1724-80*, Paris, Somogy, 2008.

Beattie (John), *Policing and Punishment in London, 1660-1750 : Urban Crime and the Limits of Terror*, Oxford, Oxford University Press, 2001.

Belleguic (Thierry) & Turcot (Laurent) dir., *Les Histoires de Paris*, Paris, Hermann, 2012.

Berg (Maxine), *Luxury and Pleasure in Eighteenth-Century Britain*, Oxford, Oxford University Press, 2007.

Cabantous (Alain), *Histoire de la nuit : XVIIe-XVIIIe siècle*, Paris, Fayard, 2009.

Castle (Terry), *Masquerade and Civilization : the Carnivalesque in Eighteenth-Century English Culture and Fiction*, Stanford, Calif., Stanford University Press, 1986.

Chagniot (Jean), "Le Guet et la Garde de Paris à la fin de l'Ancien Régime", *Revue d'histoire moderne et contemporaine*, 20 (1973), pp. 58-71.

Chatel de Brancion (Laurence), *Carmontelle's Landscape Transparencies : Cinema of the Enlightenment*, Los Angeles, Getty, 2008.

Conlin (Jonathan), "Vauxhall on the boulevard : pleasure gardens in London and Paris, 1764-84", *Urban History*, 35.1 (2008), pp. 24-47.

Conlin (Jonathan) ed., *The Pleasure Garden, from Vauxhall to Coney Island*, Philadelphia, University of Pennsylvania Press, 2012.

Cowan (Brian), "What was masculine about the public sphere ? Gender and the coffeehouse milieu in post-Restoration England", *History Workshop Journal*, 51 (2001), pp. 127-158.

De Beer (E. S.), "The early history of London street-Lighting", *History*, 25 (March 1941), pp. 311-324.

[de Mailly], *Les Entretiens des cafés de Paris*, Trévoux, Étienne Ganeau, 1702.

Delattre (Simone), *Les Douze Heures noires : la nuit à Paris au XIXe siècle*, Paris, Albin Michel, 2000.

Dorveaux (Paul), "L'inventeur Quinquet, maître apothicaire de Paris (1745-1803)" *Bulletin de la Société historique de la Ville de Paris*, n° 21, pp. 14-27.

[Dunton (John)], *The Night-Walker : or, evening rambles in search after lewd women, with the conferences held with them, &c, to be publish'd monthly, 'till a discovery be made of all the chief prostitutes in England, from the pensionary miss, down to the common strumpet...dedicated to the whore-masters of London and Westminster*, 2 vols., London, James Orme, 1697-8.

El Ghoul (Fayçal), *La Police parisienne dans la seconde moitié du XVIIIe siècle (1760-1785)*, 2 vol., Tunis, Université de Tunis, 1995.

Falkus (Malcolm), "Lighting in the dark ages of English economic history: town streets before the Industrial Revolution", in Coleman (D. C.) & John (A. H.) eds., *Trade, Government and Economy in Pre-Industrial England : essays presented to F. J. Fischer* (1976), pp. 248-273.

Falkus (M.), "The early development of the British gas industry, 1790-1815", *Economic History Review*, 2nd ser., 35 (1982).

Fournier (Édouard), *Les Lanternes de Paris, histoire de l'ancien éclairage*, Paris, Dentu, 1854.

Gasnault (François), *Guinguettes et lorettes. Bals publics et danse sociale à Paris de 1830 à 1870*, Paris, Aubier, 1986.

Greig (Hannah), "All together and all distinct : sociability and social exclusivity in London's pleasure gardens", *Journal of British Studies*, 51 (Jan. 2012), pp. 50-75.

Griffiths (Paul) and Jenner (Mark S. R.) eds., *Londinopolis : Essays in the Cultural and Social History of Early Modern London*, Manchester, Manchester University Press, 2000.

Gury (Jacques) ed., "Journal du marquis de Bombelles en Grand Bretagne et en Irlande", *Studies in Voltaire and the Eighteenth Century*, n° 269, Oxford, Voltaire Foundation, 1989.

Harouel (Jean-Louis), *L'Embellissement des villes : l'urbanisme français au XVIIIe siècle*, Paris, Picard, 1993.

Hann (Andrew), Morgan (Victoria) & Stobart (Jon) eds., *Spaces of Consumption : Leisure and Shopping in the English Town, c.1680-1830*, London, Routledge, 2007.

Herlaut (Auguste Philippe), "L'éclairage des rues de Paris à la fin du XVIIe siècle et au XVIIIe siècle", *Mémoires de la Société de l'histoire de Paris*, n° 43, 1916, pp. 130-240.

Isherwood (Robert M.), *Farce and Fantasy : Popular Entertainment in Eighteenth-Century Paris*, Oxford, 1986.

Koslofsky (Craig) *Evening's Empire : a History of the Night in Early Modern Europe*, Cambridge, Cambridge University Press, 2011.

Luce (Gay Gaer), *Biological Rhythms in Psychiatry and Medicine*, Washington, National Institutes of Health, 1970.

Lynn (Michael R.), "Sparks for sale : the culture and commerce of fireworks in early Modern France", *Eighteenth-Century Life*, 30.2 (Spring 2006), pp. 74-97.

Maillet-Chassagne (Monique), *Une Dynastie de peintres lillois : les Van Blaerenberghe*, Paris, Bernard Giovanangeli, 2001.

Melbin (Murray), *Night as Frontier : Colonizing the World after Dark*, London, Collier Macmillan, 1987.

Ménétra (Jacques-Louis), *Journal of my Life*, New York, Columbia, 1986.

Nord (Deborah), *Walking the Victorian Streets: Women, Representation and the City*, Ithaca, Cornell University Press, 1995.

Ogborn (Miles), *Spaces of Modernity : London's Geographies, 1680-1780*, New York, Guilford Press, 1998.

Patte (Pierre), *De la manière la plus avantageuse d'éclairer les rues d'une ville, pendant la nuit*, Amsterdam, n.p., 1766.

[Rétif de la Bretonne], *Les Nuits de Paris, ou le spectateur nocturne*, 14 vol., London, n.p., 1788-89.

Ribeiro (Aileen), "Transformations : dress and disguise in eighteenth century London", unpublished conference paper, "Vauxhall Revisited : pleasure gardens and their publics, c.1660-1880", Tate Britain/Garden Museum, London.

Schivelbusch (Wolfgang), *Disenchanted Night : the Industrialization of Light in the Nineteenth Century*, Berkeley, University of California Press, 1988.

Soane Museum, *George Scharf : from the Regency Street to the Modern Metropolis*, London, British Museum, 2009.

Stead (Philip John), *The Police of Paris*, London, Staples, 1957.

Stierle (Karlheinz), *Der Mythos von Paris, Zeichen und Bewußtsein der Stadt*, Munich, dtv, 1998.

Turcot (Laurent), *Le Promeneur à Paris au XVIIIe siècle*, Paris, Gallimard, 2007.

Vickery (Amanda), "Golden age to separate spheres ? a review of the categories and chronology of English women's history", *The Historical Journal*, 36.2 (1993), pp. 383-414.

Wilson (Elizabeth), *The Sphinx in the City*, London, University of California Press, 1991.

LES LOISIRS URBAINS À PARIS ET À LONDRES AU XVIIIe SIÈCLE : CIVILITÉ, *POLITENESS* ET LA CONSTRUCTION SOCIALE DES COMPORTEMENTS

Laurent TURCOT
Université du Québec à Trois-Rivières, Canada

Essayer de comprendre une société, c'est avant tout comprendre ce qui la distingue, ce qui lui donne une nuance, une teinte, voire une couleur différente des autres. Cependant, l'historien a tôt fait d'analyser un cas spécifique afin d'en tirer des conclusions qui, certes, passent le test des sources par des exploitations systématiques de corpus précis, mais qui échouent à tisser des parallèles entre des sociétés amies ou ennemies, parfois concurrentes, proches ou lointaines. Nous nous proposons donc de poser les bases d'une étude qui cherche à comprendre les dynamiques sociales entre la France et l'Angleterre, de plus en plus et de mieux en mieux analysées. De nombreux historiens ont montré comment une histoire comparée de la France et de l'Angleterre est à même de donner une tonalité et une couleur plus vives à l'histoire sociale et politique.[1] Ainsi que l'indique Christophe Charle : « il

---

[1] TOMBS (Robert and Isabelle), *That Sweet Enemy : the French and the British from the Sun King to the present*. London, William Heinemann,

ne s'agit pas de réduire au plus petit dénominateur commun chaque cas national [...] mais de tester dans une perspective européenne des schémas d'explication ».²

L'objectif est de confronter deux historiographies, française et britannique, sur l'histoire de la politesse afin de voir comment l'historien peut, d'ores et déjà, tisser des parallèles qui rapprochent ces sociétés en pointant une culture européenne de la politesse qui transcende les nations, culture qui n'exclut pas que des différences régionales, grandes ou petites, viennent nourrir et transformer par des interventions multiples et fréquentes la matrice des comportements dans l'espace urbain. Les deux influences ici étudiées seront le cas français, avec Paris en ligne de mire et le cas britannique, avec Londres au premier plan. S'il existe certains terrains d'échanges, notamment avec des études sur quelques traductions de traités de civilité,³ il nous

---

2006 ; RUGGIU (François-Joseph), *L'Individu et la famille dans les sociétés urbaines anglaise et française : 1720-1780*. Paris, PUBS, 2007 ; AUSLANDER (Leora), *Des Révolutions culturelles : la politique du quotidien en Grande-Bretagne, en Amérique et en France, XVIIe-XIXe siècle*, Toulouse, Presses Universitaires du Mirail, 2010. MORIEUX (Renaud), *Une Mer pour deux royaumes. La Manche, frontière franco-anglaise XVIIe-XVIIIe*, Presses Universitaires de Rennes, 2007. CONWAY (Stephen), *Britain, Ireland, and Continental Europe in the Eighteenth Century. Similarities, Connections, Identities.* Oxford, Oxford University Press, 2011 ; MACDONALD (Simon), « English Language Newspapers in Revolutionary France », *Journal for Eighteenth-Century Studies*, 36 (2013), pp. 17-33 et CONLIN (Jonathan), *Tales of Two Cities : Paris, London and the Making of the Modern City*, 1700-1900, London, Atlantic, 2013.

² CHARLE (Christophe), *Les Intellectuels en Europe au XIXe siècle : essai d'histoire comparée*, Paris, Seuil, 2001.

³ CARRÉ (Jacques), « Les traductions anglaises d'ouvrages français sur le comportement et l'éducation des femmes au XVIIIe siècle »,

*Les loisirs urbains à Paris et à Londres au XVIIIe siècle :
civilité, politeness et la construction sociale des comportements*

manque les bases d'une grande étude pour apprécier un peu mieux les échanges, influences et transferts entre la France et l'Angleterre. Enfin, nous prendrons quelques exemples tirés de ce domaine pour illustrer la manière dont se définissent les comportements dans l'espace urbain. Nous aborderons ici, dans leurs acceptions larges, les traités de comportements, soit les textes normatifs qui tendent à former, encadrer et éduquer les hommes, femmes et enfants, notamment les traités de civilité ou les traités d'éducation.[4]

Stéphane Van Damme a raison d'affirmer que : « The London/Paris couple plays a central role in the fixing of a set national character types within the philosophical discourse of the Enlightenment ».[5] Il y a bien couple, au sens où deux individus, d'un commun accord, entrent en communauté de biens et vivent sous le même toit. Cette communauté de biens est assurée par les voyageurs fréquents qui traversent la Manche et ce même toit, ce sont ceux des salons, des théâtres, des hôtels particuliers où l'on discute indistinctement, dans les deux villes, de Voltaire, de Newton, de Rousseau ou

---

dans MONTANDON (Alain) dir., *Le Même et l'autre : regards européens*, Clermond-Ferrand, Université de Clermond-Ferrand II, 1997, pp. 87-100.

[4] Voir à ce propos MONTANDON (Alain) dir., *Bibliographie des traités de savoir-vivre en Europe, v. 1. France, Angleterre, Allemagne*. Clermont-Ferrand, Association des publications de la Faculté des lettres et sciences humaines de Clermont-Ferrand, 1995.

[5] VAN DAMME (Stéphane), « Measuring the scientific greatness : the recognition of Paris in European Enlightenment », *Les Dossiers du Grihl* [En ligne], How to become a philosophical capital in Europe, mis en ligne le 27 juin 2007, p. 17. URL : http://dossiersgrihl.revues.org/772, Voir également : *Métropoles de papier. Naissance de l'archéologie urbaine à Paris et à Londres (XVIIe-XXe siècles)*, Paris, Les Belles Lettres, 2012.

de Locke. Les voyageurs français et britanniques des deux siècles précédents se sont fait un point d'honneur à rapporter,[6] avec une verve et un esprit peu communs, les différences qui les opposent. Toutefois, il se passe quelque chose en ce XVIIIe siècle. Une vague nouvelle les emporte. Il s'agit de regarder l'autre, mais plus uniquement pour rapporter un catalogue de faits divers, d'anecdotes et de descriptions de monuments. Il convient de regarder l'autre pour s'examiner soi-même, pour prendre chez l'autre ce qui ferait de nous un homme complet, un homme des Lumières qui tend vers une perfectibilité entière. Cette notion visera à analyser les marqueurs culturels qui permettent à Londres et à Paris de s'influencer l'une l'autre par une forme d'émulation civilisatrice visant à réformer au mieux les comportements du public présent dans les espaces de loisir. C'est sur la notion de représentation civile et polie des espaces de loisir que j'entends insister, car cette représentation devient réalité par la définition de plus en plus poussée des comportements à adopter dans ces lieux. La littérature normative rend compte de l'importance que les loisirs prennent dans la société et de la nécessité de s'y comporter dignement. La civilité et la *politeness* donnent les grands cadres du

---

[6] CHAUBAUD (Gilles), « Pour une histoire comparée des guides imprimés à l'époque moderne », dans *Les Guides imprimés du XVIe au XXe siècle. Villes, paysages, voyages, Actes du colloque de Paris de décembre 1998*, Paris, Belin, 2000, pp. 641-649 ; HANCOCK (Claire), *Paris et Londres au XIXe siècle : représentations dans les guides et récits de voyage*, Paris, Éditions du CNRS, 2003 ; TURCOT (Laurent), « Entre promenades et jardins publics : les loisirs parisiens et londoniens au XVIIIe siècle », *Revue belge de philologie et d'histoire*, 87 (2009), pp. 645-663 et CONLIN (Jonathan), « Vauxhall on the boulevard : pleasure gardens in London and Paris, 1764-1784 », *Urban History*, 35.1 (2008), pp. 24-47.

Les loisirs urbains à Paris et à Londres au XVIII° siècle : civilité, politeness et la construction sociale des comportements

divertissement à l'époque moderne, elles en structurent les fondements et donnent à penser les manières polies pour se comporter dans ces lieux de loisir.

Des sources aux historiographies

Les sources qui viennent tout de suite à l'esprit de l'historien pour s'attacher à pareille question sont sans aucun doute les traités de civilité. Véritables bibles des historiens de la culture, en fait, surtout de ceux qui ont foulé les pas de Norbert Elias, ces petits guides qui prescrivent les conduites à adopter dans telle ou dans telle situation permettent de fonder, toujours selon ces mêmes historiens, de nouvelles pratiques sociales.[7] Du Moyen Âge à l'époque contemporaine, les formes de cette littérature évoluent, mais, chose sûre, elle demeure particulièrement populaire en termes de diffusion des ouvrages. Certains grands best-sellers sont à relever : *La Civilité puérile* d'Érasme en 1530, *L'Honnête Homme* de Nicolas Faret en 1630, Antoine de Courtin et son *Nouveau Traité de la civilité* (1671), les *Règles de la bienséance chrétienne* (1702) de Jean-Baptiste de la Salle, Mme de Genlis ou la Baronne Staffe avec ses U*sages du Monde – Règles du savoir-vivre dans la société moderne* (1889) pour le versant français et pour l'Angleterre Richard Allestree et son *Gentleman's Calling* (1660), Shaftesbury et ses *Characteristics* (1711), Chesterfield et ses *Letters* (1774), mais aussi *Advice to Young Ladies on their Duties and Conduct in Life* de T. S. Arthur (1855) ou *Complete Etiquette for Ladies and Gentlemen* (1900). Il ne faut

---

[7] Cette perspective a notamment été défendue par LOSFELD (Christophe), *Politesse, morale et construction sociale. Pour une histoire des traités de comportements (1670-1788)*, Paris, Honoré Champion, 2011.

pourtant pas balayer du revers de la main les traités de civilité sous prétexte qu'ils ne sont pas entièrement représentatifs, car ils donnent, à défaut d'une réalité observée, une réalité voulue, ce que nous pourrions qualifier d'horizon d'attente et/ou d'épaisseur historique. Ils montrent comment une société, du moins celle esquissée par les auteurs de ces textes, veut et entend se définir.

Les tendances historiographiques dans le domaine de la définition des comportements apparaissent parfois comme des filtres plutôt que comme des structures d'interprétation qui épousent les concours sinueux et irréguliers des sources. L'histoire culturelle française, depuis Norbert Elias, est fortement marquée par la notion de « civilisation des mœurs ». Elias avance alors l'idée de la conquête du monopole de la violence par l'État, notamment par la répression et le contrôle des passions humaines.[8] Dans la foulée de son œuvre, une vaste littérature scientifique a été produite dans les domaines de la définition des normes sociales.[9] Qu'il s'agisse de l'invention de l'homme moderne ou encore de l'émergence de la pudeur, le langage corporel fait peu à peu l'objet d'une attention croissante de la part des autorités, mais aussi, et c'est un élément déterminant pour Elias, d'un processus d'autocontrainte. Les normes sociales commencent à faire partie intégrante du quotidien et sont ainsi considérées comme des

---

[8] ELIAS (Norbert), *La Civilisation des mœurs*, Paris, Calmann-Lévy, 1991 (1969) ; *La Société de cour*, Paris, Flammarion, 1985 (1969) ; *La Dynamique de l'Occident*, Paris, Calmann-Lévy, 1991 (1939).

[9] Voir par exemple MUCHEMBLED (Robert), *L'Invention de l'homme moderne, culture et sensibilités en France du XVe au XVIIIe siècle*, Paris, Fayard, 1988 et VIGARELLO (Georges), *Le Corps redressé*, Paris, J.P. Delarge, 1978.

invariants de la nature humaine. Pierre Bourdieu, de son côté, évoque plutôt les facteurs de différenciation entre les catégories sociales pour analyser l'émergence de la notion de distinction sociale, mais aussi sa permanence dans la définition des formes de sociabilité.[10] Pour les XVIe, XVIIe et XVIIIe siècles, la civilité sert alors de marqueur social entre les catégories, elle assure donc la distinction des uns par rapport aux autres tout en étant un signe de reconnaissance.[11] Daniel Gordon a, de son côté, proposé une voie qui pourrait permettre de dépasser la notion de distinction en affirmant que le XVIIIe siècle voit naitre des formes d'interactions basées sur l'égalité sociale.[12] Cette transformation, que nous attachons à la notion de civilité, permettra de comprendre son intérêt soutenu, mais aussi les ponts possibles que l'on peut construire entre cette littérature normative et le social. Si les manières de se comporter à table et les formes de la conversation ont été longuement développées, les divertissements n'ont pas encore fait l'objet d'une étude approfondie de la

---

[10] BOURDIEU (Pierre), *La Distinction, critique sociale du jugement*, Paris, Éditions de Minuit, 1979. Voir également GOFFMAN (Erving), *Les Rites d'interactions*, Paris, Minuit, 1974. *La Mise en scène de la vie quotidienne, t. 1 La Présentation de soi, t. 2, Les Relations en public*, Éditions de Minuit, coll. « Le Sens Commun », 1973.

[11] MAGENDIE (Maurice), *La Politesse mondaine et les théories de l'honnêteté en France au XVIIe siècle, de 1600 à 1660*, Paris, Slatkine Reprints, 1993 (1925) ; CHARTIER (Roger), « Distinction et divulgation : la civilité et ses livres », dans *Lectures et lecteurs dans la France d'Ancien Régime*. Paris, Seuil, 1987 ; BURY (Emmanuel), *Littérature et politesse, l'invention de l'honnête homme (1580-1750)*, Paris, PUF, 1996.

[12] GORDON (Daniel), *Citizens Without Sovereignty : Equality and Sociability in French Thought, 1670-1789*, Princeton, Princeton University Press, 1994.

relation qu'ils entretiennent avec la civilité, mais surtout de la manière dont les auteurs des traités de civilité entendent contraindre les corps et les esprits dans les lieux de loisir.

L'historiographie britannique du XVIIe et du XVIIIe siècle a connu une impulsion déterminante depuis les vingt dernières années, qui a radicalement changé le visage de l'histoire sociale et culturelle.[13] Si la Glorieuse Révolution (1688-89) a permis à une nouvelle élite d'accéder aux sphères du pouvoir, c'est surtout le changement culturel, plus profond et plus durable, qui va faire de la *politeness* une notion phare dans la définition des relations sociales. La *politeness* agit dans le social, elle doit permettre aux individus qu'acquérir les bases du vivre ensemble afin de favoriser les échanges, bref, il faut pouvoir dépasser la marque de la naissance pour ne considérer que la valeur des individus. La notion de distinction n'est pas absente pour autant, mais les bases sur lesquelles on juge les hommes et les femmes[14] ne sont plus les mêmes. La *polite society* britannique de la fin du XVIIe au XVIIIe siècle ne tient donc plus uniquement à l'interprétation éliasienne de la

---

[13] KLEIN (Lawrence), *Shaftesbury and the Culture of Politeness : Moral Discourse and Cultural Politics in Early Eighteenth-Century England*, Cambridge, Cambridge University Press, 1994 ; BRYSON (Anna), *From Courtesy to Civility : Changing Codes of Conduct in Early Modern England*, Oxford, Clarendon Press, 1998 ; LANGFORD (Paul), *A Polite and Commercial People, England, 1727-1783*, Oxford, Oxford University Press, 1998 ; CARTER (Philip), *Men and the Emergence of Polite Society, Britain, 1660-1800*, New York, Pearson Education, 2001 ; VICKERY (Amanda), *The Gentleman's Daughter : Women's Lives in Georgian England*, New Haven, Yale University Press, 1998.

[14] Voir COWAN (Brian), « What was Masculine about the Public Sphere ? Gender and the Coffeehouse Milieu in Post-Restoration England », *History Workshop Journal*, 51 (2001), pp. 127-158.

société de cour.[15] Le contexte politique, social et économique a bouleversé la réalité britannique pour en faire une société qui tend vers l'égalité des individus. Un couple est déterminant dans l'historiographie britannique : la *politeness* et l'espace public. C'est en se basant sur le renouveau de l'individualisme moderne qu'Habermas fondera sa conception de l'émergence de l'opinion publique grâce, entre autres, à l'individualisation des comportements.[16] La *politeness* devient alors centrale dans les échanges politiques.[17] La constitution de cette sphère bourgeoise est alors marquée par les débats publics entre Whigs et Tories. Chaque parti a ses lieux et son champ d'action dans lesquels les membres expriment et confrontent leurs idées. Cette culture de la *publicness*, croisée à celle de la *politeness* tend vers une société basée sur le mérite et plus ouverte, une société chantée par les voyageurs qui admirent ce qu'ils qualifient de liberté à l'anglaise.

Au même moment où la *politeness* commence à étendre son empire dans la société, soit à la fin du XVIIe siècle, le paysage londonien subit de profondes modifications, surtout après le grand feu de 1666 qui force les habitants et les autorités à reconstruire.[18]

---

[15] BREWER (John), *The Pleasures of Imagination : English Culture in the Eighteenth-Century*, Chicago, University of Chicago Press, 2000.

[16] HABERMAS (Jürgen), *L'Espace public, archéologie de la publicité comme dimension constitutive de la société bourgeoise*, Paris, Payot, 1993 (1962).

[17] COWAN (Brian), *The Social Life of Coffee : the Emergence of the British Coffeehouse*, New Haven, Yale University Press, 2005 ; CLARK (Peter), *Sociability and Urbanity : Clubs and Societies in the Eighteenth Century*, Leicester, Leicester University Press, 1982 et CAPDEVILLE (Valérie), *L'Âge d'or des clubs londoniens (1730-1784)*, Paris, Champion, 2008.

[18] OGBORN (Miles), *Spaces of Modernity : London's Geographies, 1680-1780*, New York, London, Guilford Press, 1998 et MCKELLAR

La capitale anglaise devient le centre où se regroupent en masse, nobles, bourgeois et marchands. La population londonienne monte en flèche, on se bouscule pour saisir les occasions d'affaires, mais plus encore, on voit de tous les côtés de la ville se construire çà et là des bâtiments qui étendent et densifient le tissu urbain. La cour n'étant plus le centre d'attention, c'est donc tout naturellement vers la ville qu'on se tourne et c'est là que la *politeness* va, en quelque sorte, établir son domicile permanent.[19] Chose tout à fait singulière, en France, au même moment, un mouvement similaire se produit. Versailles cède la place à Paris comme centre culturel de première importance. La ville s'agrandit et se densifie.[20] S'il n'y a pas eu de feu, c'est plutôt la volonté de reconquérir Paris, après l'exil forcé à Versailles sous Louis XIV, qui est le symptôme du renouveau. C'est dorénavant dans l'espace parisien que se définissent les normes sociales. Il convient alors de croiser cette histoire londonienne et parisienne.

La « curialisation » des loisirs

La relation que l'on peut établir entre la puissance royale et le loisir possède une certaine permanence dans l'histoire française et britannique. Si la première a

---

(Elizabeth), *The Birth of Modern London, the Development and Design of the City 1660-1720*, Manchester, Manchester University Press, 1999.
[19] KLEIN (Lawrence), « Politeness and the Interpretation of the British Eighteenth Century », *The Historical Journal*, 45.4 (2002), pp. 869-898.
[20] HAROUEL (Jean-Louis), *L'Embellissement des villes, l'urbanisme français au XVIIIe siècle*, Paris, Picard Éditeur, 1993 et LE MOËL (Michel) & DESCAT (Sophie) dir., *L'Urbanisme parisien au siècle des Lumières*. Paris, Action artistique de la ville de Paris, 1999.

Les loisirs urbains à Paris et à Londres au XVIIIe siècle : civilité, politeness et la construction sociale des comportements

marqué durablement l'histoire européenne et a été considérée par les historiens comme le parangon de la « curialisation » des élites,[21] d'autres historiens, dans le cas britannique, n'hésitent pas à qualifier l'apport de l'Angleterre comme mineur.[22] Cette première phase dans l'histoire de la prise en charge et de l'organisation des loisirs va faire du pouvoir royal le maître d'œuvre de ces activités. Toutes vont s'orienter peu à peu vers une fonction principale et centralisatrice : assurer la gloire et la puissance royales. La réforme des comportements se fait ici à l'aide de deux modèles que sont la cour et la civilité. Dans les deux cas, on insiste surtout sur une conduite générale à adopter. Le code de conduite est un ensemble de généralités qui s'appliquent à toutes les situations sociales, loisir compris.

Les traités de civilité de la seconde moitié du XVIIe siècle rendent compte du lien entre théâtralisation et plaisir. Le dernier quart du XVIIe siècle et la première décennie du XVIIIe siècle amènent de profondes transformations dans le champ de la littérature normative. Deux auteurs brillent par leur reconnaissance contemporaine et historique : Antoine de Courtin et Jean-Baptiste de La Salle. On voit alors apparaître dans ces traités de civilité des sections spécifiques pour les divertissements. On passe alors de conseils généraux sur la grâce, l'élégance et le maintien à une spécification de plus en plus précise selon les lieux et le temps. Cette tendance, que l'on peut qualifier de

---

[21] SOLNON (Jean-François), *La Cour de France*. Paris, Fayard, 1987 ; LEFERME-FALGUIÈRES (Frédérique), *Les Courtisans : une société de spectacle sous l'Ancien Régime*. Paris, PUF, 2007.
[22] BRYSON (Anna), *From Courtesy to Civility : Changing Codes of Conduct in Early Modern England*, New York, Clarendon Press Oxford University, 1998, p. 277.

compartimentation, n'en est ici qu'à ses débuts. À y regarder de plus près, on constate que si on spécifie des divertissements particuliers, les règles qui y président ne sont souvent qu'une déclinaison des manières d'être que l'on doit adopter en général. Pourtant, il y a bien une tendance qui montre que le divertissement commence à devenir une thématique spécifique qui mérite une attention particulière de la part de l'honnête homme et de l'honnête femme s'ils veulent se comporter décemment en société. Ajoutons également que la plupart des œuvres, surtout celles de Courtin et de La Salle, qui apparaissent comme des arrêts sur image d'une époque, seront traduits en anglais peu de temps après leur publication initiale et connaîtront une grande popularité outre-Manche.

Les enseignements de Courtin seront suivis par de nombreux auteurs, la quinzaine d'éditions de 1670 à 1730 de son *Nouveau Traité de la civilité* ne viendra que renforcer son ascendant.[23] Après Courtin, un débat commence à se mettre en place, celui de la légitimation des loisirs pour l'homme public, loisirs qui se déroulent dans des cercles privés, mais de plus en plus publics. Les traités de civilité se divisent alors en deux camps, ceux, dans un premier temps, qui en reconnaissent l'utilité et tâchent d'en fixer les usages, et ceux, dans un second temps, qui les refusent en signalant leurs dangers. Dans cette première catégorie, on rattache souvent le loisir à l'apparat, à la distinction sociale et à l'élégance que l'honnête homme et l'honnête femme doivent observer en société. L'on peut « observer qu'il y a deux sortes de galanterie », signale le Chevalier de

---

[23] DE COURTIN (Antoine), *Nouveau Traité de la civilité qui se pratique en France, parmi les honnêtes gens*, Paris, H. Josset, 1671. Voir également DE LA SALLE (Jean-Baptiste), *Règles de la bienséance et de la civilité chrétienne*, Troyes-Reims, 1703.

Méré, la première dans la conversation, la seconde « dans les habits, dans les modes, dans les Bals, dans les Carrousels dans les courses de Bague, & dans les aventures d'amour & de guerre ».[24] Idée qui sera au cœur des *Caractères* de La Bruyère qui rend compte des transformations que connaît la France, mais surtout Paris et Versailles dans la seconde moitié du XVIIe siècle.

L'Angleterre n'est cependant pas en reste, elle aussi possède une littérature normative sur la figure du *gentleman*. Certains titres retiennent l'attention et définissent le champ d'action dans le domaine des loisirs. Le contexte politique, social et culturel de l'Angleterre ne favorise pas pourtant une définition aussi fine et précise que les traités de civilité français. Anna Bryson soutient d'ailleurs que la civilité est une notion étrangère qui est peu à peu adaptée à la réalité britannique[25]. Richard Allestree, dans *The Gentleman's Calling* (1660), cadre les formes du divertissement. La manière dont le *gentleman* dispose de son temps lui donne, en partie, sa qualité. « I know some divertisement is so necessarie both to the bodie and mind of a man ».[26] En plus des exercices propres à la noblesse, comme l'équitation ou l'escrime, ceux qui sont propres à l'esprit commencent à être aussi importants que ceux qui font travailler le corps. Allestree insiste alors sur ce qu'il qualifie de « priviledge

---

[24] DE MÉRÉ (Chevalier), *Les Agrémens, Discours de Monsieur le Chevalier de Méré*, Paris, Den. Thierry et Cl. Barbin, 1677, p. 199.
[25] BRYSON (Anna), *From Courtesy to Civility, op cit.*, p. 277.
[26] ALLESTREE (Richard), *The Gentleman's Calling. Written by the Author of The Whole Duty of Man*, London, Timothy Gartwaith, 1660, p. 105. Voir également ELLIS (Clement), *The Gentile Sinner, or England's Brave Gentleman, Characterized in a Letter to a Friend, both as he is and as he should be*, Oxford, s.n., 1660.

of their Gentilitie », mais sans en dire davantage. Jean Gailhard, dans *The Compleat Gentleman* (1678) et dans *A Treatise Concerning the Education of Youth* (1678), reprend la veine littéraire qui caractérise le midi du siècle, mais cette fois, l'auteur entre dans une infinité de détails qui balisent le champ des loisirs. Il met en garde son lecteur, car certains loisirs « are brought up in so tender and effeminate a way, that 'tis a shame to think on't ».[27] On retrouve ici une posture littéraire assez répandue dans la littérature normative de cette époque, soit celle qui consiste à prendre la femme comme un être entièrement et uniquement tourné vers les plaisirs et les divertissements. On se sert alors de la femme pour démontrer les excès que les divertissements apporter en insistant bien sur la modération en toute chose. Cela n'empêche pourtant pas Gailhard de fixer des règles pour les jeux de hasard (81), la promenade (89) et le théâtre (94). Dans son second texte, *A Treatise Concerning the Education of Youth*, l'influence est ici proprement érasmienne, car Gailhard s'attache à former la jeunesse, mais ses règles ne touchent que les « Young Gentlemen ».[28] Tout y passe, les tavernes (4 et 24), les jeux de hasard (99-101), les courses (4), la danse (48-49), l'escrime (49-50), les promenades à cheval (51), le tennis (101-102), les quilles (102), le carnaval (152), le théâtre (176-177) et les bals (177). Tous doivent être réalisés en bonne compagnie et le jeune *gentleman* doit respecter la contenance, la modération et les préséances en toutes

---

[27] GAILHARD (Jean), *The Compleat Gentleman : or, Directions for the Education of Youth as to their Breeding at Home and Travelling abroad*, in *Two Treatises*, London, John Starkey, 1678, p. 79.
[28] GAILHARD (Jean), *A Treatise Concerning the Education of Youth The Second Part About their Breeding Abroad*, London, John Starkey, 1678, p. 196

circonstances. Si les exercices physiques permettent de « frame his body », ils ont aussi pour fonction de « instruct his mind, and inform his judgment ».[29] Les jeux que l'on qualifie de l'esprit sont, une fois encore, associés aux dangers et à la perdition de l'âme, notamment les jeux de hasard. Toutefois, Gailhard est conscient que plusieurs de ses lecteurs s'adonneront à ce passe-temps, raison pour laquelle il tâche de les encadrer au mieux.

La voie est alors ouverte pour John Locke de faire de son traité *Some Thoughts Concerning Education* (1693) une véritable réflexion sur la place des divertissements dans l'éducation des enfants, mais aussi dans la vie de tous. Le philosophe prêche alors pour des exercices qui amènent l'enfant à se confronter aux forces de la nature. Ces divertissements, comme la marche, la course ou la nage, ont l'avantage de se réaliser « in the Open Air ». Pour les autres, il encourage fortement la danse : « I think they should be taught to dance as soon as they are capable of Learning it »,[30] elle permet une « gracefulness of Motion » nécessaire au maintien digne en société. S'il reconnaît les bienfaits de l'escrime et de la promenade à cheval, Locke s'attaque ouvertement à ce qu'il qualifie de « Places of Ease and Luxury ». Un loisir qui encourage à l'oisiveté ne peut être considéré comme utile, il nuit au développement de l'esprit. La formule qui résume la pensée de Locke pourrait être la suivante : « least Secrets in Education, to make the Exercices of the Body and the Mind, the Recreation one to another ».[31]

---

[29] *Ibid.*, p. 53.
[30] LOCKE (John), *Some Thoughts Concerning Education*, London, A. and J. Churchill, 1693, p. 67.
[31] *Ibid.*, p. 236-237.

The Spectator et les Lumières

À partir du XVIIIe siècle, les données de la civilité et de la *politeness* vont changer. Plutôt que de servir la nécessité de la grandeur royale ou encore de la conformité à la figure céleste, les idées d'authenticité et d'égalité vont devenir les balises respectives de ces deux notions qui tendent à se rapprocher dans leur définition. L'historiographie britannique, depuis plusieurs années déjà, se gargarise des transformations qu'a apportées et provoquées l'œuvre d'Addison et Steele. Ces hommes, bien qu'originaux et novateurs, sont loin d'être des hommes hors de leur temps. Les pieds bien ancrés dans le début XVIIIe siècle, ils sont tributaires de tous les bouleversements de l'Angleterre de la fin du XVIIe siècle. Avec la révolution de 1688-89 se fait jour une volonté de réformer les mœurs et les comportements dont le but est de rendre le public digne des événements. Parce que le *Bill of Rights* rend les individus égaux devant la loi, les Britanniques doivent se donner les moyens d'exercer cette liberté nouvelle. De nouveaux comportements, de nouvelles attitudes et donc, de nouvelles normes sont à prendre en considération.

Périodiques lus, relus, copiés, recopiés, parodiés, pillés, mais aussi et surtout traduits et diffusés dans l'Europe entière, *The Spectator* et *The Tatler* vont durablement marquer la littérature en transformant les formes d'interaction dans les espaces publics. En 1710, Richard Steele, dans le *Tatler*, donne la mesure du projet quand il affirme : « The Appelation of Gentleman is never to be affixed to a Man's Circumstances, but to his

Behaviour in them ».[32] Encore faut-il donner des cadres à cette nouvelle définition. La *politeness* s'articule alors sur la discrétion, la réserve, l'art d'éviter les sujets qui fâchent. Elle doit permettre aux individus d'acquérir les bases du « vivre ensemble » afin de favoriser les échanges,[33] bref, il faut pouvoir dépasser la marque de la naissance pour ne considérer que la valeur des individus. La notion de distinction n'est pas absente pour autant, mais les bases sur lesquelles on juge le *gentleman* ne sont plus les mêmes. La *politeness* se confond peu à peu avec ce qu'on qualifie d'*urbanness*. Pour Addison et Steele, la ville devient le lieu où cette nouvelle culture doit s'exprimer.

En associant la *politeness* à la ville, Addison et Steele ne peuvent plus simplement donner un code de conduite général à adopter, il faut pouvoir spécifier les lieux. Parce qu'ils mélangent les conditions sociales, les espaces de loisir sont parmi les premiers espaces à considérer. En ce début du XVIIIe siècle, on assiste à une commercialisation de la culture qui va de pair avec l'étalement urbain, l'augmentation démographique, la présence du politique dans l'espace public et l'élévation sociale d'une frange de plus en plus importante d'individus, notamment par le commerce. Cafés, clubs, théâtres et *vauxhalls* deviennent des entreprises gérées par des entrepreneurs qui veulent capitaliser sur leurs investissements. Il convient de mettre un peu d'ordre

---

[32] STEELE (Richard), *The Tatler*, n° 207 (Aug. 5, 1710), ed. by BOND (Donald F.), Oxford, Clarendon Press, 1987, p. 99-100. Voir également *The Spectator*, 5 vols. ed. by BOND (Donald F.), Oxford, Clarendon Press, 1965.

[33] KLEIN (Lawrence), *Shaftesbury and the Culture of Politeness : Moral Discourse and Cultural Politics in Early Eighteenth-Century England*, Cambridge, Cambridge University Press, 1994, p. 4.

dans une ville qui est alors dépourvue d'une police capable d'encadrer efficacement les débordements.

Addison et Steele offrent alors un « art de vivre en société ». Il faut bannir des lieux urbains les attitudes indignes de la nation.[34] Le *Spectator* et le *Tatler* affichent ouvertement une relation que l'on peut aisément qualifier d'organique avec les cafés londoniens : « The Coffee-house is the Place of Rendez-vous to all that live near it, who are thus turned to relish calm and ordinary calm » (S. 49, Steele). Au club, il s'agit encore de niveler les disparités sociales pour permettre à tout un chacun de s'exprimer librement : « Man is said to be a Sociable Animal » (S. 9. Addison). Le théâtre est lieu de tous les dangers, car on entre directement en contact avec des individus de catégories sociales différentes. Il faut donc redoubler de précautions dans la mesure des comportements à adopter. On insiste ici particulièrement sur le peu de culture du public qui assiste aux représentations. La *politeness* devient également cette forme d'esprit qui impose à celui qui assiste à une représentation de connaître la pièce, l'auteur, la mise en scène, voire le jeu des acteurs afin d'apprécier toutes les finesses et les subtilités du génie théâtral britannique : « Thus the whole Audience is afraid of letting fall a Tear, and shun as a Weakness the best and worthiest Part of our Sense (S. 208) ». L'éducation du *gentleman* doit se faire dans les arts, dont celui du théâtre, et se réaliser au cœur d'une foule qui sait se comporter décemment.

L'influence du *Spectator* en France est évidente. Le périodique est d'ailleurs traduit en 1716 sous le titre : *Le Spectateur ou le Socrate moderne*. Il regroupe alors 70

---

[34] BONY (Alain), *Joseph Addison, Richard Steele. The Spectator et l'essai périodique*, Paris, Didier Érudition, 1999.

numéros appelés ici discours. Suivront les tomes II (1716) et III (1718). Certains journaux français, certes moins réguliers et moins importants, portent la marque de l'influence britannique. Parmi ceux-ci, on compte *Le Spectateur français* de Marivaux (1721-1724), Justus van Effen et son *Nouveau Spectateur français* (1725-1726), Jean Bernard Le Blanc avec les *Lettres d'un François* (1745), Jean François de Bastide avec *Le Nouveau Spectateur* (1758-1760) et James Rutlidge qui publie *Le Babillard* (1778-79). Pour Claire Boulard et Alexis Lévrier,[35] Addison et Steele vont lancer une veine littéraire qui va connaître son apogée autour des années 1750 et qui, selon nous, va durablement transformer la France avec le *Journal de Paris*, premier quotidien publié à partir de 1777.

Dans la France du début du XVIIIe siècle, de nombreux éléments permettent la refondation et réification de la notion de civilité. Plusieurs événements sont à relever, dont la mort de Louis XIV qui met fin à la toute-puissance de Versailles comme centre politique, économique et social. La cour, dorénavant sous l'égide du régent Philippe d'Orléans, retrouve ses quartiers à Paris et devient, aux dires de nombreux chroniqueurs, plus libre pour certains, libertine pour d'autres. Chose sûre, les données qui ont permis à l'étiquette à la française de se définir sont investies par de nouveaux idéaux. Le premier quart du XVIIIe siècle voit l'émergence d'une littérature populaire, la Bibliothèque bleue, qui publie à grande échelle des traités de civilité à l'usage du peuple. Ce qui devait rester l'apanage d'une

---

[35] BOULARD (Claire), *Presse et socialisation féminine en Angleterre de 1690 à 1750*, Paris, L'Harmattan, 2000 et LÉVRIER (Alexis), *Les Journaux de Marivaux et le monde des "spectateurs"*, Paris, Presses Paris Sorbonne, 2007.

minorité devient accessible à une majorité. Il convient d'offrir de nouveaux cadres pour l'appréciation des comportements sociaux. L'historien Jacques Revel évoque alors l'idée de « revanche de l'intimité ».[36] Les codes de conduite vont ressembler de plus en plus à ce qu'Addison et Steele tâchent d'imposer en Angleterre, à ceci près que les traités français entendent conserver une certaine forme de reconnaissance sociale par les comportements.

Plusieurs caractéristiques rendent compte de cette influence. Dans un premier temps, une insistance marquée sur l'espace urbain, sa fonction, son utilité et ses différents lieux, notamment les loisirs, où l'on doit paraître. En 1730, Dupuy La Chapelle, dans son *Instruction d'un père à son fils sur la manière de se conduire dans le monde*, divise son traité en une trentaine de chapitres, parmi lesquels on retrouve les entrées suivantes : « Des spectacles » et « Des plaisirs ». Ces éléments sont relativement anciens puisqu'on retrouvait déjà ce type de division chez Courtin ou de La Salle. Dupuy va cependant plus loin en spécifiant certains loisirs comme la paume et la course. Ce dernier en profite même pour vanter les mérites des divertissements en tout genre : « Prenez donc pour guide dans l'usage des plaisirs, & la raison & la religion ».[37] Le Maître de Claville, en 1742, dans son *Traité du vrai mérite* (p. 198) et René de Bonneval l'année suivante avec *Les Éléments de l'éducation* poussent encore plus loin cette division en évoquant de

---

[36] REVEL (Jacques), « Les usages de la civilité », dans CHARTIER (Roger) dir., *Histoire de la vie privée, 3. De la Renaissance aux Lumières*, Paris, Seuil, 1999 (1985), p. 202.

[37] DUPUY LA CHAPELLE (N.), *Instruction d'un Père à son Fils sur la manière de se conduire dans le monde*, Paris, Jacques Estienne, 1730, p. 427.

manière séparée et spécifique le jeu, le bal, les spectacles, la musique, la promenade et en soulignant que c'est en ville que les divertissements doivent se pratiquer ?[38]

Le loisir devient utile à l'homme, à sa réalisation comme être humain, ce qui fait contrepoint aux critiques des ecclésiastiques contre ce dernier dans la seconde moitié du XVIIe siècle. L'abbé Prévost, dans les *Éléments de politesse et de bienséance* (1767), montre à quel point les loisirs font dorénavant l'objet d'une attention spécifique, mais surtout d'un code de conduite particulier.[39] Les règles à observer aux spectacles, aux promenades, aux bals, dans le jeu, lors de concerts de musique, à la paume, au mail, à la boule, au billard sont toutes exposées en chapitres, séparés par des paragraphes numérotés. Ainsi, pour le jardin : « en vous promenant dans le jardin […] ne riez, ni ne parlez jamais seul, & ne cueillez ni fruits, ni fleurs le long des allées […] C'est une grande incivilité d'en cueillir ; si on en présente, on peut les accepter sinon, il ne faut toucher à rien que des yeux ».[40] Au théâtre : « prenez garde de ne pas pécher contre la civilité en vous emportant d'admiration » ; plus loin : « si c'est à un jeu d'exercice, comme à la paume, au mail, à la boule, au billard, prenez garde de ne point faire des postures de corps ridicules & grotesques ». Certes, certaines règles sont générales, comme l'idée qu'« il est de la bienséance en général de vous accommoder à tout, de trouver tout

---

[38] LE MAÎTRE DE CLAVILLE (Charles-François-Nicolas), *Traité du vrai mérite de l'homme*, La Haye, Van Duren, 1732 et DE BONNEVAL (René), *Les Éléments de l'éducation*, Paris, Prault, 1743.
[39] Voir également GRAILLARD DE GRAVILLE (Barthélémy-Claude), *L'Ami des filles*, Paris, Dufour, 1762, p. 119-121, 125, 139, 135-138.
[40] PRÉVOST (Abbé Antoine François), *Élémens de politesse et de bienséance ou la civilité*, Paris, Duchesne, 1767.

bon, de ne vous plaindre jamais de rien, de ne point faire attendre après vous, d'être toujours alerte, vigoureux, officieux en tout ».[41] Ce qu'on remarque, c'est que le code de conduite n'est plus tant fait pour marquer les distinctions sociales que pour assurer les règles du savoir-vivre applicables à tous. En résumé, plusieurs éléments rendent compte d'un changement de perspective dans les traités de civilité du XVIIIe siècle, perspective qui n'est pas étrangère à celle fixée par Addison et Steele, traduite en français quelques années après, adaptée, transformée, mais toujours aussi nouvelle.

En Angleterre, nombreux sont les traités de civilité qui continuent d'être publiés, avec en tête les traductions d'Antoine de Courtin. Au milieu du siècle, nombreux sont les aristocrates britanniques à réaliser le Grand tour et à faire de Paris l'étape ultime de l'apprentissage des bonnes mœurs et de l'élégance. Plusieurs voyageurs feront l'objet de caricatures[42] particulièrement acides de la part d'artistes comme Thomas Rowlandson, George Cruikshank ou James Gillray au tournant du siècle.

---

[41] *Ibid.*, p. 82-89.
[42] Voir à ce propos : GRANDJOUAN (Kate), « Close Encounters : French Identities in English Graphic Satire c.1730-1799 », Ph.D., London, Courtauld, 2009. ROY (Stéphane), « La gravure dans le rayonnement culturel de la capitale. Paris et Londres au miroir », dans MONNIER (Raymonde) dir., *À Paris sous la Révolution. Nouvelles approches de la ville*, Paris, Publications de la Sorbonne, 2008, pp. 169-180.

*Les loisirs urbains à Paris et à Londres au XVIIIe siècle :
civilité, politeness et la construction sociale des comportements*

Fig. 1 : James Gillray, *Politeness*, H. Humphrey…, [1779 ?]. Courtesy of the Lewis Walpole Library.

Fig. 2 : Thomas Rowlandson, *A Table Dhote, or French Ordinary in Paris*, 1810. Courtesy of the Lewis Walpole Library.

Fig. 3 : George Cruikshank, *Le Retour de Paris or, the Niece presented to her Relatives by her French Governess*, 1835. Courtesy of the Lewis Walpole Library.

Les récits de voyage rédigés à cette époque sont les témoins de cet engouement qui ne cesse de grandir. Profiter de Paris passe nécessairement par l'appréciation de ses divertissements : théâtres, bals, promenades, cabarets ou opéras sont des passages obligés où il faut savoir se tenir, donc connaître les formes et les normes des établissements de loisir. Samuel Foote, dans ses pièces *The Englishman in Paris* (1753) et *The Englishman Returned from Paris* (1756), résume l'enthousiasme de certains britanniques pour la culture française de la politesse : « By the time he returns to London, he speaks an elegant Franglais and proclaims that 'the French are the first People of the Universe ; that in the Arts of living they do or ought to give Laws to the whole World, and that whosoever would either eat, drink, dress, dance, fight, sing or even sneeze *avec Élégance*, must go to Paris to learn it ».[43]

Au cours du XVIIIe siècle, la littérature normative française se transforme et se rapproche des préceptes qui sont ceux d'Addison et Steele. Certes on parle de revanche de l'intimité, mais nombre de traités de civilité sont encore réimprimés et traduits, comme Courtin et de La Salle. Plus important encore, de nouveaux titres apparaissent, qui connaissent, eux aussi, une popularité non négligeable. Des différences sont cependant à relever, différences de taille. Si le style n'a pas fondamentalement changé, la manière de présenter et d'organiser les sujets s'est transformée. On assiste à une spécialisation de l'espace urbain. Ce dernier fait l'objet d'une attention plus marquée et d'une déclinaison selon des lieux spécifiques.

En France comme en Angleterre, la littérature normative se transforme pour se tourner vers des idéaux qui ne sont pas si éloignés l'un de l'autre. Dans le cas britannique, conserver une certaine forme d'élégance doublée d'un égalitarisme triomphant. Dans le cas français, on veut faire place à une réalité urbaine qui transforme la manière d'apprécier les comportements sans pour autant empêcher les individus de distinguer les conditions sociales par l'apparence. Des comportements surgissent, sans pour autant créer une entité unique en matière de définition des comportements, car rappelons que ces derniers ont beaucoup à voir avec la définition des caractères nationaux qui sont à l'œuvre au cœur du XVIIIe siècle. On veut réformer les mœurs afin de limiter les

---

[43] FOOTE (Samuel), *The Englishman Returned from Paris*, London, Vaillant, 1756, p. 22.

désordres publics, mais surtout offrir un cadre dans lequel vont se définir des usages typiquement urbains où la foule est de plus en plus importante et la fréquence des rassemblements plus soutenue. Il s'agit d'imposer les formes et les normes de la société civile.

Bibliographie sélective

Allestree (Richard), *The Gentleman's Calling. Written by the Author of The Whole Duty of Man*, Londres, Timothy Gartwaith, 1660.

Auslander (Leora), *Des Révolutions culturelles : la politique du quotidien en Grande-Bretagne, en Amérique et en France, XVIIe-XIXe siècle*, Toulouse, Presses Universitaires du Mirail, 2010.

Barker-Benfield (G.J.), *The Culture of Sensibility : Sex and Society in Eighteenth-Century Britain*, Chicago, University of Chicago Press, 1992.

Bond (Donald F.), ed., *The Tatler*, Oxford, Clarendon Press, 1987

—, *The Spectator*, 5 vols., Oxford, Clarendon Press, 1965.

Bonneval (René de), *Les Éléments de l'éducation*, Paris, Prault, 1743.

Bony (Alain), *Joseph Addison, Richard Steele. The Spectator et l'essai périodique*, Paris, Didier Érudition, 1999.

Boulard (Claire), *Presse et socialisation féminine en Angleterre de 1690 à 1750*, Paris, L'Harmattan, 2000.

Bourdieu (Pierre), *La Distinction, critique sociale du jugement*, Paris, Éditions de Minuit, 1979.

Brewer (John), *The Pleasures of Imagination : English Culture in the Eighteenth-Century*, Chicago, University of Chicago Press, 2000.

Bryson (Anna), *From Courtesy to Civility : Changing Codes of Conduct in Early Modern England*, New York, Clarendon Press Oxford University, 1998.

Bury (Emmanuel), *Littérature et politesse, l'invention de l'honnête homme (1580-1750)*, Paris, PUF, 1996.

Capdeville (Valérie), *L'Âge d'or des clubs londoniens (1730-1784)*, Paris, Champion, 2008.

Carré (Jacques), « Les traductions anglaises d'ouvrages français sur le comportement et l'éducation des femmes au XVIIIe siècle », dans Montandon (Alain) dir., *Le Même et l'autre : regards européens*, Clermond-Ferrand, Université de Clermond-Ferrand II, 1997, pp. 87-100.

Carter (Philip), *Men and the Emergence of Polite Society, Britain, 1660-1800*, New York, Pearson Education, 2001.

Charle (Christophe), *Les Intellectuels en Europe au XIXe siècle : essai d'histoire comparée*, Paris, Seuil, 2001.

Chaubaud (Gilles), « Pour une histoire comparée des guides imprimés à l'époque moderne », dans *Les Guides imprimés du XVIe au XXe siècle. Villes, paysages, voyages, Actes du colloque de Paris de décembre 1998*, Paris, Belin, 2000, pp. 641-649.

Chartier (Roger), « Distinction et divulgation : la civilité et ses livres », dans *Lectures et lecteurs dans la France d'Ancien Régime*. Paris, Seuil, 1987.

Clark (Peter), *Sociability and Urbanity : Clubs and Societies in the Eighteeenth-Century*, Leicester, Leicester University Press, 1982.

Conlin (Jonathan), *Tales of Two Cities : Paris, London and the Making of the Modern City*, 1700-1900, London, Atlantic, 2013.

—, « Vauxhall on the boulevard : pleasure gardens in London and Paris, 1764–1784 », *Urban History*, 35.1 (2008), pp. 24-47.

Conway (Stephen), *Britain, Ireland, and Continental Europe in the Eighteenth Century. Similarities, Connections, Identities*. Oxford, OUP, 2011.

Courtin (Antoine de), *Nouveau Traité de la civilité qui se pratique en France, parmi les honnêtes gens*, Paris, H. Josset, 1671.

Cowan (Brian), *The Social Life of Coffee : the Emergence of the British Coffeehouse*, New Haven, Yale University Press, 2005.

—, « What was Masculine about the Public Sphere ? Gender and the Coffeehouse Milieu in Post-Restoration England », *History Workshop Journal*, 51 (2001), pp. 127-158.

Dupuy La Chapelle (N.), *Instruction d'un Père à son Fils sur la manière de se conduire dans le monde*, Paris, Jacques Estienne, 1730.

Elias (Norbert), *La Civilisation des mœurs*, 1969, Paris, Calmann-Lévy, 1991.

—, *La Société de cour*, 1969, Paris, Flammarion, 1985.

—, *La Dynamique de l'Occident*, 1939, Paris, Calmann-Lévy, 1991.

Ellis (Clement), *The Gentile Sinner, or England's Brave Gentleman, Characterized in a Letter to a Friend, both as he is and as he should be*, Oxford, s.n., 1660.

Foote (Samuel), *The Englishman Returned from Paris*, London, Vaillant, 1756.

Gailhard (Jean), *A Treatise Concerning the Education of Youth. The Second Part. About their Breeding Abroad*, London, John Starkey, 1678.

—, *The Compleat Gentleman or, Directions for the Education of Youth as to their Breeding at Home and Travelling abroad, in Two Treatises*, London, John Starkey, 1678.

Goffman (Erving), *Les Rites d'interactions*, Paris, Minuit, 1974.

—, *La Mise en scène de la vie quotidienne, t. 1 : La Présentation de soi, t. 2 : Les Relations en public*, Éditions de Minuit, coll. « Le Sens Commun », 1973.

Gordon (Daniel), *Citizens Without Sovereignty : Equality and Sociability in French Thought, 1670-1789*, Princeton, Princeton University Press, 1994.

Graillard de Graville (Barthélémy-Claude), *L'Ami des filles*, Paris, Dufour, 1762.

Grandjouan (Kate), « Close Encounters : French Identities in English Graphic Satire c.1730-1799 », Ph.D., London, Courtauld, 2009.

Habermas (Jürgen), *L'Espace public, archéologie de la publicité comme dimension constitutive de la société bourgeoise*, 1962, Paris, Payot, 1993.

Hancock (Claire), *Paris et Londres au XIXe siècle : représentations dans les guides et récits de voyage*, Paris, Éditions du CNRS, 2003.

Harouel (Jean-Louis), *L'Embellissement des villes, l'urbanisme français au XVIIIe siècle*, Paris, Picard Éditeur, 1993.

Klein (Lawrence), « Politeness and the Interpretation of the British Eighteenth Century », *The Historical Journal*, 45.4 (2002), pp. 869-898.

—, *Shaftesbury and the Culture of Politeness : Moral Discourse and Cultural Politics in Early Eighteenth-Century England*, Cambridge, Cambridge University Press, 1994.

La Salle (Jean-Baptiste de), *Règles de la bienséance et de la civilité chrétienne*, Troyes-Reims, 1703.

Langford (Paul), *A Polite and Commercial People, England, 1727-1783*, Oxford, OUP, 1998.

Le Maître de Claville (Charles-François-Nicolas), *Traité du vrai mérite de l'homme*, La Haye, Van Duren, 1732.

Le Moël (Michel) & Descat (Sophie) dir., *L'Urbanisme parisien au siècle des Lumières*. Paris, Action artistique de la ville de Paris, 1999.

Leferme-Falguières (Frédérique), *Les Courtisans : une société de spectacle sous l'Ancien Régime*. Paris, PUF, 2007.

Lévrier (Alexis), *Les Journaux de Marivaux et le monde des « spectateurs »*, Paris, Presses Paris Sorbonne, 2007.

Locke (John), *Some Thoughts Concerning Education*, London, A. and J. Churchill, 1693.

*Les loisirs urbains à Paris et à Londres au XVIIIe siècle :
civilité, politeness et la construction sociale des comportements*

Losfeld (Christophe), *Politesse, morale et construction sociale. Pour une histoire des traités de comportements (1670-1788)*, Paris, Honoré Champion, 2011.

Macdonald (Simon), « English Language Newspapers in Revolutionary France », *Journal for Eighteenth-Century Studies*, 36 (2013), pp. 17–33.

Magendie (Maurice), *La Politesse mondaine et les théories de l'honnêteté en France au XVIIe siècle, de 1600 à 1660*, 1925, Paris, Slatkine Reprints, 1993.

McKellar (Elizabeth), *The Birth of Modern London, the Development and Design of the City 1660-1720*, Manchester, Manchester University Press, 1999.

Méré (Chevalier de), *Les Agrémens, Discours de Monsieur le Chevalier de Méré*, Paris, Den. Thierry et Cl. Barbin, 1677.

Morieux (Renaud), *Une Mer pour deux royaumes. La Manche, frontière franco-anglaise XVIIe-XVIIIe*, Presses Universitaires de Rennes, 2007.

Montandon (Alain) dir., *Bibliographie des traités de savoir-vivre en Europe, t. 1 : France, Angleterre, Allemagne*. Clermont-Ferrand, Association des publications de la Faculté des lettres et sciences humaines de Clermont-Ferrand, 1995.

Muchembled (Robert), *L'Invention de l'homme moderne, culture et sensibilités en France du XVe au XVIIIe siècle*, Paris, Fayard, 1988.

Ogborn (Miles), *Spaces of Modernity : London's Geographies, 1680-1780*, New York & London, Guilford Press, 1998.

Prévost (abbé), *Élémens de politesse et de bienséance ou la civilité*, Paris, Duchesne, 1767.

Revel (Jacques), « Les usages de la civilité », dans Chartier (Roger) dir., *Histoire de la vie privée, t. 3 : De la Renaissance aux Lumières*, 1985, Paris, Seuil, 1999, pp. 167-208.

Roy (Stéphane), « La gravure dans le rayonnement culturel de la capitale. Paris et Londres au miroir », dans Monnier (Raymonde) dir., *À Paris sous la Révolution. Nouvelles approches de la ville*, Paris, Publications de la Sorbonne, 2008, pp. 169-180.

Ruggiu (François-Joseph), *L'Individu et la famille dans les sociétés urbaines anglaise et française : 1720-1780*. Paris, PUBS, 2007.

Solnon (Jean-François), *La Cour de France*. Paris, Fayard, 1987.

Tombs (Robert & Isabelle), *That Sweet Enemy : the French and the British from the Sun King to the present*. London, William Heinemann, 2006.

Turcot (Laurent), *Le Promeneur à Paris au XVIIIe siècle*. Paris, Gallimard, 2007.

—, « Entre promenades et jardins publics : les loisirs parisiens et londoniens au XVIIIe siècle », *Revue belge de philologie et d'histoire*, 87 (2009), pp. 645-663.

Van Damme (Stéphane), *Métropoles de papier : Naissance de l'archéologie urbaine à Paris et à Londres (XVIIe-XXe siècles)*, Paris, Les Belles Lettres, 2012.

—, « Measuring the scientific greatness : the recognition of Paris in European Enlightenment », *Les Dossiers du Grihl* [En ligne], How to become a philosophical capital in Europe, mis en ligne le 27 juin 2007, p. 17. URL : http://dossiersgrihl.revues.org/772

Vickery (Amanda), *The Gentleman's Daughter : Women's Lives in Georgian England*, New Haven, Yale University Press, 1998.

Vigarello (Georges), *Le Corps redressé*, Paris, J. P. Delarge, 1978.

'PLAIRE EN INSTRUISANT' :
LEARNING MANNERS AND POLITENESS
IN EIGHTEENTH-CENTURY
ENGLAND AND FRANCE

Michèle COHEN
Richmond American International University,
London, UK

Conversation as a mode of instruction in the eighteenth and early nineteenth centuries has recently been the subject of much interest. However, despite the expanding scholarship on the centrality of conversation to eighteenth-century culture, there has been little systematic attempt to examine how "conversation" as a skill was acquired and developed.[1] In part this is an effect of the history of education's focus on a narrow understanding of "education" as the acquisition of academic skills, neglecting to consider the social and expressive skills which were an essential aspect of education in the eighteenth century. In households of wealth, leisure and culture and in those which aspired to the same refinement, education meant instruction in both "academic" and social skills. "Every moment

---

[1] One recent exception is GLOVER (Katharine), *Elite Women and Polite Society in Eighteenth-Century Scotland*, Woodbridge, The Boydell Press, 2011.

ought to be devoted in the younger part of life to intellectual improvement and to the formation of manners", *The Lady's Magazine* advised its readers young and older.[2] Learning how to converse was an integral component of children's education. My aim in this chapter is to consider the roles conversation played as pedagogy and practice in the social and domestic spaces of eighteenth-century England and France. I will argue that conversation was a key component of a complex system of informal instruction designed to inculcate not just knowledge but the expressive skills of conversation itself.

Eighteenth-century sociability was predicated on politeness, the art of pleasing. Pleasing in conversation was a most valued and significant accomplishment for both sexes. But conversation was not just about pleasure. "It is almost impossible", commented Hester Chapone, "that an evening should pass in mutual endeavours to entertain each other [in conversation], without something being struck out, that would, in some degree enlighten and improve the mind".[3] This comment highlights a key feature of conversation within the culture of sociability : it was a mix of entertainment and "improvement". "The two chief ends of conversation", wrote Jonathan Swift in the early eighteenth century, "are to entertain and to improve", while Hume saw the association of improvement and instruction with pleasure as necessary, and he advised the felicitous joining of the "Learned" with the

---

[2] *The Lady's Magazine or entertaining companion for the fair sex, appropriated solely to their use and amusement*, vol. 16, letter CXLVI, March 1785, p. 137.
[3] CHAPONE (Hester), "On Conversation", *Miscellanies in Prose and Verse*, London, 1775, Essay II, p. 16.

"conversible World".[4] In *Le Dialogue d'idées au dix-huitième siècle*, Stéphane Pujol notes that "la conversation mondaine […] est […] l'archétype de cet art de vivre et de penser, lié à une morale".[5] This "morale" required that social conversation be at once improving – therefore instructive – and entertaining – therefore not didactic. How was this highly complex skill acquired ?

There has been no systematic study of children's participation in conversations, but Peter Borsay's recent work on children and leisure lends support to my argument that in the eighteenth century, children attended informal and formal social gatherings. Borsay argues that children as young as six or seven were included in the leisure activities of their families.[6] Although he does not specify the kind of activities qualifying as "leisure activities", there is much biographical evidence to suggest that these included social gatherings and sociable activities such as conversation. When Elizabeth Robinson, the future bluestocking, was a young girl, she was part of a "domestic circle […] accustomed to struggle for the mastery in wit, or the superiority in argument".[7] She

---

[4] SWIFT (Jonathan), "Hints towards an Essay on Conversation", *Gulliver's Travels and Other Works*, London, 1906, p. 371-379 ; HUME (David), "Of Essay Writing", *Essays, Moral, Political, and Literary*, ed. by MILLER (Eugene F.), Indianapolis, Liberty Fund, 1987, p. 534.
[5] PUJOL (Stéphane), *Le Dialogue d'idées au dix-huitième siècle*, *Studies on Voltaire and the Eighteenth Century*, Oxford, 2005 : 6, p. 18.
[6] BORSAY (Peter), "Children, Adolescents and Fashionable Urban Society in Eighteenth-Century England", in MÜLLER (Anja) ed., *Fashioning Childhood in the Eighteenth Century : Age and Identity*, Aldershot, Ashgate, 2006, pp. 53-62.
[7] *Elizabeth Montagu, the Queen of the Bluestockings : Her Correspondence from 1720-1761*, ed. by CLIMENSON (Emily J.), 2 vols., London, John Murray, 1906, vol. 1, p. 6-7.

was also often present at the learned conversations her step-grandfather Conyers Middleton, principal librarian in Cambridge University, hosted. Elizabeth's early domestic experience was not unique. Lord Sheffield encouraged his daughter Maria Josepha, while yet a child, to enter into all his interests.

Her keen intellect was early stimulated by the conversation of the leading men her father entertained at his home, and she had decided views of people and things. She formed her own opinions in every sort of subject, social, political and religious, and was accustomed to read and criticize the best books, English and foreign.[8]

Lady Stafford deplored the absence of her fourteen year old son Granville at a dinner she hosted where Prime Minister Pitt explicated Homer in a "lively and entertaining" manner.[9] Granville's participation in learned table talk was normal in their family. Following the familial practice of the time, Anna Larpent read aloud to her family, listened to her sons read to her, and conversed with them about the subjects they were learning at school. In December 1792, she noted in her diary "taught both Boys much geography by Maps and Conversation".[10] A few weeks later, she noted "Tea. Conversation with my family circle sometimes reading out some passages in the critical and European reviews

---

[8] *The Girlhood of Maria Josepha Holroyd*, (Lady Stanley of Alderley) recorded in letters of a hundred years ago : from 1776 to 1796, ed. by ADEANE (Jane Henrietta), London, Longmans Green and Co., 1896, introduction p. xvii.

[9] LEVESON GOWER (Granville), first earl Granville, *Private Correspondence 1781-1821*, ed. by CASTALIA, (Countess Granville), 2 vols., London, John Murray, 1916, vol. 1, p. 7.

[10] LARPENT (Anna), BL, Larpent, M1016/1, December 17, 1792.

which led to conversation".[11] Larpent's sons were present at these conversations and given her profound interest and participation in their education, it is likely that they were not just encouraged but actually expected to join in the discussion. The Brontë children, wrote Elizabeth Gaskell, "took a vivid interest in the public characters, and the local and foreign politics discussed in the newspapers. Long before Maria Brontë (the eldest child) died, at the age of eleven, her father used to say he could converse with her on any of the leading topics of the day with as much freedom and pleasure as with any grown-up person".[12]

In France, when Germaine Necker, the future Mme de Staël, was a child, she was required by her mother to sit on a little footstool at her feet and expected to participate in the conversations in her salon. Mme Necker saw this participation as "une espèce de gymnastique des facultés intellectuelles".[13] Little Germaine's presence in her mother's salon was not unusual ; in Jeanne Marie Leprince de Beaumont's *Magasin des enfans* discussed below, a twelve year old girl mentions that she attended "l'assemblée de papa" where she discussed paintings and the classics.[14]

---

[11] LARPENT, M1016 /1 January 6, 1793.
[12] GASKELL (Elizabeth), *Life of Charlotte Brontë*, http://books.google.co.uk/books?id=WpZMAAAAcAAJ&printsec=frontcover&dq=Elizabeth+Gaskell+Life+of+Charlotte+bronte&hl=en&sa=X&ei=bPAQUOHqEIOc0QXqjoDoDg&ved=0CEMQ6AEwAg#v=onepage&q&f=false, p. 54.
[13] DIESBACH (Ghislain de), *Madame de Staël*, Paris, Perrin, 1983, p. 32.
[14] LEPRINCE DE BEAUMONT (Jeanne Marie), *Le Magasin des enfans, ou Dialogues entre une sage gouvernante et plusieurs de ses élèves de la première distinction*, [Londres, 1765], 2 vol., Paris, Locard et Davi, 1828, vol. 1, p. 42-43.

Parents on both sides of the Channel are likely to have followed the advice Mrs Delany gave her sister, to expose her niece to a "variety of good company, which is of more use in forming a gracious manner from the ages of seven to fourteen than seven years after that".[15] Delany was recommending what eighteenth-century conduct books and most prescriptive educational texts reiterated, that manners and a refined and polite conversation were best acquired in good company.[16] This education was essential to children's acquisition of politeness and of the social and expressive skills crucial to their future status and advancement. It was so commonplace at the time that when an individual did not achieve the expected social and expressive fluency in adulthood, it was attributed to a lack of training or experience in childhood. A letter Harriet Cavendish wrote her sister Georgiana, Lady Morpeth, mentions a Lady Bagot for her reserve and silence in society, and she attributes it to habits Lady Bagot acquired in childhood because her father, Lord Dartmouth "never liked his children to join in general conversation".[17] That Harriet should mention this at all suggests that imposing such silence on children was unusual at the time. In her *Personal Recollections*, Mary Somerville, the leading woman scientist of her day, mentions "I never could speak across a table, or take a leading part in

---

[15] Mrs Delany to Ann Dewes, Delville, 7 April 1754, *The Autobiography and Correspondence of Mary Granville, Mrs Delany*, ed. by Lady LLANOVER, 1st ser., 3 vols., London, Richard Bentley, 1861, vol. 3, p. 219.

[16] See also DORMER STANHOPE (Philip), Earl of Chesterfield, *Letters to his Son 1737-1768*, London, 1774.

[17] SURTEES (Virginia) ed., *A Second Self: The Letters of Harriet Granville, 1810-1845*, Salisbury, Michael Russell, 1990, p. 46.

conversation". She herself attributes "this diffidence […] to the secluded life I led in early youth" and thus to her lack of experience in conversing.[18]

As conversation had to be instructive, reading was an important source of the knowledge necessary for entertaining discussion. The use of reading – or being read to – as a source of conversation is a practice with a long history, especially with regard to women. Renaissance tutor Paleario suggested that women should "read good authors, perhaps together with other women, and talk about their reading as well as others things".[19] Scholars have confirmed the importance of reading in eighteenth-century men and women's lives in England and France. Dena Goodman has showed that the women who ran French salons read much and widely as part of their responsibilities as hostesses, and Anna Larpent's diaries reveal that she often read parts of several books in one single day and made critical comments about her reading in her journal, as did future Lord Chief Justice Dudley Ryder.[20] The importance of reading notes as an aide to the conversation has been highlighted by Polly Bull in her recent work on the reading lives of men and women.[21]

Reading was not only for knowledge and improvement, it was also about sociability. As Roger

---

[18] SOMERVILLE (Mary), *Personal Recollections,* by her daughter Martha Somerville, London, John Murray, 1874, p. 364.

[19] SMARR (Janet Levarie), *Joining the Conversation : Dialogues by Renaissance Women,* Ann Arbor, University of Michigan Press, 2005, p. 103.

[20] RYDER (Dudley), *The Diary of Dudley Ryder, 1715-1716,* ed. by MATTHEWS (William), London, Methuen, 1939.

[21] BULL (Polly), "The reading lives of English men and women, 1695-1830", unpublished PhD thesis, Royal Holloway, University of London, 2012.

Chartier has noted, "c'est souvent autour du texte lu à haute voix, du livre feuilleté et discuté que se constituent les diverses formes de sociabilité intellectuelle ; celle du salon, celle mieux réglée de l'académie, celle toute familière de la visite inopinée".[22] A comment by a father discussing a daughter's education in Maria Edgeworth's *Letters for Literary ladies* reveals that the same was expected of children. "I would have my daughter read and compare various books, and correct her judgment of books by listening to the conversation of persons of sense and experience" (1798).[23] John Aikin used his own family as a sounding board when writing *Evenings at Home*, a juvenile collection intended for family reading aloud. Similarly during reading sessions in the Edgeworth household, "children were encouraged to ask questions".[24] The reading cards and other material artifacts Jane Johnson developed in the 1740s to teach her children to read, "are clearly designed not only for learning to read but also to become skilled in the art of conversation".[25] Katie Halsey has shown that the "backdrop of Jane Austen's childhood" was shared reading. "In the evenings, members of the family read aloud, while the others listened, did their needlework, or went about their own business. From an early age, therefore,

---

[22] CHARTIER (Roger), "Loisir et sociabilité : lire à haute voix dans l'Europe moderne", *Littératures classiques*, 12 (Janvier 1990) : "La voix au XVIIe siècle", pp. 127-147.

[23] EDGEWORTH (Maria), *Letters for Literary Ladies*, [1795] London, J.M. Dent, 1993, p. 34.

[24] ROGERS (Betsy), *Georgian Chronicle : Mrs Barbauld and her Family*, London, Methuen, 1958, p. 122.

[25] ARIZPE (Evelyn) and STYLES (Morag), "Love to learn your book' : Children's experiences of text in the eighteenth century", *History of Education*, 33.3 (May 2004), p. 344.

Austen, like thousands of other gentry-class women of her period, experienced reading as a shared and sociable activity in the family circle."[26] Although young Caroline finds political economy "the most uninteresting of all subjects", she is convinced to study it by her governess Mrs B. because "most subjects of general conversation […] among liberal minded people" are connected with it ; if she does not learn it, warns Mrs B., she "might almost as well condemn [herself] to perpetual silence".[27] Knowledge was acquired *by* conversing *for* conversing. Not to use knowledge in conversation might make it vulnerable to the charge that it was "bookis",[28] the antithesis of polite learning and politeness. Hannah More's poem "Bas Bleu" best illustrates the connection :

> Hail. Conversation, heavenly fair
> Thou bliss of life, and balm of care !
> Still may thy gentle reign extend,
> And Taste with Wit and Science blend.
> Soft polisher of rugged man !
> Refiner of social plan !
> For thee, best solace of this toil !
> The sage consumes his midnight oil !

---

[26] HALSEY (Katie), "Written by a friend, edited by a friend, lent by a friend, or associated with a friend' : the Austens' reading community", Paper given at the Women's Reading in the Nineteenth Century symposium, Institute of English Studies, London, 26 March 2009.
[27] MARCET (Jane), *Conversations on Political Economy ; In which the Elements of that Science are Familiarly Explained and Adapted to the Comprehension of Young Pupils*, London, 1817, p. 6-8.
[28] WOOLF (Daniel), "Speaking of History : Conversations about the past in Restoration and Eighteenth-Century England", in FOX (Adam) and WOOLF (Daniel) eds., *The Spoken Word : Oral Culture in Britain 1500-1850*, Manchester, Manchester University Press, 2002, p. 124.

And keeps late vigils, to produce
Materials for thy future use.
Calls forth the else neglected knowledge,
Of school, of travel, and of college.
If none behold, ah ! wherefore fair ?
Ah ! wherefore wise, if none must hear ?
Our intellectual ore must shine,
Not slumber, idly, in the mine.[29]

Reading and conversation were so intimately interlinked that reading without conversation could be conceived as a punishment – at least for abbé Galiani, who, in a letter to Diderot from Naples where he had been sent as conseiller du commerce, writes that he misses Paris, "le café de l'Europe", and complains : "je n'ai plus ni le temps ni le goût de la lecture. Lire tout seul sans avoir à qui parler, avec qui disputer, ou briller, ou écouter, ou se faire écouter, c'est impossible… On m'a mis à la Bastille".[30] Letters and diaries written by men as well as women confirm this link.

The relation of a conversation, a verbal exchange, to its written form is a complex issue, and the fact that scholars have felt the need to address it suggests it is not straightforward. Marie-France Silver and Marie-Laure Girou Swiderski allude to this complexity when they question "l'assimilation de la lettre à la conversation". They conclude that while letters are not the same as conversations, "on peut tout de même en

---

[29] MORE (Hannah), "'Bas Bleu or Conversation' ; Addressed to Mrs Vesey", *The Works of Hannah More*, 2 vols., Philadelphia, J. J. Woodward, 1832, vol. 1, p. 17.

[30] DAVISON (Rosena), "Lettre d'une 'femme de grand mérite' : la correspondance entre Mme d'Épinay et l'abbé Galiani", in *Femmes en toutes lettres : les épistolières du XVIII° siècle, Studies on Voltaire and the Eighteenth Century*, Oxford, 2000 : 4, p. 144.

retenir l'idée d'un genre qui reste proche de l'oral".[31] Indeed, Jane Austen believed there ought to be no difference between a conversation and a letter, at least to her sister Cassandra. "I have now attained the true art of letter-writing, which we are always told, is to express on paper exactly what one would say to the same person by word of mouth ; I have been talking to you almost as fast as I could the whole of this letter".[32] Evangelical Anglican minister Thomas Gisborne too held "epistolary correspondence" and conversation to be "kindred subjects".[33] Evidence points to the shared purpose of letters and conversations. Commenting on the voluminous correspondance Manon Phlipon, the future Madame Roland, maintained with Sophie and Henriette Cannet, Brigitte Diaz argues that Phlipon "retient moins la dimension affective de cette correspondance que l'opportunité d'exercer son esprit [...] L'espace d'expression que lui offre sa correspondance lui fournit le terrain idéal où 'essayer' ses idées, en les soumettant à l'épreuve de l'expression et du jugement d'autrui."[34] This shared purpose is

---

[31] SILVER (Marie-France) and GIROU SWIDERSKI (Marie-Laure), *Femmes en toutes lettres : les épistolières du XVIIIe siècle*, Studies on Voltaire and the Eighteenth Century, Oxford, 2000 : 4, p. 2.
[32] *Jane Austen's Letters*, 4th ed., LE FAYE (Deirdre) ed., Oxford, Oxford University Press, 2011, p. 71.
[33] GISBORNE (Thomas), *An Enquiry into the Duties of the Female Sex*, London, 1797, p. 110 ; see also DUCHENE (Roger), "Lettre et conversation", in BRAY (Bernard) and STROSETZKI (Christoph) eds., *Art de la lettre, art de la conversation à l'époque classique en France*, Paris, Klincksieck, 1995.
[34] DIAZ (Brigitte), "De la Lettre aux *Mémoires* : les fonctions autobiographiques de la lettre dans la correspondance de jeunesse de Mme Roland", in *Femmes en toutes lettres : les épistolières du XVIIIe*

especially significant in the case of sisters, whom marriage often separated by enough distance to justify an elaborate and regular correspondence.[35] But distance was not obligatory. It was to her friend and neighbour Adélaïde Méliand that Geneviève de Malboissière wrote almost daily letters in the 1760s.[36] For these girls, the letters were the conversation.

Since conversation was a complex skill to acquire, there is no lack of advice to children as well as adults on how to conduct it and on how to improve the elements that comprised it, especially attention and memory. Samuel Johnson advised young Hester Thrale that "soon after listening to something being said in serious conversation, she ought to go to someone else and explain what it meant, to exercise her memory and understanding", as he himself did.[37] Maria Edgeworth tells the following story about Samuel Johnson, said to have had "an uncommonly good memory". "When he was a boy, he used, after he had acquired any fresh

---

siècle, *Studies on Voltaire and the Eighteenth Century*, Oxford, 2000 : 4, p. 213.

[35] Such as the correspondence between Harriet Cavendish and her sister Georgiana Lady Morpeth, Mrs Delany and her sister Mary Dewes, Emily, Countess Kildare and her sister Lady Caroline Fox, to name but a few. *Hary-O : The Letters of Lady Harriet Cavendish*, 1940 ; *The Autobiography and Correspondence of Mary Granville, Mrs Delany*, 1861, 1st series, 3 vols. ; *Correspondence of Emily, Duchess of Leinster 1731-1814*, 1949.

[36] GOODMAN (Dena), *Becoming a Woman in the Age of Letters*, London, Cornell University Press, 2009.

[37] Cited in SMITH (Tania S.), "Learning conversational rhetoric in eighteenth century Britain : Hester Thrale Piozzi and her mentors Collier and Johnson", *Rhetor : Journal of the Canadian Society for the Study of Rhetoric*, 2 (2007), p. 19. Hester was the eldest daughter of Hester Thrale, a woman of letters who held literary salons, and hosted Samuel Johnson for years at her home.

knowledge from his books, to run and tell it to an old woman of who, he was very fond. This exercise was so agreeable to him, that it imprinted what he read upon his memory."[38] Elizabeth Robinson was required by her step-grandfather to provide an account "of the learned conversations" he hosted and at which she was frequently present. Her "tender age" – she was not yet in her teens – was no excuse, for he insisted that such practice would help her acquire a "habit of attention" which would be of use in the future.[39] What is not made explicit by her biographer, perhaps because it was taken for granted, is that in attending these conversations little Elizabeth was also exposed to the conversational skills she would be expected to practice in the future, and that too was therefore of use.

The topic "conversation" also figures importantly in educational/prescriptive texts. One example is *The Polite Lady*, a series of letters from a mother to her daughter at boarding school. In this text, Portia, the mother, advises her daughter that besides reading, the most instructive way for her to spend her time is in conversation. "Conversation will fix your attention, warm and improve your heart, polish and refine your manners, and give you a certain ease and elegance of address which is not to be obtained in any other way… [it] is a touchstone, that tries and examines the real strength and abilities of the mind."[40]

Portia's recommendation highlights the indissoluble links between conversation, sociability and intellect.

---

[38] EDGEWORTH (Maria) & EDGEWORTH (R. L.), *Practical Education*, 3 vols., London, 1801, vol. 2, p. 463.
[39] *Elizabeth Montagu*, vol. 1, p. 6.
[40] [ALLEN (Charles)], *The Polite Lady ; or a course of female education. In a series of letters from a mother to her daughter*, London, 1775, p. 153.

The latter is the one abbé Morellet chose to accentuate, four decades later in his "Essai sur la Conversation". "La conversation est la grande école de l'esprit, non-seulement en ce sens qu'elle l'enrichit de connoissances qu'on auroit difficilement puisées dans d'autres sources, mais en le rendant plus vigoureux, plus juste, plus pénétrant, plus profond" (1812). Laurent Bordelon, on the other hand, had chosen to stress the link between sociability and critical thought in his book *La Langue (1716)* : "Il m'est arrivé souvent de reconnoître dans la conversation mon ignorance sur certaines vérités que je m'imaginais avoir apprises dans mon étude particulière ; aussi ne suis-je jamais plus sûr de ce que j'ai appris seul, qu'après l'avoir limé sous la correction critique de gens plus habiles que moi".[41]

Samuel Johnson too commented on the necessity of critical conversation, and his remark echoes Bordelon's sentiments so closely that it reads virtually as a translation. "He that never compares his notions with those of others, readily acquiesces in his first thoughts, and very seldom discovers the objections which may be raised against his opinions ; he, therefore, often thinks himself in possession of truth, when he is only fondling an error long since exploded".[42]

Portia prescribes conversation for the same purpose, though with a different emphasis, perhaps because the advice is for a child. She informs her daughter that "conversation is one of the best schools in the world

---

[41] BORDELON (Laurent), *La Langue*, Rotterdam, 1705, quoted in PUJOL, *Dialogue d'idées*, p. 73.
[42] Samuel Johnson, quoted in MILLER (Stephen), *Conversation : A History of a Declining Art*, London, Yale University Press, 2006, p. 135.

for learning the virtues of modesty and humility – because one hears one's own opinions contradicted or refuted and because one has to learn to discipline oneself according to the rules of polite conversation".[43]

A critical component of conversation as part of a system of education concerns the necessity to pay attention to what people say, to listen to and retain what was said. Children were taught this from a young age. We saw earlier that Conyers Middleton subjected his step grand-daughter Elizabeth to a rigorous training in listening and reporting. Listening and then recounting either in writing or orally was an integral component of eighteenth-century pedagogy. Thus when little Germaine Necker had been to see a comedy, it was her habit afterwards to write down her recollection of it and what she thought of it ; and when she sat in her mother's salon, men "distinguished for intellect [...] asked her to give an account of what she had been reading".[44] This was also the method deployed by French educationist Madame de Genlis when she was gouverneur to the children of the Duc d'Orléans. Their favourite activity was to listen to her read from a history book for about two hours, and then writing extracts of these readings, based on their listening.

Listening with attention and being able to retain what was said was critical for the practice of politeness because of the necessity of recalling who had said what to whom and when. This is highlighted by a gentleman aspiring to polite status who lamented his "misfortune of not having a retentive Memory". He felt this prevented him from achieving politeness, since he did

---

[43] [ALLEN], *Polite Lady*, p. 153.
[44] CHILD (Mrs) [Lydia Maria Child], *The Biography of Madame de Staël*, Edinburgh, Thomas Clark, 1836, p. 7.

not "long remember all the observations he made".[45] Listening with attention is not easy for children, as any teacher knows. Genlis, for one, attempted to make it attractive to young men : "On [...] dit aux jeunes gens que, par la seule manière d'écouter, on peut montrer de l'intelligence et de l'esprit.[46] The practice of listening to conversations and then writing them down from memory was so important and so well rehearsed that eighteenth-century children must have been expected to remember conversations and therefore learn by conversation in ways that we can perhaps imagine but no longer experience. Kathryn Gleadle has shown in her study of the diaries of Katherine Plymley, a late eighteenth-century gentlewoman that conversation "was pivotal in Plymley's record". Her diaries include "lengthy political conversations she had witnessed between her brother and his guests" which she "elaborated upon", explaining their meanings. Plymley's brother Joseph was archdeacon of Shropshire and his guests included William Wilberforce, the Rathbones and the Wedgwoods.[47] It is not difficult to imagine the intellectual calibre of the conversations she recorded.

The fact that conversations are by nature oral means there is no way of retrieving those of the eighteenth century. There is however a way of understanding or at least appreciating how instructive conversations might

---

[45] BL EG 2479, 17r, Wed 9/8/1784. I am grateful to Lawrence Klein for this quote from his manuscript.
[46] GENLIS (comtesse de), *Le Petit La Bruyère ou Caractères et mœurs des enfans de ce siècle*, [1804] 3ᵉ éd., Paris, Marandan, 1810, p. 130.
[47] GLEADLE (Kathryn), "'Opinions Deliver'd in Conversation' : Conversation, Politics, and Gender in the Late Eighteenth Century", in HARRIS (José) ed., *Civil Society in British History : Ideas, Identities, Institutions*, Oxford, OUP, 2003, p. 68-70.

have functioned by examining a genre of instructional texts using a "conversational" or "familiar" format which became highly popular from the mid eighteenth century in England and France.[48] These texts usually involve two or more characters in a familial or social setting ; the characters can include one adult and one or more children, or just children who may or may not be siblings.[49] While the content and purpose of a number of these texts have been discussed by a variety of scholars, what is significant about these texts for my argument is that they usually aim to replicate or emulate real, spoken conversations. Yet, unlike the relation between conversations and letters mentioned earlier, the relations between spoken conversations and textual conversations have not been considered systematically.[50] The question I want to address in this

---

[48] As noted by AMIES (Marion), "Amusing and instructive conversations : The literary genre and its relevance to home education", *History of Education,* 14.2, 1985, p. 98. See also FYFE (Aileen), "Tracts, classics and brands : science for children in the nineteenth century", in BRIGGS (Julia), BUTT (Dennis) & GRENBY (M. O.) eds., *Popular Children's Literature in Britain,* Aldershot, Ashgate, 2008, p. 209-228.

[49] In arguing this I differ from Greg Myers and Ann Shteir who maintain that the texts are formulaic, and that the format always "requires the ignorance of the listener and [...] requires and defines the authority of the teacher". MYERS (Greg), "Science for Women and Children : The Dialogue of Popular Science in the Nineteenth Century", in CHRISTIE (John) & SHUTTLEWORTH (Sally) eds., *Nature Transfigured : Science and Literature, 1700–1900,* Manchester, Manchester UP, 1989, p. 185. SHTEIR (Ann B.), *Cultivating Women, Cultivating Science : Flora's Daughters and Botany in England,* Baltimore and London, Johns Hopkins University Press, 1996.

[50] Studies of these texts have mostly focused on their content — see for example FYFE (Aileen), "Young readers and the sciences", in

section of the chapter is why authors would wish to imitate real conversations.

French scholar Stéphane Pujol argues that authors' claim to represent real conversations is due to a desire for authenticity, implying that it is mainly a literary device. "Les auteurs entretiennent l'illusion […] que leurs dialogues sont la transcription réaliste de conversations authentiques [….]. Cette *mimesis* a […] ses limites, […] la conversation orale reste un modèle abstrait qui ne peut être imité que de façon imparfaite".[51] Most other scholars who have examined this genre of instructional texts have been primarily interested in those popularizing science. They argue that the texts aimed to make science available to groups excluded from formal education, especially women and girls, by using the easy format of conversation to simplify knowledge. In other words, they imply that these texts aimed to compensate for an education they assumed to be inadequate and limited because it was domestic.[52]

One problem with these scholars' approach is that they ignore instructional texts using conversation to teach subjects other than "science", such as history, English Grammar, geology, painting, even, which fit neither their assumptions nor their conclusions.[53] These

---

FRASCA SPADA (Marina) & JARDINE (Nick) eds., *Books and the Sciences in History*, Cambridge, Cambridge University Press, 2000.

[51] PUJOL, *Dialogue d'idées*, p. 36-37.

[52] See MYERS (Greg), "Fictionality, Demonstration, and a Forum for Popular Science : Jane Marcet's *Conversation on Chemistry*", in GATES (Barbara T.) & SHTEIR (Anne B.) eds., *Natural Eloquence : Women Reinscribe Science*, Madison, Wis. and London, University of Wisconsin Press, 1997.

[53] MARKHAM (Mrs.), *A History of England from the Invasion by the Romans to the End of the Reign of George the Third with Conversations at*

scholars have also overlooked how politeness, as an art of pleasing and a discipline, required conversations to be instructive as well as entertaining. This context, it must be remembered, was of a society which was still very much an oral culture,[54] and the reading of these conversational texts was not divorced from social practices common in the educated families discussed earlier in the chapter. As a result, these scholars ignore a function shared by the textual conversations, inculcating the skills necessary for performing social conversations.

Jeanne Marie Le Prince de Beaumont was one author who attempted to achieve this aim in her *Magasins*, by creating a social circle for discussion so that at the same time as her pupils learned virtue, morality and how to think, they also rehearsed the art of polite conversation. To give her pupils "a logical mind", to "cultivate her pupils' reason", Beaumont thought debate was the best pedagogy.[55] In *Le Magasin des enfans*, three young girls are discussing the

---

the end of each chapter, [1828] London, John Murray, 1851 ; WILLIAMS (Honoria), *Conversations on English Grammar*, in a series of familiar and entertaining dialogues, London, Geo. B. Whittaker, 1825 ; PENN (Granville), *Conversations on Geology*, London, J. W. Southgate and Son, 1828 ; WOOD (John George), *Footsteps to Drawing, according to the Rules of Perspective, explained in Familiar Dialogues for the Use of Young Children*, London, Longman and Co, 1816.

[54] SECORD (James), "How Scientific Conversation became Shop Talk", in FYFE (Aileen) & LIGHTMAN (Bernard) eds., *Science in the Marketplace*, Chicago, University of Chicago Press, 2007.

[55] CLANCY (Patricia), "A French Writer and Educator in England : Mme Le Prince de Beaumont", *Studies on Voltaire and the Eighteenth Century*, Oxford, 1982, p. 202.

importance of "wit", a key concept in the theorisation of eighteenth-century conversation.[56]

Lady Babiole (aged 10)
Je vous prie, dites-moi ma chère, a quoi cela est-il bon, d'avoir tant d'esprit ?
Lady Spirituelle (aged 12)
à quoi cela est bon ! à mille choses. L'année passée je m'ennuyais à l'assemblée de papa, on me traitait comme une petite fille : à présent tout le monde me parle, et je parle aussi ; on dit à tout moment que j'ai de l'esprit comme un ange. L'autre jour je fus chez Milord C ... qui a beaucoup de tableaux ; il y avoit plusieurs Dames qui demandaient ce qu'ils signifoient, je me mis à rire, et Milord qui sait que j'ai lu les Métamorphoses, me demanda si je connaissois les sujets de ces tableaux, et je les expliquai tous ; on m'admira : c'est un grand plaisir d'être louée, admirée, et puis, j'ai le plaisir de me moquer des ignorantes, et de rire des bêtises qu'elles disent a tous moments : cela m'amuse beaucoup plus qu'une poupée.
Lady Babiole
Eh bien, Madame, j'aime mieux être ignorante que méchante. Si l'esprit ne sert qu'à moquer des autres, je ne me soucie pas d'en avoir. Qu'en pensez vous, Sophie ? on sait que vous étudiez beaucoup ; est-ce aussi pour vous moquer de celles qui, comme moi, n'ont point d'esprit.
Lady Sensée (aged 12)
Non ma chère ; j'étudie parce que cela m'amuse et m'instruit, et j'espère que cela me rendra bonne quand je serai grande.[57]

---

[56] *Esprit* was the distillation of all an individual's qualities necessary for conversation – it energized the memory, awakened and focused the attention, exercised the mind and made it deeper, more vigorous, more precise, and more penetrating. Conversation was "la grande école de l'esprit", MORELLET (André), "Essai sur la conversation", *Eloges de Mme Geoffrin*, Paris, H. Nicolle, 1812, p. 158.
[57] BEAUMONT, *Magasin des enfans*, vol. 1, p. 42-43.

Jane Marcet's instructional *Conversations* too are modelled on real conversations, a pedagogy arising from her own experience of the effectiveness of conversation for conveying complex scientific ideas. For "studies of this kind", she argues, "familiar conversation was […] a most useful auxiliary source of information".[58] In the following excerpt, the conversation takes place between Mrs B. the tutor, and Caroline, one of the pupils. Mrs B. and Caroline are discussing oxidation :

> *Mrs B* … all tin vessels and utensils are, in fact, made of thin plates of iron, coated with tin, which prevents the iron from rusting
> *Caroline* : say rather oxidating, Mrs B. – rust is a word which should be exploded in chemistry.
> *Mrs B* : Take care however not to introduce the word oxidate, instead of rust, in general conversation ; for either you will not be understood or you will be laughed at for your conceit.
> *Caroline* : I confess that my attention is at present so engaged by chemistry that it sometimes leads me into ridiculous observations. Every thing in nature I refer to chemistry, and have often been laughed at for my continual allusions to it.
> *Mrs B* : you must be more cautious in this respect my dear otherwise your enthusiasm, although proceeding from a sincere admiration of the science, will be attributed to pedantry.[59]

---

[58] MARCET (Jane), *Conversations on Chemistry, in which the Elements of that Science are Familiarly Explained and Illustrated by Experiments*, 10th ed., 2 vols., London, 1825, preface. Wikipedia's description of this text as written "in an informal, childish form" (Wikipedia updated Feb 2007) is a testimony to the modern misunderstanding of "conversation" as a serious pedagogical technique.
[59] MARCET, *Conversations*, vol. 1, Conversation XI, p. 347.

The lesson here is about both chemistry and polite conversation. What language is a young educated female to use in polite company ? Instructional dialogues demonstrate that textual as well as oral conversations were part of "un idéal de sociabilité intellectuelle",[60] rather than just an easy packaging of hard science for girls. When Euphrosyne, the young lady in *The Young Gentleman and Lady's Philosophy*,[61] wants to learn philosophy from her brother Cleonicus, it is to improve her understanding as well as being able to converse in company about it. It was crucial to instruct the young so they not only had something to say, but knew how to say it, adhering to the conventions of polite conduct in company. This was indivisible from the role of conversations in instruction and improvement.

The conversational format also provided an attractive and non-coercive mode of instruction to both sexes. Genlis had remarked that "la conversation [...] cet art d'instruire les jeunes gens, sans qu'ils s'en doutent, en causant familièrement avec eux, ce grand moyen si négligé dans les éducations communes, est peut-être le plus efficace & le plus utile de tous."[62] Priscilla Wakefield adopted the conversational format for her *Mental Improvement*, "being desirous that it should be read rather from choice than from compulsion, and be sought by my young readers, as an entertainment not

---

[60] PUJOL, *Dialogue d'idées*, p. 18.
[61] MARTIN (Benjamin), *The Young Gentleman and Lady's Philosophy : in a continued survey of the works of nature and art ; by way of dialogue*, [1755], 2nd ed., London, 1772.
[62] GENLIS, *Adèle et Théodore, ou Lettres sur l'éducation*, Maestricht, J.E. Dufour et Ph. Roux, 3 vol., 1782, Book II, letter xxxiii, p. 18.

shunned as a mere dry perceptive lesson".[63] Similarly, Ann Murry chose the format because it "acts to lure the mind into knowledge, and imperceptibly conduct it to the goal of wisdom".[64] As Laurence Vanoflen remarks, "le dialogue joue un rôle dans la réforme pédagogique aux XVIIe et XVIIIe siècles. Il trouve incontestablement sa place dans l'effort pour libérer l'enfant des contraintes physiques et des punitions, et remplacer un apprentissage mécanique par le développement de la raison et du jugement".[65]

Another reason why authors used the conversational format, and why it became so successful, is that conversation was observed to be an efficacious method for conveying knowledge and exercising the intellect without "cramping" the mind. Educationists on both sides of the channel demonstrated in their texts how the quotidian conversations of the household could be transformed into an educational experience.[66] This is encapsulated in Anna Barbauld's comment that "the best way for women to acquire knowledge is from conversation with a father, a brother or friend, in the way of family intercourse and easy conversation, and by

---

[63] WAKEFIELD (Priscilla), *Mental Improvement, or, The Beauties and Wonders of Nature and Art : in a series of instructive conversations*, 2 vols., London, Darton and Harvey, 1794, vol. 1, preface, p. ii.

[64] *Mentoria, or The Young Ladies' Instructor, in familiar conversations on moral and entertaining subjects, etc.*, London, 1778, preface, p. xi.

[65] VANOFLEN (Laurence), "La conversation, une pédagogie pour les femmes", in BROUARD-ARENDS (Isabelle) et PLAGNOL-DIEVAL (Marie-Emmanuelle) dir., *Femmes éducatrices au siècle des Lumières*, Rennes, Presses Universitaires de Rennes, 2007, p. 184.

[66] See ÉPINAY (Madame de La Live d'), *Les Conversations d'Émilie ou entretiens instructifs et amusants d'une mère avec sa fille*, 1774 ; GENLIS, *Adèle et Théodore*, (1782) ; EDGEWORTH (Maria) & EDGEWORTH (R. L.), *Practical Education*, 1798.

such a course of reading as they may recommend".[67] Conversation's instructional power and effectiveness had been obvious to eighteenth-century educationists. "Whatever can be taught in conversation, is clear gain in instruction", declared Maria Edgeworth, and she explained how

> In a large and literary family, it will not be difficult to invent occupations for children, which may exercise all their faculties. Even the conversation of such a family will create in their minds a desire for knowledge ; what they hear will recall to their memory what they read. And if they are encouraged to take a reasonable share in conversation they will acquire the habit of listening to every thing that others say. By permitting children to talk freely of what they read, we are more likely to improve their memory for books, than by exacting from them repetitions of lessons.[68]

Anna Larpent too reflected on conversation as a more effective mode of instruction than formal, usually rote, instruction. October 30, 1792, she noted in her diary :

> Heard George (aged 6) English and Latin lessons, he read in Sandford and Merton [although ?] the scenery of which was at Venice and in Turkey. This raised his geographical enquiries. He placed the map of Europe, found the places named and had much general conversation concerning the map of [C ?] which fitted up all our time, perhaps more usefully than by our routine of learning.[69]

---

[67] *The Works of Anna Laetitia Barbauld. With a Memoir*, by AIKIN (Lucy), London, Longman, Hurst, Rees, Orme, Brown and Green, 1825, p. xviii.

[68] EDGEWORTH, *Practical Education*, 3 vols., London, 1801, vol. 2, p. 53, 463. Maria Edgeworth would know : she taught her 18 siblings and step siblings.

[69] LARPENT, M1016/1, October 30, 1792.

'Plaire en instruisant' : Learning Manners and Politeness in Eighteenth-Century England and France

An examination of a range of texts in the conversational format shows that the genre allows for bad as well as good writers. Even if Beaumont can declare "I have merely writ down the conversations that have passed between me and my scholars",[70] her *Magasins* are not mere transcriptions of conversations, they are literary products. Not all texts succeeded in creating authentic voices in their conversations like those of Marcet and Beaumont. For example, Elizabeth Fitton, who so admired Mrs Marcet that she titled her book *Conversations on Botany*[71] did not attain the emulation she aspired to. Unlike Marcet's, Fitton's conversations are contrived, the child's voice being reduced mainly to single sentences and acting as a pretext for the mother's long didactic responses. However, even when contrived, the conversational text did allow "for a more spontaneous interchange" than catechisms, because both pupils and the teacher "asked questions and advanced opinions".[72] "Discussion", notes Aileen Fyfe, "was not just about ensuring understanding, but also encouraging curiosity, and in this way it offered opportunities for further education and self-instruction".[73] Authors chose the conversational genre because conversations promised mental training, afforded children "an agreeable opportunity of enlarging their minds, and attaining a

---

[70] BEAUMONT, *The Young Ladies Magazine, or Dialogues Between a Discreet Governess and Several Young Ladies of the First Rank under her Education*, London, 1760, Introduction, p. xx-xxi.
[71] FITTON (Elizabeth), *Conversations on Botany*, London, Longman, Rees, Orme, Brown and Green, 1831.
[72] AMIES, "Amusing and instructive conversations", p. 91.
[73] FYFE, "Young readers", p. 287.

fund of knowledge",[74] and developed the ability to express thoughts clearly and politely.

In this chapter, I have argued that social, familial conversations played a key role in children's social and intellectual education and in training them to use their mother tongue with the fluency and elegance expected of them throughout the century. Conversation is not just talk. In the eighteenth century, it was a complex set of practices and constraints aimed at forging a moral and polite sociability. I have also argued that because conversation, at once instructive and entertaining, was observed to be a successful method of conveying knowledge to children, it was translated into a written mode. The familiar format, whether aiming or just claiming to emulate the conversational method, flourished from the mid eighteenth century to the early Victorian era. Yet, despite its well attested effectiveness, conversation as a textual and oral mode of instruction fell out of fashion. Why?

According to Ann Shteir, the main reason is gender. She argues that dialogic texts to teach botany, being associated with women, became vulnerable to "textual misogyny" in the later nineteenth century. This suited a professionalising agenda which aimed to distinguish between botany as a polite accomplishment embodied rhetorically "feminine", and serious scientific botany for males.[75] However, as her analysis relates only to botany the argument about professionalisation has limited application. Rather, the diversity of subjects taught in the familiar format suggests that multiple factors

---

[74] WAKEFIELD (Priscilla), *Mental Improvement*, vol. 2, Conversation XIV, p. 67.
[75] SHTEIR, *Cultivating Women*, p. 163, 156.

contributed to the change in attitude towards the genre. Gender probably played a role in that even though the familiar format was not written exclusively by women, they dominated the educational market. It is possible that there were efforts to wrest it from them. Charles Lamb's notorious attack on women educationists, whom he called "the cursed Barbauld crew", arguably also marks a radical shift in attitudes towards women writers.[76] But conversation was not just a pedagogy. It was an integral aspect of politeness, the practice that gave it meaning and for which it was the ultimate expression. As politeness lost its dominance as a major cultural form at the end of the eighteenth century, the character, meaning and importance of conversation changed as well.[77] The connection between politeness and conversation was gradually severed. In educational discourse, no longer framed by politeness, conversation could be abstracted from the practice of social skills and become just a method. As a method, it could be criticized, and was.

One of critics' targets was the conversational format itself. Clergyman Joseph Robertson scorned the "gossiping dialogue" and the "trifling drama".[78] J.S.

---

[76] MC CARTHY (William), *Anna Letitia Barbauld : Voice of the Enlightenment*, Baltimore, The Johns Hopkins University Press, 2008, p. 445-446 ; see also CLARKE (Norma), "The cursed Barbauld Crew : women writers and writing for children in the late eighteenth century", in HILTON (Mary), STYLES (Morag) and WATSON (Victor) eds., *Opening the Nursery Door : Reading, Writing and Childhood, 1600-1900*, London, Routledge, 1997.

[77] COHEN (Michèle), "'Manners' Make the Man : Politeness, Masculinity and Chivalry, 1750-1830", *Journal of British Studies*, 44.2 (April 2005), pp. 312-329.

[78] ROBERTSON (Joseph), *An Essay on the Education Of Young Ladies*, London, T. Cadell, 1798, p. 15.

Forsyth, author of an introduction to Linnaeus, ridiculed dialogic texts as a "baby system of education" fit to be taught only by "some garrulous old woman or pedantic spinster".[79] The other target of the critics was the core requirement of eighteenth-century pedagogy, that instruction be amusing and entertaining. Robertson claimed that the "business of education is a serious pursuit", not an amusement and that diverting children from the paths of science gave them a "disrelish" for anything which is not amusing.[80] Genlis was so exercised by this change in attitude that she commented acerbically in her *Memoirs* :

Of late years it has been asserted both in conversation and in books, that it is ridiculous to attempt to unite amusement with the instruction of children, and that the plan is altogether worthless. Yet is it certain that instruction should be tiresome to be useful, or that fatigue and ennui are the sole bases of knowledge ? Our antagonists reply : that nothing is known well but what is learned with difficulty. In that case, scholars without memory or intelligence would become the only well informed literary characters.[81]

Once there was no longer a need to nurture conversational skills in children, and the familiar format, one expression of the success of conversation as mode of instruction, was relegated as mere domestic teaching, conversation became a lost pedagogy.

---

[79] FORSYTH (J.S.), *The First Lines of Botany or, Primer to the Linnaean System*, London, James Bulcock, 1827, p. 15, 17.

[80] ROBERTSON, *Essay*, p. 11. "Science" here refers to systematic, rational knowledge, not "scientific" knowledge exclusively.

[81] *Memoirs of the Countess of Genlis, illustrative of the history of the eighteenth and nineteenth centuries*, written by herself, 8 vols., London, Henry Colburn, 1825, vol. 6, p. 15.

Selected bibliography

[Allen (Charles)], *The Polite Lady; or a course of female education. In a series of letters from a mother to her daughter*, London, 1775.

Amies (Marion), "Amusing and instructive conversations : The literary genre and its relevance to home education", *History of Education*, 14.2 (1985), pp. 87-99.

Arizpe (Evelyn) & Styles (Morag), "'Love to learn your book' : Children's experiences of text in the eighteenth century", *History of Education*, 33.3, (May 2004), pp. 337-352.

The Works of Anna Laetitia Barbauld. With a Memoir, by Aikin (Lucy), London, Longman, Hurst, Rees, Orme, Brown and Green, 1825.

Bordelon (Laurent), *La Langue*, Rotterdam, 1705.

Borsay (Peter), "Children, Adolescents and Fashionable Urban Society in Eighteenth-Century England", in Müller (Anja) ed., *Fashioning Childhood in the Eighteenth Century : Age and Identity*, Aldershot, Ashgate, 2006, pp. 53-62.

Bull (Polly), "The reading lives of English men and women, 1695-1830", unpublished PhD thesis, Royal Holloway, University of London, 2012.

Chapone (Hester), "On Conversation", *Miscellanies in Prose and Verse*, London, 1775.

Chartier (Roger), "Loisir et sociabilité : lire à haute voix dans l'Europe moderne", *Littératures classiques*, 12, (janvier 1990), pp. 127-147.

Child Mrs. [Lydia Maria Child], *The Biography of Madame de Staël*, Edinburgh, Thomas Clark, 1836.

Clancy (Patricia), "A French Writer and Educator in England : Mme Le Prince de Beaumont", *Studies on*

Voltaire and the Eighteenth Century, Oxford, 1982, pp. 195-208.

Clarke (Norma), "The cursed Barbauld Crew: women writers and writing for children in the late eighteenth century", in Hilton (Mary), Styles (Morag) & Watson (Victor) eds., *Opening the Nursery Door: Reading, Writing and Childhood, 1600-1900*, London, Routledge, 1997, pp. 91-103.

Climenson (Emily J.) ed., *Elizabeth Montagu, the Queen of the Bluestockings: Her Correspondence from 1720-1761*, 2 vols., London, John Murray, 1906.

Cohen (Michèle), "'Manners' Make the Man: Politeness, Masculinity and Chivalry, 1750-1830", *Journal of British Studies*, 44.2 (April 2005), pp. 312-329.

Davison (Rosena), "Lettre d'une 'femme de grand mérite' : la correspondance entre Mme d'Épinay et l'abbé Galiani", in *Femmes en toutes lettres : les épistolières du XVIIIe siècle, Studies on Voltaire and the Eighteenth Century*, Oxford, 2000 : 4, pp. 141-153.

Delany (Mary), *Autobiography and Correspondence of Mary Granville, Mrs Delany*, 1st ser., 3 vols., ed. by Lady Llanover, London, Richard Bentley, 1861.

Diaz (Brigitte), "De la Lettre aux *Mémoires*: les fonctions autobiographiques de la lettre dans la correspondance de jeunesse de Mme Roland", in *Femmes en toutes lettres : les épistolières du XVIIIe siècle, Studies on Voltaire and the Eighteenth Century*, Oxford, 2000 : 4, pp. 211-227.

Diesbach (Ghislain de), *Madame de Staël*, Paris, Perrin, 1983.

Duchêne (Roger), "Lettre et conversation", in Bray (Bernard) & Strosetzki (Christoph) dir., *Art de la lettre, art de la conversation à l'époque classique en France*, Paris, Klincksieck, 1995.

Genlis (comtesse de), *Memoirs of the Countess of Genlis, illustrative of the history of the eighteenth and nineteenth centuries, written by herself*, 8 vols., London, Henry Colburn, 1825.

—, *Le Petit La Bruyère ou Caractères et mœurs des enfans de ce siècle*, [1804] 3ᵉ éd., Paris, Marandan, 1810.

—, *Adèle et Théodore, ou Lettres sur l'éducation*, 3 vol., Maestricht, J. E. Dufour et Ph. Roux, 1782.

Edgeworth (Maria), *Letters for Literary Ladies*, [1795], London, J. M. Dent, 1993.

Edgeworth (Maria) & Edgeworth (R. L.), *Practical Education*, 3 vols., London, 1801.

Épinay (Madame de La Live d'), *Les Conversations d'Émilie ou entretiens instructifs et amusants d'une mère avec sa fille*, 1774.

Fitton (Elizabeth), *Conversations on Botany*, London, Longman, Rees, Orme, Brown and Green, 1831.

Forsyth (J. S.), *The First Lines of Botany or, Primer to the Linnaean System*, London, James Bulcock, 1827.

Fyfe (Aileen), "Tracts, classics and brands : science for children in the nineteenth century", in Briggs (Julia), Butt (Dennis) & Grenby (M. O.) eds., *Popular Children's Literature in Britain*, Aldershot, Ashgate, 2008.

—, "Young readers and the sciences", in Frasca Spada (Marina) & Jardine (Nick) eds., *Books and the Sciences in History*, Cambridge, Cambridge University Press, 2000.

Gaskell (Elizabeth), *Life of Charlotte Brontë*, http://books.google.co.uk/books?id=WpZMAAAA cAAJ&printsec=frontcover&dq=Elizabeth+Gaskell +Life+of+Charlotte+bronte&hl=en&sa=X&ei=bP AQUOHqEIOc0QXqjoDoDg&ved=0CEMQ6AE wAg#v=onepage&q&f=false

Gisborne (Thomas), *An Enquiry into the Duties of the Female Sex*, London, 1797.

Gleadle (Kathryn), "'Opinions Deliver'd in Conversation' : Conversation, Politics, and Gender in the Late Eighteenth Century", in Harris (José) ed., *Civil Society in British History : Ideas, Identities, Institutions*, Oxford, OUP, 2003, pp. 61-78.

Glover (Katharine), *Elite Women and Polite Society in Eighteenth-Century Scotland*, Woodbridge, The Boydell Press, 2011.

Goodman (Dena), *Becoming a Woman in the Age of Letters*, London, Cornell University Press, 2009.

Halsey (Katie), "'Written by a friend, edited by a friend, lent by a friend, or associated with a friend' : the Austens' reading community", Paper given at the Women's Reading in the Nineteenth Century symposium, Institute of English Studies, London, 26 March 2009.

Holroyd (Maria Josepha), *The Girlhood of Maria Josepha Holroyd, (Lady Stanley of Alderley) recorded in letters of a hundred years ago : from 1776 to 1796*, ed. by Adeane (Jane Henrietta), London, Longmans Green and Co., 1896.

Hume (David), "Of Essay Writing", *Essays, Moral, Political, and Literary*, ed. by Miller (Eugene F.), Indianapolis, Liberty Fund, 1987.

Johnson (Samuel), quoted in Miller (Stephen), *Conversation : A History of a Declining Art*, London, Yale University Press, 2006.

The Lady's Magazine or entertaining companion for the fair sex, appropriated solely to their use and amusement, vol. 16, letter CXLVI, March 1785, p. 137-38.

Larpent (Anna), BL, Larpent, M1016/1, December 17, 1792.

—, BL, Larpent, EG 2479, 17r, Wed 9/8/1784.
Le Faye (Deirdre) ed., *Jane Austen's Letters*, 4th ed., Oxford, OUP, 2011.
Leprince de Beaumont (Jeanne-Marie), *Le Magasin des enfans, ou Dialogues entre une sage gouvernante et plusieurs de ses élèves de la première distinction*, [London, 1765], 2 vol., Paris, Locard et Davi, 1828.
Mc Carthy (William), *Anna Letitia Barbauld : Voice of the Enlightenment*, Baltimore, The Johns Hopkins University Press, 2008.
Marcet (Jane), *Conversations on Political Economy ; In which the Elements of that Science are Familiarly Explained and Adapted to the Comprehension of Young Pupils*, London, 1817.
—, *Conversations on Chemistry, in which the Elements of that Science are Familiarly Explained and Illustrated by Experiments*, 10th ed., 2 vols., London, 1825.
Martin (Benjamin), *The Young Gentleman and Lady's Philosophy : in a continued survey of the works of nature and art ; by way of dialogue*, [1755], 2nd ed., London, 1772.
More (Hannah), "The Bas Bleu or Conversation ; Addressed to Mrs. Vesey", *The Works of Hannah More*, 2 vols., Philadelphia, J. J. Woodward, 1832.
Morellet (André), "Essai sur la conversation", *Eloges de Mme Geoffrin*, Paris, H. Nicolle, 1812.
Murry (Ann), *Mentoria, or The Young Ladies' Instructor, in familiar conversations on moral and entertaining subjects, etc.*, London, 1778.
Myers (Greg), "Fictionality, Demonstration, and a Forum for Popular Science : Jane Marcet's 'Conversation on Chemistry'", in Gates (Barbara T.) & Shteir (Anne B.) eds., *Natural Eloquence : Women Reinscribe Science*, Madison, Wis. ; London, University of Wisconsin Press, 1997, pp. 43-60.

—, "Science for Women and Children : The Dialogue of Popular Science in the Nineteenth Century", in Christie (John) & Shuttleworth (Sally) eds., *Nature Transfigured : Science and Literature, 1700–1900*, Manchester, Manchester University Press, 1989.

Pujol (Stéphane), *Le Dialogue d'idées au dix-huitième siècle (1670-1800), Studies on Voltaire and the Eighteenth Century*, Oxford, 2005.

Robertson (Joseph), *An Essay on the Education Of Young Ladies*, London, T. Cadell, 1798.

Rogers (Betsy), *Georgian Chronicle : Mrs Barbauld and her Family*, London, Methuen, 1958.

Ryder (Dudley), *The Diary of Dudley Ryder, 1715-1716*, ed. by Matthews (William), London, Methuen, 1939.

Secord (James), "How Scientific Conversation became Shop Talk", in Fyfe (Aileen) & Lightman (Bernard) eds., *Science in the Marketplace : Nineteenth-Century Sites and Experiences*, Chicago, University of Chicago Press, 2007, pp. 23-59.

Shteir (Ann B.), *Cultivating Women, Cultivating Science : Flora's Daughters and Botany in England*, Baltimore and London, Johns Hopkins University Press, 1996.

Silver (Marie-France) & Girou Swiderski (Marie-Laure) eds., *Femmes en toutes lettres : les épistolières du XVIIIe siècle, Studies on Voltaire and the Eighteenth Century*, Oxford, 2000 : 4.

Smarr (Janet Levarie), *Joining the Conversation : Dialogues by Renaissance Women*, Ann Arbor, University of Michigan Press, 2005.

Smith (Tania S.), "Learning Conversational Rhetoric in Eighteenth-Century Britain : Hester Thrale Piozzi and Her Mentors Collier and Johnson", *Rhetor : Journal of the Canadian Society for the Study of Rhetoric*, 2, (2007), pp. 1-32.

Somerville (Mary), *Personal Recollections, by her Daughter Martha Somerville*, London, John Murray, 1874.

Stanhope (Philip Dormer), Earl of Chesterfield, *Letters to his Son 1737-1768*, London, 1774.

Strother's Journal, BL EG 2479, 17r, Wed 9/8/1784

Surtees (Virginia) ed., *A Second Self : The Letters of Harriet Granville, 1810-1845*, Salisbury, Michael Russell, 1990.

Swift (Jonathan), "Hints towards an Essay on Conversation", *Gulliver's Travels and Other Works*, London, 1906.

Vanoflen (Laurence), "La conversation, une pédagogie pour les femmes", in Brouard-Arends (Isabelle) & Plagnol-Diéval (Marie-Emmanuelle) dir., *Femmes éducatrices au siècle des Lumières*, Rennes, Presses Universitaires de Rennes, 2007.

Wakefield (Priscilla), *Mental Improvement, or, The Beauties and Wonders of Nature and Art : in a Series of Instructive Conversations*, 2 vols., London, Darton and Harvey, 1794.

Woolf (Daniel), "Speaking of History : Conversations about the past in Restoration and Eighteenth-Century England", in Fox (Adam) & Woolf (Daniel) eds., *The Spoken Word : Oral Culture in Britain 1500-1850*, Manchester, Manchester University Press, 2002.

Deuxième partie

Cercles et vecteurs de sociabilité

UN RÉSEAU DE SOCIABILITÉ ET D'INFORMATION AU SIÈCLE DES LUMIÈRES : LA CHAMBRE DE LECTURE

Paul BENHAMOU
Purdue University, Indiana, États-Unis.

Au XVIIIe siècle, le nombre des périodiques augmenta de manière spectaculaire : 800 titres entre 1700 et 1789, selon le recensement effectué par Jean Sgard dans le *Dictionnaire des journaux*.[1] Cette prolifération ne passa pas inaperçue à l'époque. Ainsi, au milieu du siècle, le journaliste Fréron constatait que « La France abonde en ouvrages périodiques ».[2] Et, dans un *Mémoire* anonyme de 1764 adressé au Directeur de la Librairie, Malesherbes, il était même question « d'un débordement effroyable de journaux de toute espèce ».[3]

Ce rapide développement de la presse périodique en France sous l'Ancien Régime ne signifiait pas pour autant que tout le monde avait accès à la lecture des journaux. En effet, à cette époque, les rares

---

[1] SGARD (Jean), *Dictionnaire des journaux*, Paris, Universitas, 1991, t. 1, p. vi.
[2] *Lettres sur quelques écrits de ce temps*, n° 10, 1753, p. 168.
[3] BnF, ms fr. 22042, fol. 173.

bibliothèques publiques n'offraient presque jamais des journaux en lecture, et les abonnements coûtaient cher : 24 livres pour le *Mercure* ou l'*Année littéraire*, 30 livres pour les *Affiches de Paris*, 36 livres pour la *Gazette d'Amsterdam*. En province, les abonnements revenaient encore plus cher. En conséquence, le nombre des abonnés restait assez limité.

Afin d'augmenter le nombre des lecteurs, il fallait trouver un relais, et créer un espace où les périodiques pourraient être mis à la disposition de ceux qui ne pouvaient pas se payer un abonnement, ou qui voulaient en partager un. Ce furent les cabinets de lecture qui jouèrent ce rôle : entreprises commerciales, gérées le plus souvent par des libraires, elles offraient la lecture des journaux et des livres « à tout le monde », dans une salle « bien éclairée, et bien chauffée l'hiver », moyennant une rétribution annuelle de 24 livres. Il était aussi possible de lire les journaux sur place « soit par séance, soit en détail, [...] tous les jours depuis 9 heures du matin jusqu'à 8 heures précises du soir », en payant 4 sous, chez le libraire Jacques-François Quillau qui ouvrit le premier cabinet de lecture à Paris en 1761.[4]

Le cabinet de lecture était, au demeurant, une annexe de la librairie, ouvert à quiconque pouvait payer le coût de l'abonnement, et les clients n'avaient qu'un seul objectif, lire les journaux mis à leur disposition, sans participer à une conversation ou à un échange d'opinions. Ces lecteurs avaient certes une activité commune dans un espace précis, sans toutefois appartenir à une « association » ou un club de lecteurs. On peut donc dire que la sociabilité du cabinet de lecture restait très limitée.

---

[4] Voir l'annonce de Quillau, *Année littéraire*, n° 5, 1776, p. 70-71.

Un réseau de sociabilité et d'information au siècle des Lumières : la chambre de lecture

Signalons une autre institution qui témoigna de l'engouement du public pour la lecture des journaux et qui contribua au développement de la lecture collective, ce fut l'association d'amateurs de périodiques. L'annonce placée dans les *Affiches de Lyon* du 26 septembre 1759 nous instruit sur la genèse de ce type d'organisation :

> Un particulier, amateur, désirerait être au courant de tout ce qui parait dans la République des lettres : les journaux peuvent plus que tout autre moyen le satisfaire, mais la dépense pour se les procurer allant à près de 300 livres, y compris les ports, il voudrait trouver 14 amateurs comme lui qui, avec la mise d'un louis d'or, se procureraient mutuellement la lecture de ces journaux.[5]

Suivait une liste de 19 périodiques, parmi lesquels le *Journal des savants*, le *Mercure de France*, l'*Année littéraire*, le *Journal de Trévoux*, et le *Journal de médecine*. Deux mois plus tard, il fut annoncé que le nombre des souscripteurs avait dépassé 15 et que deux sociétés avaient alors été formées, et le rédacteur des *Affiches de Lyon* de déclarer : « la route est ouverte, nous invitons les amateurs de belles-lettres à se réunir pour se procurer à peu de frais une lecture immense ».[6]

Ce réseau lyonnais de diffusion de la presse périodique ne semble pas avoir eu, à notre connaissance, un local de lecture particulier avec une adresse précise. Nous savons, grâce au travail de Louis Chatellier, nous savons qu'à Strasbourg, il y eut au milieu du siècle une société d'amateurs de journaux qui commença à se réunir dans l'appartement d'un notaire

---

[5] *Affiches de Lyon, annonces et avis divers*, no 39, 26 septembre 1759, p. 154.
[6] *Ibid.*, n° 50, 10 décembre 1759, p. 203.

de la ville, Thomas Laquiante.[7] Au départ, cette société qui avait 10 membres, unis par un commun amour des belles-lettres, prit un abonnement collectif à 10 périodiques, parmi lesquels les *Mémoires de Trévoux*, le *Journal des savants*, le *Mercure de France*, l'*Année littéraire* et le *Journal étranger*. Les membres faisaient circuler les journaux entre eux selon un ordre établi d'avance. Cette société de lecture devint peu à peu une société littéraire, une des premières d'Alsace. En 1758, elle avait une douzaine de membres, pour la plupart des juristes, des membres de la petite et moyenne bourgeoisie strasbourgeoise.

Ces associations d'amateurs que nous avons mentionnées ont peut-être inspiré la fondation des chambres de lecture sur tout le territoire, en particulier en Bretagne. Voici la définition de la chambre de lecture selon le *Dictionnaire d'Expilly* : « Ce sont de simples associations de citoyens qui, à frais communs cherchent à se procurer l'utile et l'agréable, et un délassement après leurs affaires. Pour cet effet, ils se rendent à leur commodité et quand bon leur semble, dans un appartement commode et décent, ouvert toute l'année depuis huit heures du matin jusqu'à huit heures du soir exclusivement ».[8] La chambre de lecture, appelée aussi chambre littéraire ou chambre de société, était essentiellement un espace de communication, un lieu de

---

[7] CHATELLIER (Louis), « En prélude aux Lumières : les activités d'une société de lecture de journaux à Strasbourg au milieu du XVIIIe siècle », dans *Modèles et moyens de la réflexion politique au XVIIIe siècle, Actes du colloque organisé par l'Université lilloise des Lettres, Sciences Humaines et Arts, du 16 au 19 octobre 1973*, Lille, Presses Universitaires de Lille, 1977, t. 1, pp. 287-308.

[8] EXPILLY (Jean-Joseph), « Sociétés de lecture », *Dictionnaire géographique, historique et politique des Gaules et de la France*, Paris, Desaint et Saillant, 1762-1776, t. 5, p. 40.

rencontre pour des personnes d'un même milieu qui cherchaient une détente dans la lecture des journaux, et dans la libre discussion. Dans la plupart des chambres, des règlements interdisaient les jeux de hasard, la boisson, la nourriture, le tabac, les animaux, et tout propos contraire à la décence, aux mœurs et à la religion. À la différence des cabinets de lecture qui étaient des entreprises commerciales, les chambres de lecture étaient des associations de personnes liées par des statuts, le plus souvent autorisées par les autorités locales, et leurs membres devaient d'abord payer un droit d'entrée, variant de 3 à 45 livres. Ils devaient aussi payer en plus un abonnement annuel de 24 livres, permettant à l'organisation d'acheter des périodiques, des ouvrages de référence, et de louer un local suffisamment spacieux pour accommoder jusqu'à une centaine de membres. En répondant aux besoins d'information et de culture, ainsi qu'au désir d'association et de divertissement, la chambre de lecture constitua une source de sociabilité et d'information qui attira les élites bourgeoises dans de nombreux centres urbains provinciaux dans la seconde moitié du XVIIIe siècle. Son succès sera dû, en partie, à sa forme d'organisation qui, comme Daniel Roche l'a signalé, était « plus spontanée que les sociétés académiques, et les sociétés royales d'agriculture, [...] qui participent du même registre de sociabilité, avec une orientation commune d'utilité sociale », alors que la chambre de lecture répondait « à des besoins anciens et aux aspirations nouvelles à discuter librement, et à mener une vie de relations plus intenses ».[9] Ce mode d'association privée qui permettait une lecture collective

---

[9] ROCHE (Daniel), *Le Siècle des Lumières en province : académies et académiciens provinciaux*, 1680-1789, Paris, Mouton, 1978, t. 1, p. 63.

des journaux, accompagnée d'une discussion informelle, était un compromis entre la société littéraire académique où l'on discutait beaucoup, et où l'on votait sur les objets d'intérêt public, et le cabinet de lecture qui était essentiellement un commerce.

À la fin de l'Ancien Régime, comme le rédacteur des *Affiches de Troyes* devait l'observer, « toutes les villes du royaume ont formé des sociétés de concitoyens de tous les rangs et de tous les ordres qui, dans un local consacré à la lecture des papiers publics, et à des conférences sur les sciences, les arts et la littérature, viennent s'instruire des événements du siècle, et en recueillir les lumières ».[10] Toutes les villes de quelque importance virent l'ouverture de ces institutions qui resteront souvent actives longtemps après la Révolution. Malheureusement, la documentation sur les chambres de lecture n'est pas très abondante dans la majorité des cas, même s'il nous a été possible d'en identifier environ une cinquantaine. Néanmoins, on peut dire que ces sociétés ont permis d'établir, d'une part, des réseaux de sociabilité qui favorisèrent une lecture collective des journaux, et d'autre part, des réseaux de connaissances qui contribuèrent à la diffusion des Lumières, et à la gestation de l'opinion publique en France.

Nous aimerions à présent porter notre attention sur quelques chambres de lecture représentatives, en mettant en valeur leurs formes, leurs fonctions, ainsi que leurs modes opératoires.

Lorsque l'agronome Arthur Young visita le pays nantais en 1788, il nota dans son journal de voyage : « Une institution répandue dans les villes commerçantes

---

[10] *Annonces, affiches et avis divers de la ville de Troyes*, 28 décembre 1775.

de France, mais particulièrement florissante à Nantes, c'est la chambre de lecture, ce que nous appellerions un "book-club", qui ne répartit pas les livres entre ses membres, mais en forme une bibliothèque ».[11] Le *book-club* dont parlait Young était la Chambre de lecture de la Fosse, fondée à Nantes en 1759, et qui est probablement la plus ancienne parmi les sociétés établies sous ce nom dans de nombreuses villes de province et aussi le modèle du genre. Comme on a déjà écrit sur les chambres de lecture nantaises, et débattu leur influence sur la Révolution,[12] nous porterons notre attention sur ces institutions en tant que structures de sociabilité organisées, fonctionnant sur la base d'un recrutement restrictif le plus souvent. Ainsi, le règlement de la Chambre de la Fosse stipulait que le nombre des associés serait fixé à 125, et que la cotisation annuelle serait de 24 livres. Le local de cette société se trouvait au premier étage de la Maison des Tourelles, au numéro 75 du Quai de la Fosse, où Henri IV aurait signé l'Édit de Nantes en 1598. Nous savons que le vaste appartement de la chambre de lecture occupait tout le premier étage de l'immeuble. Son fondateur était un armateur nantais, M. Bontant, qui voulait « procurer un agréable délassement aux hommes d'affaires, à leurs heures de loisir, en leur offrant dans

---

[11] YOUNG (Arthur), *Voyages en France en 1787, 1788, et 1789*, SÉE (H.) dir., Paris, Buisson, 1931, t. 1, p. 245-246.
[12] COCHIN (Augustin), *Les Sociétés de pensée et la Révolution en Bretagne*, 1788-1789, Paris, Champion, 1925, t. 1, *Histoire analytique ;* MARTIN (Gaston), « Les Chambres littéraires de Nantes, et la préparation de la Révolution », *Annales de Bretagne*, n° 37, 1925, pp. 347-365 ; MANCERON (Claude), « Les anciennes chambres de lecture, ancêtres des cercles nantais », *Bulletin de la Société archéologique de Nantes*, n° 94, 1955, pp. 118-137 ; DEVALLAN (Claude), *Les Sociétés de pensée depuis l'Ancien Régime en Bretagne*, Paris, Publibook, 2008.

un appartement confortable les plaisirs de la conversation et de la lecture ».[13] L'appartement comprenait trois pièces ouvertes aux membres : la salle de lecture où le silence était la règle, la chambre de conversation, et la chambre du milieu où la lecture des gazettes se faisait à haute voix, deux ou trois fois par semaine. Il y avait même un logement pour le concierge. La chambre de lecture était administrée par sept commissaires élus, et un trésorier, dont la tâche était « de faire venir toutes les gazettes, et tous les ouvrages périodiques qu'ils croiront les plus utiles et le plus convenables à la société, et à acheter de bons livres bien choisis, et de préférence, des in-folios et des in-quartos concernant le commerce, la marine, l'histoire, les arts, la littérature, etc. ».[14]

La Chambre de la Fosse fut non seulement un lieu de rencontre confortable, ouvert toute la journée, mais aussi un lieu de sociabilité intellectuelle où la libre confrontation des points de vue sur l'actualité avait cours sur un pied d'égalité, contrairement à la sociabilité aristocratique des salons parisiens de l'époque, comme l'a bien montré Antoine Lilti dans son étude *Le Monde des salons*.[15] La Chambre de la Fosse était composée de notables (négociants, dignitaires du clergé, membres de la Chambre des Comptes de Nantes) qui cherchaient un délassement après leurs occupations, qui avaient du plaisir à se retrouver ensemble, à lire les journaux, à s'entretenir des nouveautés, et à discuter les nouvelles du jour, sans surveillance de l'autorité et de manière spontanée. Cette formule de sociabilité informelle eut

---

[13] Cité par MANCERON (Claude), *op. cit.*, p. 120.
[14] Cité par MARTIN (Gaston), *op. cit.*, p. 350.
[15] LILTI (Antoine), *Le Monde des salons. Sociabilité et mondanité à Paris au XVIIIe siècle*, Paris, Fayard, 2005.

beaucoup de succès à Nantes, tant et si bien que la Chambre de la Fosse atteignit rapidement le nombre d'associés maximum que ses statuts avaient fixé (125), et que son vaste local devint en conséquence trop exigu. Selon le *Dictionnaire d'Expilly*, il fallait même postuler jusqu'à un an d'avance pour une place vacante, car « il était impossible de satisfaire l'empressement du public pour appartenir à cette chambre de lecture ».[16] Signalons que pour satisfaire à la demande, une filiale fut ouverte dans le voisinage du Quai de la Fosse en 1771, sous le nom de Chambre du Soleil.

Avant 1789, la ville de Nantes comptait neuf chambres de lecture, parmi lesquelles la Chambre littéraire de la ville de Nantes, connue aujourd'hui sous le nom de Cercle Louis XVI.[17] Cette forme d'association répondait de manière remarquable au vœu exprimé par Greslan, l'auteur de l'article « Nantes » du *Dictionnaire d'Expilly* : « Il serait à souhaiter, disait-il, qu'il y eût de pareils établissements dans toutes les villes considérables du royaume, surtout celles du commerce. Cela y introduirait un ton d'urbanité et de connaissances avantageux à tous égards ».[18] En fait, son souhait se réalisa de manière spectaculaire. En Bretagne seule, on assista à une véritable « explosion » de chambres de lecture après celles de Nantes : une à Rennes, à Dinan, à Saint-Malo, à Morlaix, à Lorient, à Landerneau, à Lesneven, à Pornic, trois à Quimper, et deux à Saint-Brieuc. Au total, nous avons pu en identifier une

---

[16] EXPILLY (Jean-Joseph), *op. cit.*, t. 5, p. 41.
[17] Voir « Le Cercle Louis XVI, dernier carré des particules », *L'Express*, 14 novembre 2002.
[18] GRESLAN, « Nantes », dans EXPILLY (Jean-Joseph), *op. cit.*, t. 5, p. 41.

cinquantaine environ sur tout le territoire,[19] mais nous avons peu de renseignements à leur sujet, sauf pour quelques-unes d'entre elles.

Dix ans après Nantes, il faut signaler l'ouverture d'une chambre de lecture à Boulogne-sur-Mer en 1768, grâce à l'initiative d'un citoyen voulant procurer à peu de frais la satisfaction d'avoir des nouvelles sur tous les événements de l'Europe, et même de toutes les parties du monde. Étant donné la situation géographique de Boulogne, ce citoyen avait l'intention de créer une structure de sociabilité « européenne », en offrant la lecture des gazettes et des papiers publics français, anglais et hollandais. C'est la seule dans son genre au siècle des Lumières. On s'y abonnait pour trois livres par mois, mais il n'y avait pas de droit d'entrée à payer. Malheureusement, il nous a été impossible de trouver la moindre trace de cette chambre de lecture « européenne ».

À Bayeux, en 1770, quelques personnes se réunirent pour former ce qu'elles appelèrent une Chambre de société, « pour trouver un honnête délassement soit dans la douceur de la conversation, soit dans la lecture des nouvelles politiques et littéraires, soit enfin dans la récréation des jeux de société, resserrés dans de justes bornes ».[20] Cette Chambre de société ne dura pas longtemps.

---

[19] BENHAMOU (Paul), « Inventaire des instruments de lecture publique des gazettes », dans RÉTAT (P.), *Les Gazettes européennes de langue française*, Saint-Étienne, Publications de l'Université de Saint-Étienne, 1992, pp. 121-129.

[20] Cité par LUTHEREAU (M.), « Notice historique sur les sociétés scientifiques et littéraires qui ont été fondées à Bayeux dans les XVIIIe, et XIXe siècles », *Mémoires de la Société d'agriculture, sciences, arts et belles-lettres de Bayeux*, Bayeux, Groult, 1842, t. 1, p. 219.

*Un réseau de sociabilité et d'information au siècle des Lumières :
la chambre de lecture*

À Colmar, nous avons trouvé deux réseaux de sociabilité et de culture qui ont laissé des traces : la Société littéraire de Colmar, fondée en 1760 par le poète Pfeffel, et la Tabagie littéraire, ouverte en 1785. La Société littéraire de Colmar (1760-1820) était composée exclusivement de protestants, pasteurs pour la plupart, qui se réunissaient pour discuter les idées nouvelles, et pour échanger leurs points de vue sur la production littéraire de l'époque. Les sociétaires s'intéressaient non seulement à la théologie, mais aussi à la littérature française et allemande, à l'histoire, et à la philosophie. Cette organisation devait ouvrir ses portes aux membres de la bourgeoisie (négociants, médecins, pharmaciens), et elle continua à fonctionner après la Révolution jusqu'en 1820.

L'autre institution colmarienne au nom si évocateur de Tabagie littéraire, fut créée en 1785, aussi à l'instigation de Pfeffel. Ici, les protestants frayaient avec les catholiques. Ils voulaient s'adonner aux plaisirs de la lecture, de la conversation, et des débats philosophiques, et bien sûr au plaisir de fumer. La Tabagie littéraire fut un espace de sociabilité privilégié qui « permit la rencontre des élites intellectuelles et des élites industrielles par-delà les clivages confessionnels ».[21] Elle sera dissoute en 1793.

En 1783, ce fut le tour de Saint-Gilles-sur-Vie, dans le Bas-Poitou, d'ouvrir sa chambre de lecture, atteinte de la même fièvre de lire les nouvelles et de converser dans ce nouveau climat de sociabilité et de culture. Ses fondateurs, une vingtaine environ, étaient des bourgeois, des membres du clergé, de la noblesse, et des officiers. Ils suivirent le modèle de Nantes, et ils

---

[21] BRAEUNER (Gabriel), LICHTLE (Francis), *Dictionnaire historique de Colmar*, Colmar, ARHEC, 2006, p. 255.

commencèrent par la rédaction des statuts de la chambre. Les fondateurs de la chambre de lecture notifièrent les autorités de Saint-Gilles dans une lettre qui mettait bien en valeur les deux caractéristiques fondamentales de cette institution : réseau de sociabilité et réseau de communication. « Les nouvelles publiques et périodiques devenues de plus en plus intéressantes par les circonstances, ont déterminé les gens éclairés à former le dessein de faire venir ces nouvelles en commun, et de désigner à cet effet un lieu de dépôt pour les recevoir, et les voir en société sans se déplacer ». Ils insistaient sur le ton de politesse qui devait régner dans les conversations, et ils recommandaient à tous les futurs membres de « ne rien se permettre dans les conversations et la conduite, contraire à la décence, aux mœurs, et à la religion ». La cotisation annuelle était fixée à 18 livres, et le droit d'entrée à 10. Certains jeux de cartes comme le piquet et le brisque étaient permis. Parmi les périodiques disponibles, on y trouvait la *Gazette de France*, le *Mercure*, le *Journal de Paris* et, bien sûr, les *Affiches du Poitou*. Dans le discours d'ouverture de la chambre, prononcé par un des fondateurs, Benoît de la Grandière, la sociabilité coulait à grands flots : « C'est ce sentiment inné, c'est cet instinct de bienveillance, c'est ce besoin d'aimer qui, vous rendant industrieux dans la recherche d'un objet qui en soit digne, vous a fait concevoir le projet de nous rassembler tous pour trouver dans vos concitoyens cet ami que vous désirez ». La chambre de lecture représentait, pour lui, un espace idéal dans lequel les sociétaires pourraient « s'instruire réciproquement sans obstination, offrir sans orgueil dans sa propre conduite des leçons et des modèles, voir en nous nos propres défauts pour les corriger sans indulgence, nos talents pour les communiquer sans prétention [...] ». La chambre de lecture était devenue, à ses yeux, « un nouveau temple de l'amitié ».[22]

Passons finalement à Niort (Poitou), où le libraire-imprimeur Pierre Elies fonda une Société de lecture en 1775. Cette association représentait une forme de sociabilité plus « ouverte » que celles des chambres nantaises, moins aristocratique, et surtout moins formelle. Ici, pas de statuts imprimés, pas de concierge, pas de droit d'entrée. On n'était pas loin du cabinet de lecture. Voici, en effet, comment son fondateur en annonça l'ouverture dans le journal local :

> Je m'empresse de vous faire part que nous venons de nous réunir 25 à 30 amis pour former une Chambre de Lecture. Un libraire nous donnera un appartement éclairé et chauffé, et nous fournira tous les papiers publics, et ouvrages périodiques, moyennant une rétribution d'un louis ou dix écus par tête. Les souscripteurs seuls auront le droit d'y entrer, et pourront cependant y introduire les étrangers de leur connaissance qui feront quelque séjour dans cette ville.[23]

Pierre Elies justifiait son initiative en invoquant la popularité de cette institution en France :

> Je sais qu'il y a de pareilles chambres dans plusieurs villes, même de notre province, [...] le gouvernement permet ces assemblées [...]. Nous formons cet établissement surtout à cause des soirées d'hiver longues, et ennuyeuses pour ceux qui n'aiment pas le jeu, car pour que notre société soit toujours paisible, nous le bannirons de notre chambre. Nous ne voulons nous assembler que pour faire des lectures honnêtes, nous entretenir, et nous instruire

---

[22] Cité par BOURLOTON (Edgar), « Une page d'histoire vendéenne : La Chambre de lecture de Saint-Gilles-sur-Vie (1783) », *Revue du Bas-Poitou*, n° 18, 1904, p. 18, 20, 22.
[23] *Affiches du Poitou*, 28 décembre 1775.

mutuellement. Chacun de nous occupé le jour ira le soir se délasser à la chambre pendant quelques heures, reverra ses amis, ses confrères, ses voisins. Indépendamment des instructions que l'on trouve dans cette réunion sur les objets de lecture dont on peut s'occuper, comme il y a des citoyens de tous les états, on peut aussi y trouver des lumières et des conseils sur les objets de sa profession. Tous nos intérêts sont purs, honnêtes et convenables à l'intérêt commun.[24]

L'idéalisme de ce libraire-imprimeur niortais se manifestait sans réserve dans son annonce d'ouverture d'une chambre de lecture. La lecture collective des périodiques, et la discussion dans un espace de sociabilité intime et confortable restait le but avoué de Pierre Elies, et il était convaincu qu'un tel programme ne pouvait manquer d'attirer tous les Niortais « curieux de s'instruire ».

Récapitulons. La chambre de lecture a représenté au XVIIIe siècle une structure de sociabilité bourgeoise et citadine qui a favorisé la diffusion de l'information à travers la lecture et la discussion des périodiques, en même temps que le désir de s'associer avec des concitoyens de son choix, dans un espace privé. Hâtons-nous d'ajouter cependant qu'elle n'a pas été, avant 1789, une institution populaire, « ouverte à tout le monde » ou encore « aux citoyens de tous les états », comme le fut le cabinet littéraire. Aucun membre de la classe ouvrière n'en faisait partie, et les femmes n'étaient point admises. « Rien ne ressemble moins à une société populaire que les chambres littéraires de 1760 », a écrit, avec raison, Gaston Martin.[25] La plupart des membres de ces cercles étaient le plus souvent des

---

[24] *Idem.*
[25] MARTIN (Gaston), *op. cit.*, p. 349.

représentants du clergé, de la noblesse, de la haute bourgeoisie, c'est-à-dire des citoyens qui avaient les moyens d'appartenir à un club privé, de payer une cotisation non négligeable (24 livres à la Chambre de la Fosse de Nantes, 20 livres à la Chambre de Niort, 18 livres à Saint-Gilles-sur-Vie, avec, en plus, un droit d'entrée qui s'élevait de 3 à 18 livres), et qui avaient aussi du plaisir à s'informer et à discuter. Comme les loges maçonniques et les sociétés savantes, les chambres de lecture ont permis, à leur manière, « la diffusion des Lumières, et l'intégration des lecteurs provinciaux dans un commun univers de sociabilité et de culture ».[26] Comme nous l'avons signalé, elles furent le plus souvent soumises à des statuts qui réglaient leur fonctionnement : les heures d'ouverture (à la Chambre littéraire de la ville à Nantes, depuis « huit heures du matin en été, et depuis neuf heures en hiver, jusqu'à huit heures du soir »), le coût de la cotisation annuelle (18 à 36 livres), le droit d'entrée (3 à 48 livres), le nombre des associés (30 à 125).

Ajoutons que la sociabilité de la chambre de lecture était toujours fondée sur le respect des convenances sociales de l'époque, et sur le ton de politesse qui devait régner dans les conversations, ce que les statuts ne manquaient jamais de rappeler à tous les membres. Ainsi, à la Société littéraire de la rue Jean-Jacques Rousseau, fondée le 15 juin 1788 à Nantes, « On ne recevra aucun associé qu'il ne soit âgé d'au moins 25 ans » et encore, « On ne fumera dans aucun des appartements de la société, et on ne pourra y amener des chiens ».[27] Le règlement du Cercle littéraire de Castres stipulait que « l'ordre et la décence, les égards,

---

[26] ROCHE (Daniel), *op. cit.*, t. 1, p. 280.
[27] Cité par MANCERON (Claude), *op. cit.* p. 129.

devaient avoir lieu dans ce cercle ».[28] Et, celui de la Chambre de lecture de Saint-Antonin (Tarn-et-Garonne) interdisait formellement « tous propos indécents, soit contre la religion, soit contre les bonnes mœurs »,[29] menaçant d'exclusion quiconque enfreindrait cette défense. Et, par-dessus tout, comme le règlement de la Chambre littéraire de la ville de Nantes le rappelait à ses membres, un grand silence devait être observé dans la salle de lecture. L'interdiction des jeux de hasard était aussi souvent mentionnée (certaines chambres les autorisaient comme nous l'avons vu), de même que l'interdiction de la boisson, de la nourriture, et du tabac, sauf à la Tabagie littéraire de Colmar, bien sûr !

Après la Révolution, cette sociabilité réglementée qui avait caractérisé la chambre de lecture à ses débuts devint de moins en moins respectueuse des convenances. À en croire le trésorier de la Chambre de lecture de Saint-Gilles-sur-Vie, qui fut rouverte en 1802 après quelques années de fermeture pendant la Révolution, les nouveaux membres ne prenaient plus à cœur les principes de sociabilité que les fondateurs avaient établis à sa création. À présent, disait-il, « il faudrait que tous les propos et les jurements les plus grossiers en soient bannis, pour y faire succéder les expressions les plus honnêtes et les plus décentes », laissant entendre que la chambre de lecture n'était plus ce qu'elle avait été à ses débuts, c'est-à-dire « une école de bonnes mœurs », et que le ton de politesse n'était

---

[28] Cité par DUPÉRON (Pierre), « Étude sur la Société populaire de Castres d'après les procès-verbaux de ses séances 1 avril 1782 – 14 vendémiaire an III », Albi, Nouguiès, 1900, p. 4.
[29] Cité par DONAT (Jean), « Une Société politique et littéraire », *Bulletin archéologique, historique, et artistique de la Société archéologique de Tarn-et-Garonne*, n° 38, 1910, p. 275.

plus respecté dans les conversations. Il se plaignait aussi de l'introduction des chiens dans la chambre, qui était, d'après lui, « non seulement très gênante, mais encore très puante », et il constatait qu'il y avait à présent des membres qui, comble d'insociabilité, fumaient la pipe, se plaignant « que cela laisse une odeur dans la dite chambre qui incommode ceux qui en sont susceptibles ».[30]

Il apparaît que la Révolution avait transformé la chambre de lecture aristocratique et bourgeoise en société démocratique et populaire. Mais, en dépit de ces changements, la chambre de lecture n'en demeura pas moins un vecteur important de la sociabilité urbaine et de l'épanouissement des Lumières en France à la fin de l'Ancien Régime.

---

[30] BOURLOTON (Edgar), *op. cit.*, p. 25.

Bibliographie sélective

« Le Cercle Louis XVI, dernier carré des particules », *L'Express*, 14 novembre 2002.

Affiches de Lyon, annonces et avis divers, n° 39, 26 septembre 1759.

Affiches de Poitou, 28 décembre 1775.

Année littéraire, n° 5, 1776.

Annonces, affiches et avis divers de la ville de Troyes, 28 décembre 1775.

Benhamou (Paul), « Inventaire des instruments de lecture publique des gazettes », dans Rétat (P.), *Les Gazettes européennes de langue française*, Saint-Étienne, Publications de l'Université de Saint-Étienne, 1992.

BnF, ms fr. 22042, fol. 173.

Bourloton (Edgar), « Une page d'histoire vendéenne : la Chambre de lecture de Saint-Gilles-sur-Vie », *Revue du Bas-Poitou*, n° 18, 1904.

Braeuner (Gabriel) et Lichtle (Francis), *Dictionnaire historique de Colmar*, Colmar, ARHEC, 2006.

Chatellier (Louis), « En prélude aux Lumières : les activités d'une société de lecture de journaux à Strasbourg au milieu du XVIIIe siècle », dans *Modèles et moyens de la réflexion politique au XVIIIe siècle, Actes du colloque organisé par l'Université lilloise des Lettres, Sciences Humaines et Arts, du 16 au 19 octobre 1973*, Lille, Presses Universitaires de Lille, 1977, t. 1.

Cochin (Augustin), *Les Sociétés de pensée et la Révolution en Bretagne, 1788-1789*, Paris, Champion, 1925, t. 1, *Histoire analytique*.

Devallan (Claude), *Les Sociétés de pensée depuis l'Ancien Régime en Bretagne*, Paris, Publibook, 2008.

*Un réseau de sociabilité et d'information au siècle des Lumières :
la chambre de lecture*

Donat (Jean), « Une Société politique et littéraire », *Bulletin archéologique, historique, et artistique de la Société archéologique de Tarn-et-Garonne*, n° 38, 1910.

Duperon (Pierre), « Étude sur la Société populaire de Castres d'après les procès-verbaux de ses séances 1 avril 1782 – 14 vendémiaire an III », Albi, Nouguiès, 1900.

Expilly (Jean-Joseph), « Sociétés de lecture », *Dictionnaire géographique, historique et politique des Gaules et de la France*, Paris, Desaint et Saillant, 1762-1776, t. 5.

Greslan, « Nantes », dans Expilly (Jean-Joseph), *Dictionnaire géographique, historique et politique des Gaules et de la France*, Paris, Desaint et Saillant, 1762-1776, t. 5.

Lettres sur quelques écrits de ce temps, n° 10, 1753.

Lilti (Antoine), *Le Monde des salons. Sociabilité et mondanité à Paris au XVIIIe siècle*, Paris, Fayard, 2005.

Luthereau (M.), « Notice historique sur les sociétés scientifiques et littéraires qui ont été fondées à Bayeux dans les XVIIIe et XIXe siècles », *Mémoires de la Société d'agriculture, sciences, arts et belles-lettres de Bayeux*, Bayeux, Groult, 1842, t. 1.

Manceron (Claude), « Les anciennes chambres de lecture, ancêtres des cercles nantais », *Bulletin de la Société archéologique de Nantes*, n° 94, 1955.

Martin (Gaston), « Les Chambres littéraires de Nantes, et la préparation de la Révolution », *Annales de Bretagne*, n° 37, 1925.

Roche (Daniel), *Le Siècle des Lumières en province : académies et académiciens provinciaux, 1680-1789*, Paris, Mouton, 1978, t. 1.

Sgard (Jean), *Dictionnaire des journaux*, Paris, Universitas, 1991, t. 1.

Young (Arthur), *Voyages en France en 1787, 1788, et 1789*, See (H.) dir., Paris, Buisson, 1931, t. 1.

LA SOCIABILITÉ DANS LES CERCLES HUGUENOTS D'ANGLETERRE AU XVIIIe SIÈCLE

Emmanuelle CHAZE
Bayreuth Universität, Allemagne

> En ce pays étrange d'où cependant, je pense incessamment à ma famille de France, laquelle je prie Dieu de bénir comme celle-ci, qui, plus heureuse en ce qu'elle sert Dieu en pleine liberté, joint ses vœux aux miens pour la délivrance et notre réunion !
>
> *Mémoires du Maréchal de Schomberg*,
> 3 avril 1693.

Lors de la révocation de l'Édit de Nantes en 1685, les Huguenots fuient les persécutions toujours plus nombreuses dont ils sont victimes en France. Les « dragonnades » les forçant à la misère, la mort ou la conversion, les poussent à entrer dans la clandestinité et, pour des milliers d'entre eux, à quitter le pays en vagues d'immigration successives, notamment vers l'Angleterre et sa colonie irlandaise. Ces réfugiés rejoignent dans le monde entier des communautés de protestants les accueillant en fonction du bon vouloir de leurs souverains. En Angleterre, Jacques II[1] tout

---

[1] *James the Second, by the grace of God : we being informed, that great numbers of French Protestants have lately taken refuge in this, and our other*

comme Guillaume d'Orange² leur permettent de s'installer dans le pays. Dans le royaume de Prusse, ils sont également accueillis comme une main-d'œuvre providentielle pour développer l'économie, tandis que dans les États d'Orange, ils forment une communauté marchande, ainsi qu'une communauté de lettrés qui contribuera à l'essor de la République des Lettres. Une fois établis à l'étranger, ils se regroupent en une communauté distincte, celle des réfugiés, et mettent en place des instances internes telles que les Églises réformées françaises, l'Hôpital français de La Providence à Londres, fondé en 1718,³ et les consistoires, chargés en principe de veiller au respect des bonnes mœurs et de superviser les pratiques religieuses des protestants. Ils s'établissent dans des quartiers distincts : à Londres, où on les retrouve à Spitalfields et à Greenwich, et dans des villes ayant explicitement fait état de leur besoin de main-d'œuvre auprès du roi et acceptant de recevoir des artisans et commerçants étrangers, comme Norwich, Rye, ou encore Southampton. Les communautés françaises et leurs infrastructures, en Angleterre comme dans les autres pays d'accueil (royaume de Prusse, Provinces-

---

kingdoms we have condescended to grant them these our letters patents… to license and authorize them to ask and receive the alms and charitable contributions of all our loving subjects, Proclaimed on Jan. 31, 1687/8, London, 1688.

² *By the King and Queen [William and Mary]. A Declaration for the encouraging of French Protestants to transport themselves into this kingdom*, London, 1689 et *William the Third, by the grace of God King of England, Scotland, France and Ireland, defender of the faith : to all and singular archbishops, bishops, archdeacons, deans, and their officials, parsons, vicars, curates, and all other spiritual persons*, London, 1699.

³ http://www.frenchhospital.org.uk/

Unies), forment ce qui est aujourd'hui connu sous le nom de Refuge.

Pour rendre compte de la vie quotidienne dans les lieux du Refuge, des éditions de mémoires rédigés par les réfugiés eux-mêmes ont été publiées et largement diffusées, les plus connues étant celles du vétéran de l'armée williamite Isaac Dumont de Bostaquet et du pasteur Jacques Fontaine. Des essais sur le Refuge ont foisonné, notamment après le tricentenaire de la révocation de l'Édit de Nantes en 1685. Parmi les ouvrages notoires, ceux de Ruth Whelan,[4] spécialiste du Refuge irlandais, Bernard Cottret[5] sur le Refuge anglais, Robin D. Gwynn,[6] Raymond Mentzer[7] et Raymond

---

[4] Voir notamment WHELAN (Ruth) et BAXTER (Carolyn) eds., *Toleration and Religious Identity*, Dublin, Four Courts Press, 2003, ainsi que WHELAN (Ruth), « L'Irlande religieuse à l'époque de l'Édit de Nantes, ou le refus ambigu de la diversité », DELUMEAU (Jean) dir., *L'Acceptation de l'autre, de l'Édit de Nantes à nos jours*, Paris, Fayard, 2000, pp. 108-126 et WHELAN (Ruth), « Liberté de culte, liberté de conscience ? Les Huguenots en Irlande 1662–1702 », dans HÄSELER (Jens) et MC KENNA (Anthony) dir., *La Vie intellectuelle aux Refuges huguenots*, Paris, Honoré Champion, 1999, pp. 69-83.
[5] Voir COTTRET (Bernard) et FONTAINE (Jacques), *Persécutés pour leur foi : mémoires d'une famille huguenote, et suivis de Jacques Fontaine ou la providence dans le texte*, Paris, Éditions de Paris, 2003, et COTTRET (Bernard) et LE ROY LADURIE (Emmanuel), *Terre d'exil : l'Angleterre et ses réfugiés français et wallons de la Réforme à la Révocation de l'Édit de Nantes, 1500-1700*, Paris, Aubier, 1985.
[6] GWYNN (Robin), *Huguenot Heritage : the History and Contribution of the Huguenots in Britain*, Brighton, 2001.
[7] MENTZER (Raymond A.), *Blood and Belief : Family Survival and Confessional Identities among the Provincial Huguenot Nobility*, West Lafayette, Purdue University Press, 1994, et MENTZER (Raymond A.) et SPICER (Andrew) eds., *Society and Culture in the Huguenot World, 1559-1685*, Cambridge, Cambridge University Press, 2002.

Hylton[8] aux États-Unis, qui ont chacun dans leurs études respectives mis en lumière certains aspects de la communauté huguenote au Refuge. Plus récemment, les ouvrages de Matthew Glozier et de Charles-Édouard Levillain mettent en évidence le rôle militaire joué par les Huguenots ayant rejoint l'armée de Guillaume d'Orange et contribué à son installation sur le trône d'Angleterre.[9]

L'historiographie huguenote a déjà abordé les thèmes de l'influence des réfugiés français sur l'économie de leurs pays d'accueil, de leurs pratiques religieuses, et de leur influence dans la République des Lettres. Cependant, leur intégration sociale dans leur

---

[8] HYLTON (Raymond), *Ireland Huguenots and their Refuge, 1662-1745 : An Unlikely Haven*, Brighton, Sussex Academic Press, 2004.

[9] Plusieurs ouvrages font référence à l'engagement militaire des Huguenots : voir notamment GLOZIER (Matthew) et ONNEKINK (David) eds., *Huguenot Soldiering, 1685-1713 – Politics and Culture in North-Western Europe 1650-1720*, Aldershot, Ashgate, 2007, et GLOZIER (Matthew), *The Huguenot Soldiers of William of Orange and the Glorious Revolution of 1688 : The Lions of Judah*, Brighton, Sussex Academic Press, 2002. Sur l'accueil des soldats huguenots au Refuge, voir l'article de Matthew Glozier, « William of Orange and the reception of Huguenot Soldiers in the Netherlands and Great Britain 1685–1688 », *Arbeitskreis Militär und Gesellschaft in der Frühen Neuzeit e.V.*, 9(2) (2005), pp. 133-45. Une biographie du maréchal Schomberg, du même auteur, a été publiée en 2005 sous le titre de *Marshal Schomberg, 1615-1690 : « the ablest soldier of his age » : International Soldiering and the Formation of State Armies in Seventeenth-Century Europe*, Brighton, Portland, Sussex Academic Press, 2005. Enfin, sur le contexte politique européen de la seconde moitié du XVIIe siècle, voir LEVILLAIN (Charles-Édouard), *Vaincre Louis XIV : Angleterre-Hollande-France, Histoire d'une relation triangulaire, 1665-1688*, Seyssel, Champ Vallon, 2010.

terre d'accueil reste mal connue.[10] À travers l'étude de correspondances inédites, on tentera de déterminer quelles sont les interactions des Huguenots avec les habitants des Refuges des Îles Britanniques.

Les réseaux huguenots en Europe font actuellement l'objet d'études initiées par plusieurs groupes de recherches. En France, la base de données du Refuge huguenot,[11] tout comme des initiatives locales comme celle des Archives de la ville de Lausanne, qui ont procédé à la mise en ligne des Actes du Consistoire protestant sur toute la durée du XVIIIe siècle,[12] sont des outils essentiels pour le chercheur. En Angleterre, la base de données *Electronic Enlightenment*[13] envisage la mise en ligne d'un projet temporairement nommé *Huguenot Correspondences*, qui rassemblerait des correspondances privées inédites, qui gagneraient à être exploitées par les chercheurs intéressés tant par l'histoire sociale, que religieuse et culturelle. Enfin, des projets transnationaux permettent la mise en commun des travaux en cours, comme celui lancé par la German-Israeli Foundation et mené par les professeurs Myriam Yardeni (Université de Haifa) et Susanne Lachenicht (Université de Bayreuth), sur la diaspora huguenote, et les correspondances pastorales en particulier.[14]

---

[10] Voir GREENGRASS (Mark), « Protestant Exiles and their Assimilation in Early-Modern Europe », *Immigrants and Minorities* 4.3 (1985), pp. 68-81.
[11] Voir http://www.refuge-huguenot.fr
[12] Voir http://www1.lausanne.ch/ville-culturelle/histoire-et-patrimoine/archives-communales/open-archives/registre-consistoire.html
[13] Voir http://www.e-enlightenment.com
[14] Voir http://www.fruehe-neuzeit.uni-bayreuth.de/de/research/Projekte/GIF/index.html ; ainsi que LACHENICHT (Susanne),

L'utilisation de ces outils de recherche permet d'examiner les liens entretenus par les réfugiés dans leur cercle de sociabilité premier : celui de la famille, qu'il s'agisse de liens avec les proches en France, dans le pays d'accueil ou exilés dans un autre pays du Refuge. Ces liens tissent un réseau social nouveau, celui des Réfugiés. Ce réseau permet à des gens confrontés à la même situation d'exil d'entrer en contact, et de se rencontrer, et de s'entraider, aussi bien dans une optique personnelle que professionnelle. L'analyse de cette forme de sociabilité permet également de comprendre l'évolution des rapports au sein d'un groupe d'individus dont les repères ont été redéfinis.

Dans un contexte de déracinement, d'incertitude et de bouleversement, tant social et culturel que géographique, il convient d'examiner la forme de sociabilité intra-communautaire qui caractérise les relations entre Huguenots du Refuge. Acteurs d'une communauté entièrement recréée, ils doivent redéfinir leurs rapports les uns par rapport aux autres.

Lors de l'arrivée au Refuge, les premiers liens qui se tissent le sont au sein même de la communauté huguenote. Les réseaux de sociabilité intracommunautaire sont de nature diverse : aux réseaux professionnels et religieux s'ajoutent naturellement les réseaux familiaux, qui constituent le premier cercle de sociabilité au sein de la communauté. Dans le cadre de cette étude, ces réseaux familiaux s'observent principalement dans les années qui suivent la Révocation de l'Édit de Nantes. Mais l'installation des huguenots au Refuge anglais est bien antérieure, et dès

---

Hugenotten in Europa und Nordamerika. Migration und Integration in der Frühen Neuzeit, Frankfurt am Main, Campus Verlag, 2010.

les premières guerres de religion, au XVIe siècle, certains quittent la France pour aller s'installer dans les pays frontaliers.[15] La fuite hors de France, qui a déjà fait l'objet d'études, ne sera pas examinée ici, cependant elle ne peut s'effectuer que grâce aux réseaux de sociabilité qui sont ceux de l'entraide mise en place par des protestants des deux côtés de la Manche, ainsi qu'en Hollande.

Dans l'intimité des correspondances familiales, les heurts avec la population locale inhérents à l'installation au Refuge ne sont pas mentionnés. Cependant des différends opposent fréquemment locaux et nouveaux arrivants à Londres. On manque toutefois encore d'informations sur les conditions de cohabitation pour les autres villes du Refuge, dont Southampton, Plymouth, Norwich, Bath, Bristol, Dublin et Cork pour n'en citer que quelques-unes. Cependant, les autorités de la ville d'Ipswich envoient des missives à Londres en expliquant avoir besoin de tailleurs, de spécialistes, et en soulignant que la ville est prête à prendre en charge un certain nombre de réfugiés, attendu en retour qu'ils exercent leur métier au profit de la population locale. Une telle démarche montre qu'en théorie, la cohabitation est non seulement possible, mais aussi économiquement bienvenue et nécessaire dans certains cas. Pour savoir ce qu'il en est à une échelle plus individuelle, il faut se pencher sur des documents privés. Des informations précieuses sur les lieux de sociabilité sont collectées lors de l'étude des libellés postaux, grâce auxquels on observe que les lettres sont

---

[15] VIGNE (Randolpf) et LITTLETON (Charles) eds., *From Strangers to Citizens. The Integration of Immigrant Communities in Britain, Ireland and Colonial America, 1550-1750*, Brighton, Sussex Academic Press, 2001, p. 17.

adressées à des *coffee houses* fréquentées par les réfugiés, dans le cas de la famille Caillouel notamment. Ainsi, la correspondance envoyée par Abraham Caillouel à son frère Jacob au cours de l'année 1721 porte plusieurs fois la mention suivante : « Mr Jacob Caillouel, to be left at the New England Coffee House, behind the Royal Exchange, London ».[16] De même, le courrier peut être envoyé directement à un proche de la famille. Le cas échéant, on remarque que ceux-ci appartiennent aussi bien à la communauté réfugiée qu'à la communauté anglaise. Ainsi, en 1690, après l'installation en Angleterre, Isaac Caillouel reçoit des lettres de son neveu François Le Sauvage, de Rouen, libellées : « Monsieur Isaac Caillouel, ches un vitrier françois Rue des Coique [également orthographié 'Quoique' dans une autre missive] À Londres ».[17] Abraham Caillouel adresse également d'autres missives à son frère chez le beau-père de ce dernier, le docteur Cutler : « for Mr Jacob Caillouel att Doctor Cuttlers att Dover, Kent ».[18]

L'analyse des deux derniers exemples permet également de voir l'adaptation linguistique, non seulement de la part des réfugiés destinataires des lettres, mais aussi de celle des expéditeurs restés en France. Ces libellés témoignent aussi de l'intégration dans la communauté anglaise par le mariage de certaines familles huguenotes au sein de la population locale et ce, dans les correspondances étudiées, dès les premières années du XVIIIe siècle. Le cercle huguenot n'est donc pas réservé aux seuls Français réfugiés. La lecture de la

---

[16] *Lettres d'Abraham Caillouel à son frère Jacob*, Caillouel Family papers, Fonds D/RAC/2, Dorset History Centre.
[17] Lettres de François Le Sauvage à Isaac Caillouel, 1690 ; F Ca 18, Huguenot Archive.
[18] Lettres d'Abraham Caillouel…, *op. cit.*

correspondance échangée vers 1727 entre Abigail (née Cutler) et son mari Jacob Caillouel en témoigne. Abigail Caillouel donne des nouvelles de leurs amis à son mari parti à Bristol pour affaires :

> My Dearest Life,
> […] I have had two letters from New England one from M^r: Stewart & one frome her. his is in answer to t^e: Game of Quodril which I find he dont understand, you ought to have sent a key to it for he thinks there is realy such vile People in t^e: World
> I have not seen Mr Kellsal nor Lambert yet, & I wrote you word in my former t^t Mr Hooper had sent about oxford & I was to send my Resolution by Mr Wells to Clapham who was to meet <him> at a Race there, but <he> did not see him so sent him word t^t I had wrote to you & should be Glad to have y^r ans[wer][19]

Les personnes citées ici portent toutes des patronymes anglais, reflétant ainsi une sociabilité anglophone loin de l'idée du cercle huguenot solidaire et exclusif. La mention du jeu de quadrille pratiqué avec le couple Stewart indique que le couple Caillouel est bien intégré dans son voisinage anglophone, cité à plusieurs reprises dans les échanges épistolaires conjugaux. La langue même utilisée fait état de la maîtrise de l'anglais par le destinataire, qui s'adresse également à sa femme dans sa langue d'adoption, dans une lettre non datée, rédigée dans les années 1720 :

> Fryday Night
>
> My Dearest,
>
> I cannot omit writing for t^t is t^e least I can do since I must be obliged to be absent from You 'till next week, but as it is

---

[19] Lettres d'Abigail Caillouel à Jacob Caillouel, non datées, vers 1727, Caillouel Family papers, D/RAC, Dorset History Centre.

upon so friendly an tho' melancholy occasion, I beleive y^r prudence & good sence will make you less & think my time will spent in Conforting the afflicted, wch nothing but much t^e like affair could keep me in town so long from her I Love.[20]

Outre les interactions sociales avec la communauté anglophone, d'autres familles se rapprochent d'étrangers également installés en Angleterre, comme la famille Teulon. Dans le cadre d'un article à paraître prochainement sur cette famille originaire des Cévennes, j'avance que :

> As far as the Teulon family is concerned, the integration process begins at an early stage, both sociologically and religiously, after its members settled in the Refuge. Although Anthony Teulon Sr. married a French woman, Anne Desfaux, who also fled from the Cévennes, his children were already interacting with the local population, as three out of the five of them married amongst the local population, the exception being Marie-Anne, the eldest daughter, marrying a native of Saxe-Cobourg, Melchior Wagner,[21] or Wagener, and John Teulon, who married a French refugee named Frances Rocher.[22]

Cette étude de cas est représentative d'une fraction de la population huguenote, qui s'installe dans un quartier de Londres déjà habité par des étrangers, français ou non. L'entraide se fait non seulement entre

---

[20] Lettres de Jacob Caillouel à Abigail Caillouel, non datées, Caillouel Family papers, D/RAC, Dorset History Centre.
[21] Melchior Wagner est, d'après le manuscrit d'Eliza Bury « a native of Saxe-Cobourg, Franconia, born 1685 and dead 1764 at Rutney », Transcription par Hayward Porter, Fonds F Te, Huguenot Archive.
[22] CHAZE (Emmanuelle), « A Case of Integration in the Refuge : Melchior Teulon », *Proceedings of the Huguenot Society of Great Britain and Ireland*, à paraître 2014.

membres de la communauté francophone, mais aussi entre gens de même profession, puisque Melchior Wagner, chapelier et natif de Saxe Cobourg, prend en apprentissage un de ses neveux Teulon, pratique courante s'il en est, mais qui reflète néanmoins le mécanisme d'intégration au Refuge : les premiers contacts ont lieu avec des individus dans la même situation de réfugié et, après une période d'ajustement, la communauté s'ouvre vers celle de son pays d'accueil.

À Londres, le Consistoire est juge de l'attitude des réfugiés ; il s'agit de régler les problèmes au sein de la communauté et ses « Minutes » dévoilent le quotidien bien encadré des membres de cette communauté. Les affaires évoquées sont en majorité des reconnaissances, par lesquelles les Protestants s'amendent d'avoir parjuré alors qu'ils étaient en France et rejoignent leur Église d'origine. D'autres affaires sont également examinées, qui permettent d'en savoir un peu plus sur les mœurs du Refuge. Ainsi, le 2 septembre 1684, Jean Viger et sa femme sont suspendus de communion pour s'être mariés sans publier les baux, et la femme sans le consentement de sa mère.[23] Le 10 septembre suivant, les femmes de Jean Le Febure et Simon Meslin se présentent devant le Consistoire et « ont été réconciliées ».[24] Le 19 octobre 1684, Suzanne Ferré, femme d'un dénommé Auduroi, demande pardon d'avoir abandonné son mari et de s'être « prostituée à un autre ». Elle bénéficie de la clémence du Consistoire,

---

[23] GWYNN (Robin D.) ed., « Minutes of the Consistory of the French Church of London, Threadneedle Street, 1679-1692 », *Huguenot Society Quarto Series*, Vol. LVIII, Huguenot Society of Great Britain and Ireland, 1994, p. 23.
[24] *Ibid.*

s'étant « plainte plusieurs fois de son mari ce que nous croyons fondé », mais refuse de se repentir de sa conduite.[25] Son mari est cité à comparaître le 28 décembre pour répondre de son comportement envers sa femme. Enfin, le 27 juin 1685, un certain Pierre Giret est publiquement suspendu de communion pour sa « vie diabolique avec une femme qu'il a engrossée ».[26]

Au-delà de leur caractère anecdotique, ces affaires de mœurs soulignent la volonté de régler les différends et de tendre à une vie morale exemplaire, encadrée par un Consistoire qui tente de prodiguer une assise morale, religieuse et juridique à une société en construction, celle des réfugiés. Outre ce rôle d'arbitre des mœurs, le Consistoire joue également un rôle important dans l'élaboration des règles de sociabilité. Ainsi, le 14 décembre 1684, le doyen du quartier où se trouvent un certain nombre de tavernes a exhorté les aubergistes à ne pas autoriser de rassemblement le dimanche. « Ils ont répondu qu'ils font ce que la loi les autorisent. Les doyens doivent donc s'informer quant à l'attitude des membres de leurs quartiers et exhorter à des changements de vie dans les cas de mauvaise conduite ».[27]

De même, le Consistoire observe scrupuleusement les comportements de chacun en ce qui concerne la religion. Le 4 février 1685, l'attitude d'un pasteur dénommé Piozet est examinée par le conseil : « Monsieur Piozet a été à Londres près de trois mois sans nous informer de son arrivée. Une discussion à ce propos a été renvoyée par les Deux Compagnies jusqu'à

---

[25] *Op. cit.*, p. 24.
[26] *Op. cit.*, p. 38.
[27] *Op. cit.*, p. 26.

ce qu'il accepte de prêcher ».[28] Outre la résolution des conflits et l'observation des pratiques religieuses, le Consistoire s'assure également que les membres de la communauté sont suffisamment instruits (en matière de religion) pour en faire partie. Le 28 mars 1685, « l'admission de Marie Marlier et Charlotte Colas comme membres a été reportée parce qu'elles ont été trouvées pauvrement instruites ».[29] Ces problèmes semblent ne concerner que la communauté française de réfugiés protestants. Cependant, le Consistoire fait parfois état des interactions des membres de sa communauté avec ceux des communautés locales. Le 19 septembre 1685, le problème d'une union mixte est soulevé : « Jacques Huet a demandé à ce qu'on baptise son enfant. Huet n'est pas un membre de l'Église ni instruit du tout de la religion chrétienne, et la mère est Anglaise ».[30] Puisque Huet ne semble être membre d'aucune Église, la requête est refusée jusqu'à ce qu'il montre quelques éléments d'instruction. Outre le problème d'appartenance à une Église identifiée, il est important pour les membres du Consistoire de souligner que la mère n'est pas française.

Des collectes de charité s'organisent, surtout au sein de la communauté huguenote, mais aussi parmi la population anglaise qui en a les moyens. Des subventions royales sont accordées et le peuple comme la cour semble s'accommoder de la présence huguenote, même si des conflits opposant locaux et nouveaux arrivants semblent avoir existé. Au sein de la communauté, on s'organise pour accueillir qui un

---

[28] *Op. cit.*, p. 31.
[29] *Op. cit.*, p. 34.
[30] *Op. cit.*, p. 42.

cousin, qui un neveu, ou même toute une partie de la famille ou des amis, lors de leur arrivée en Angleterre ; l'entraide s'effectue principalement entre Français et entre gens d'un même corps de métier, d'un même milieu social, et ce pour la première génération de Réfugiés, ceux nés en France venus s'installer en Angleterre. On observe malgré tout un éclatement du cercle familial – et social en général.

L'entraide huguenote intervient donc non seulement au niveau financier au sortir de France et lors de l'installation au Refuge, mais se traduit également par l'établissement d'un réseau de communication relativement efficace, qui véhicule les nouvelles dans les deux sens. En étudiant les cachets postaux, on peut également retracer la trajectoire des lettres échangées entre la France et l'Angleterre, correspondance passant souvent par la Hollande tout au long du XVIIIe siècle. La sociabilité qu'on étudie ici est donc non seulement celle induite par la solidarité dans le Refuge, mais également une sociabilité à distance, observée grâce aux correspondances échangées entre Huguenots du Refuge et ceux restés en France. Ces lettres concernent en premier lieu les familles, et relèvent à la fois du domaine de la convenance, de l'affect, et des relations professionnelles lorsqu'une même famille partage des intérêts financiers ou commerciaux communs. Ainsi, les liens familiaux sont cultivés naturellement par l'affection qui lie chacun à ses proches, comme on peut le voir à maintes reprises dans les échanges entre deux membres d'une même famille. À ces liens familiaux évidents s'ajoutent des discussions à caractère plus professionnel, où chaque partie fait valoir ses intérêts, notamment en matière d'argent, comme en témoigne cette lettre adressée par Marie Primout à son mari Isaac Caillouel, marchand établi à Londres :

Rouen du 22me de janvier 1687

Mon cher j'ai mis dans le vesiau [vaisseau] noume le marichal trois petits paquets de hardes et un des lettres de deux cousins et le bail de la cousine est de la Saint-Michel 1684 elle doit une aune et demie et nous la nourrissons elle et ces gens depuis Pâques elle ne reçoit rien du tout je vous prie de mander à monsieur […] que je dois cent livres à sa tante […].[31]

Les liens sont cultivés par intérêt personnel, mais l'échange de nouvelles concerne également les intérêts professionnels d'un ou de plusieurs individus, expliquant également le caractère public de certaines lettres, qui bien que destinées sur le papier à une seule personne sont lues à la communauté, qui bénéficie des informations ainsi partagées. De même, la dispersion géographique sur le territoire européen implique des relations à distance en ce qui concerne le cercle social d'origine. Les postes clandestines rendent nécessaire une extrême prudence dans l'envoi des nouvelles ; des agents royaux tentent de démasquer les Huguenots afin de dénoncer leurs familles restées en France.

L'extension de ces cercles familiaux et sociaux à l'échelle européenne entraîne aussi leur éclatement. Myriam Yardeni le souligne dans *Le Refuge huguenot* : « Pour beaucoup de réfugiés, [l'arrivée au Refuge entraîne] un changement sensible de statut social, la décomposition, du moins momentanée, de la cellule familiale, dont les membres s'enfuient à des moments différents et échouent, parfois, très loin les uns des

---

[31] *Lettre de Marie Primout à Isaac Caillouel*, Huguenot Archive, F.Ca.18.

autres ».³² Dans le cadre des correspondances, la distance géographique qui sépare les membres d'une même famille fait état de cet éloignement, tout comme les registres paroissiaux où chaque membre cité dans le contrat de mariage réside en un lieu différent.³³ Dans son étude sur les deux récits de fuite hors de France laissés par Marie de Champagné et sa fille Suzanne Robillard de La Motte-Foucquet, Carolyn Lougee Chappell signale également ce problème, en évoquant les nombreuses villes successives où la famille Champagné se réfugie avant l'établissement définitif en Angleterre.³⁴ Les cercles de sociabilité ne se dessinent pas seulement entre la France et l'Angleterre, ils existent également au sein des communautés établies au Refuge anglais. De même, les échanges sont nombreux entre pays du Refuge. Dans le cas du Refuge anglais, les relations sont particulièrement intenses avec la Hollande, la Prusse, la Suisse et l'Amérique. Ainsi, dans les années 1688-1689, Isaac Caillouel adresse des lettres à ses cousins Étienne et Luc Cossart, installés dans le Refuge berlinois, et leur donne des nouvelles de la famille, de connaissances communes, et des événements politiques d'Angleterre.

> De Londre Ce 9ᵉᵐᵉ de novembre 1688 ; setile d'angleterre
> [...]
> Monsr le prince d'orenge est arivé à 40 ou 50 lieus de londre avec une flote de 725 vesiaux, je suis fort etonne de

---

[32] YARDENI (Myriam), *Le Refuge huguenot. Assimilation et culture*, Paris, Honoré Champion, 2002, p. 17.
[33] *Ibid.*
[34] LOUGEE CHAPPELL (Carolyn), « '*The Pains I Took to Save* My/His Family' : Escape Accounts by a Huguenot Mother and Daughter after the Revocation of the Edict of Nantes », *French Historical Studies* 22.1 (Winter 1999), pp.1-64.

ce que me récrives de berlin et ne me parles nil nulement du neveu et cousin garliart [...][35]

De telles mentions d'événements politiques sont rares – eu égard à la prudence dont font preuve les réfugiés lorsqu'ils s'adressent à leur famille. Elles démontrent cependant l'intérêt pour les événements qui agitent le pays d'accueil, et la mention 'setile [style] d'Angleterre' laisse entrevoir une adaptation culturelle qui, du moins dans cette lettre écrite en français, passerait autrement inaperçue d'un point de vue linguistique.

Au sein du pays d'accueil, les premières formes de sociabilité en dehors du cercle familial sont celles initiées par les cercles professionnels. Outre les rassemblements en corporations de métier dans les villes du Refuge au début du XVIIIe siècle, les protestants français engagés dans les régiments de Guillaume d'Orange s'installent en Angleterre et en Irlande, où ils survivent grâce à une pension. La vie au sein de la communauté n'est cependant pas coupée de celle du pays d'accueil, et l'intégration passe aussi par l'interaction résultant de mariages mixtes, qui voient également les confessions religieuses évoluer. Enfin, la langue du pays d'accueil est adoptée, même pour s'adresser aux membres de sa famille. Le cercle amical s'élargit vers la population d'accueil, comme l'illustre la correspondance familiale d'une dynastie de marchands originaire de Rouen, les Caillouel.[36] Fraîchement arrivée au Refuge après la Révocation, la famille Caillouel

---

[35] Lettre d'Isaac Caillouel à Étienne et Luc Cossard, 1688, F Ca 18, Huguenot Archive.
[36] Les archives de la famille Caillouel sont partiellement conservées à la Huguenot Library de Londres, sous la côte F.Ca.

s'installe dans un premier temps à Londres, et y établit son commerce de tissus. Les liens avec la France sont omniprésents dans les premières lettres envoyées à Rouen, comme en témoigne la lettre de Marie Primout à son mari Isaac Caillouel, précédemment citée. Cependant, d'autres parts de la correspondance permettent une analyse de l'intégration des seconde et troisième générations de réfugiés. À ce stade du processus d'intégration, le terme de réfugié n'est d'ailleurs plus d'actualité, tant l'intégration à la population locale semble acquise et irréversible.

Ce processus est visible dans les lettres grâce à trois facteurs importants : en premier lieu, la raréfaction des lettres envoyées ou reçues de France, si tant est que l'on puisse supposer disposer de la majorité des papiers personnels de tel ou tel membre de la famille. Le second facteur est d'ordre linguistique : la langue anglaise prend désormais l'ascendant sur le français dans la rédaction des lettres. Là encore, l'évolution est claire, puisque les premières lettres rédigées en anglais sont teintées d'expressions françaises. Enfin, l'intégration se traduit par une plus grande mixité entre communautés française et anglaise ; on se marie toujours entre gens de même milieu social, et souvent de même famille professionnelle, mais désormais les mariages mixtes, franco-anglais, sont monnaie courante et donnent naissance à une génération d'Anglais qui n'ont de français et racines huguenotes qu'un aïeul dont ils finissent par ne plus comprendre la langue. Les exemples tirés de correspondances telles que celles de la famille Caillouel ne sont donnés qu'à titre indicatif, et sont à manipuler avec précaution puisqu'il s'agit d'une correspondance incomplète. Dans les lettres d'un premier corpus, couvrant une période de 1685 à 1694, on observe que la correspondance fait état de relations familiales et amicales exclusivement francophones, même si les sujets discutés sont surtout d'ordre pratique : ils ont trait à l'envoi de linge, au paiement de dettes entre membres de la famille, et peu de personnes extérieures à ce cercle franco-français y sont mentionnées. On ne peut pas à ce stade parler de socialisation en-dehors du cercle huguenot de Londres ; en revanche, les courriers échangés montrent qu'il y a interaction entre membres de cette même communauté. À ce stade de la correspondance, les lettres sont toutes rédigées en français. On s'échange des nouvelles des familles des deux côtés de la Manche, et il n'y est pas fait mention de personnes extérieures à la communauté, cela sans refléter nécessairement un schéma qui se répète d'une famille à l'autre. On peut parler d'un groupe endogame, surtout de la part des réfugiés de la première génération. Or, même au sein de cette famille Caillouel, d'autres sources prouvent que l'interaction est relativement rapide avec les Anglais.

Comme on vient de le voir, la sociabilité dans les cercles huguenots de Londres s'effectue à plusieurs niveaux. La première sphère d'interaction, celle de la famille, laisse entrevoir des échanges affectifs, mais aussi intéressés, notamment dans le cadre des activités professionnelles partagées par plusieurs membres d'une même famille. Ces cercles de sociabilité au Refuge sont encadrés par celui plus large de la communauté huguenote, régie par des instances telles que le Consistoire. Les témoignages laissés par les Minutes dudit Consistoire permettent d'en savoir plus sur la communauté elle-même, et sur son degré d'interaction avec la société d'accueil. De même, certaines initiatives locales, telles que celles des autorités de la ville d'Ipswich, ou encore l'établissement de charités au profit des réfugiés démunis, offrent des éléments de compréhension sur le degré d'intégration et d'acceptation des huguenots par la population locale. Enfin, les échanges, et de fait les interactions sociales, ne se limitent ni à la communauté de réfugiés, ni à ceux avec la population locale. On communique également entre différents Refuges. Les réseaux ainsi établis constituent un maillage couvrant à travers l'Europe tous les pays d'accueil des protestants français, dont l'Angleterre en général, et Londres en particulier, sont un des pivots.

Dans ses mémoires rédigés au XIXe siècle, Samuel Romilly évoque brièvement une enfance marquée par ses origines protestantes françaises.[37] Il décrit la volonté de sa famille de rester attachée aux racines françaises, notamment par la pratique obligatoire du français tous les dimanches, pratique qui tombe toutefois en désuétude. Au-delà du caractère anecdotique de souvenirs personnels, cette attitude est révélatrice d'une tendance plus générale, perceptible dès la seconde moitié du XVIIIe siècle en Angleterre. Le processus d'intégration des Huguenots au Refuge anglais a entraîné une nécessaire modification des interactions sociales, qu'il s'agisse de celles avec la famille française originelle, avec laquelle les liens se distendent, voire cessent lorsque les membres d'une même famille sont géographiquement éloignés, ou qu'il s'agisse des relations professionnelles, religieuses et sociales, autant d'interactions s'étendant au-delà de la communauté, entre autres par le biais des mariages mixtes et de l'adoption des pratiques religieuses locales.

---

[37] ROMILLY (Samuel), *Memoirs of the Life of Sir Samuel Romilly, with a selection from his correspondence, edited by his sons*, Murray, London, 1840.

Bibliographie sélective

Sources primaires

Archives de la famille Caillouel, Huguenot Archive, F Ca 18 et Dorset History Centre, D/RAC.

Archives de la famille Teulon, Huguenot Archive, F Te.

Sources secondaires

Chaze (Emmanuelle), « A Case of Integration in the Refuge : Melchior Teulon », dans *Proceedings of the Huguenot Society of Great Britain and Ireland*, London, à paraître 2014.

Cottret (Bernard) et Fontaine (Jacques), *Persécutés pour leur foi : mémoires d'une famille huguenote, et suivis de Jacques Fontaine ou la providence dans le texte*, Paris, Éditions de Paris, 2003.

Cottret (Bernard) et Le Roy Ladurie (Emmanuel), *Terre d'exil : l'Angleterre et ses réfugiés français et wallons de la Réforme à la révocation de l'Édit de Nantes, 1500-1700*, Paris, Aubier, 1985.

Glozier (Matthew), « William of Orange and the reception of Huguenot Soldiers in the Netherlands and Great Britain 1685–1688 », *Arbeitskreis Militär und Gesellschaft in der Frühen Neuzeit e.V.*, 9.2 (2005), pp. 133-145.

—, *Marshal Schomberg, 1615 – 1690 : 'the ablest soldier of his age' : International Soldiering and the Formation of State Armies in Seventeenth-Century Europe*, Brighton, Portland, Sussex Academic Press, 2005.

—, *The Huguenot Soldiers of William of Orange and the Glorious Revolution of 1688 : The Lions of Judah*, Brighton, Sussex Academic Press, 2002.

Glozier (Matthew) & Onnekink (David) eds., *Huguenot Soldiering, 1685-1713 – Politics and Culture in North-Western Europe 1650-1720*, Aldershot, Ashgate, 2007.

Greengrass (Mark), « Protestant Exiles and their Assimilation in Early-Modern Europe », *Immigrants and Minorities*, 4.3 (1985), pp. 68-81.

Gwynn (Robin D.) ed., « Minutes of the Consistory of the French Church of London, Threadneedle Street, 1679-1692 », *Huguenot Society Quarto Series*, Vol. LVIII, Huguenot Society of Great Britain and Ireland, 1994.

—, *Huguenot Heritage : the History and Contribution of the Huguenots in Britain*, Brighton, 2001.

Hylton (Raymond), *Ireland Huguenots and their Refuge, 1662-1745: An Unlikely Haven*, Brighton, Sussex Academic Press, 2004.

Lachenicht (Susanne), *Hugenotten in Europa und Nordamerika. Migration und Integration in der Frühen Neuzeit*, Frankfurt am Main, Campus Verlag, 2010.

Levillain (Charles-Édouard), *Vaincre Louis XIV : Angleterre-Hollande-France, histoire d'une relation triangulaire, 1665-1688*, Seyssel, Champ Vallon, 2010.

Lougee Chappell (Carolyn), « 'The Pains I Took to Save My/His Family' : Escape Accounts by a Huguenot Mother and Daughter after the Revocation of the Edict of Nantes », *French Historical Studies* 22, 1 (Winter 1999), pp. 1-64.

Mentzer (Raymond A.), *Blood and Belief : Family Survival and Confessional Identities among the Provincial Huguenot Nobility*, West Lafayette, Purdue University Press, 1994.

Mentzer (Raymond A.) & Spicer (Andrew) eds., *Society and Culture in the Huguenot World, 1559-1685*, Cambridge, Cambridge University Press, 2002.

Romilly (Samuel), *Memoirs of the Life of Sir Samuel Romilly, with a selection from his correspondence, edited by his sons*, London, Murray, 1840.

Vigne (Randolpf) & Littleton (Charles) eds., *From Strangers to Citizens : The Integration of Immigrant Communities in Britain, Ireland and Colonial America, 1550-1750*, Brighton, Sussex Academic Press, 2001.

Whelan (Ruth) & Baxter (Carolyn) eds., *Toleration and Religious Identity*, Dublin, Four Courts Press, 2003.

Whelan (Ruth), « Liberté de culte, liberté de conscience ? Les Huguenots en Irlande 1662–1702 », dans Häseler (Jens) & Mc Kenna (Anthony) dir., *La Vie intellectuelle aux Refuges huguenots*, Paris, Honoré Champion, 1999, pp. 69-83.

—, « L'Irlande religieuse à l'époque de l'Édit de Nantes, ou le refus ambigu de la diversité », dans Delumeau (Jean) dir., *L'Acceptation de l'autre, de l'Édit de Nantes à nos jours*, Paris, Fayard, 2000, pp. 108-126.

Yardeni (Myriam), *Le Refuge huguenot. Assimilation et culture*, Paris, Honoré Champion, 2002.

Liens internet

http://www.e-enlightenment.com
http://www.fruehe-neuzeit.uni-bayreuth.de/de/research/Projekte/GIF/index.html
http://www1.lausanne.ch/ville-culturelle/histoire-et-patrimoine/archives-communales/open-archives/registre-consistoire.html
http://www.refuge-huguenot.fr

MISE EN SCÈNE DU FOYER : SOCIABILITÉ DE LA RÉUSSITE CHEZ LES NÉGOCIANTS ROCHELAIS

Brice MARTINETTI
Université de La Rochelle

Au XVIIIe siècle, les négociants tiennent à La Rochelle le haut du pavé. Alors que l'élite économique souffre d'un cruel manque de considération jusqu'à la fin du règne de Louis XIV, différentes mesures étatiques tendant à valoriser l'activité de négoce finissent par trouver un écho, permettant aux négociants de se détacher de la « vulgaire » marchandise et d'acquérir une nouvelle identité qu'ils s'efforcent d'affirmer.[1] Moteur de la croissance et de l'emploi, à la

---

[1] Rappelons que le vocable de « négociant » est adopté en France à la charnière des XVIIe et XVIIIe siècles, avec des différences sensibles selon les provinces. L'élite économique souffre jusqu'alors d'un véritable manque d'honorabilité, l'activité marchande n'étant pas considérée comme assez valorisante par une partie des « puissants », ce qui provoque notamment la retenue de capitaux par une noblesse qui, pourtant, aurait la possibilité d'investir dans l'économie nationale *via* sa participation au financement d'entreprises coloniales et industrielles. Pour pallier cette situation relevant de la psychologie sociale, la figure du négociant émerge pour se distinguer de celle du simple marchand, l'activité de négoce ne dérogeant plus désormais au code de bonne conduite de la noblesse. Sur cette question, voir notamment :

tête des plus grandes fortunes et propriétaires des plus beaux hôtels particuliers, ils forment un milieu socioprofessionnel ouvert et disposent d'un esprit de corps autour duquel se cristallisent une conscience et une culture partagées. Regroupés derrière leur chambre de commerce et valorisés par l'honorabilité de leur profession, les grands entrepreneurs du commerce international, dont la majorité est de confession réformée, réussissent sans mal à se positionner comme des figures incontournables de la société rochelaise, ayant une influence certaine sur la vie de la cité et pesant de tout leur poids face aux élites traditionnelles d'Ancien Régime.[2]

Soucieux de démontrer leur ascension économique et sociale, cette attitude étant désinhibée par le continuel défi les opposant aux membres de l'aristocratie, les négociants usent de leurs propres formules de sociabilité pour paraître et pour se reconnaître. Si l'Académie royale des Belles-Lettres, Sciences et Arts, monopolisée par les membres de la noblesse robine et du clergé, est incompatible avec leurs journées de labeur et applique des règles trop strictes, les négociants trouvent dans leurs « sociétés » d'autres formes de sociabilité qui leur permettent tout autant de s'imposer parmi les hommes de pensée que d'organiser leurs loisirs relationnels. Dans le cadre de ces sociétés

---

JEANNIN (Pierre), *Marchands d'Europe, pratiques et savoirs à l'époque moderne*, Paris, Presses de l'École normale supérieure, 2002, p. 282 et suiv. ; ANGIOLINI (Franco) et ROCHE (Daniel) dir., *Cultures et formations négociantes dans l'Europe moderne*, Paris, EHESS, 1995.

[2] Cet article est en lien avec notre thèse de doctorat en histoire moderne : MARTINETTI (Brice), *Les Négociants rochelais au XVIIIe siècle. Formations, évolutions et révolutions d'une élite*, sous la direction de Didier POTON DE XAINTRAILLES, Université de La Rochelle, 2012, 4 vol.

formées chacune d'une vingtaine d'individus alliés par les affaires et le sang, le milieu du négoce danse, discute, joue, tient des concerts et affiche son intérêt pour les sciences. De même, les négociants constituent le principal corps de la franc-maçonnerie rochelaise,[3] y trouvant une forme de sociabilité correspondant le mieux à leurs attentes ainsi que le « lieu idéal où se concrétise dans la réalité des relations quotidiennes et la qualité d'un commerce sensible, sinon dans les rapports de classe non immédiatement perçus, ce rêve d'un univers où vertus et talents utiles sont présentés comme les seules clefs de la notoriété reconnue ».[4]

Il existe cependant un autre lieu et d'autres rapports de groupe grâce auxquels les négociants affirment leur place dans la société rochelaise. L'hôtel particulier est le cadre domestique d'une véritable conquête du superflu, d'une dynamique de la consommation ostentatoire, la réussite issue du commerce colonial se devant d'être valorisée sans complexe aux yeux des visiteurs.[5] Cette culture des apparences, qui permet aux négociants de se prouver réciproquement leur appartenance à un même milieu socioprofessionnel, est structurée par de nouveaux rituels et des objets adoubés par la mode, le

---

[3] Sur l'importance du milieu négociant dans la franc-maçonnerie des ports français au XVIIIe siècle, se reporter notamment à RÉVAUGER (Cécile) et SAUNIER (Éric) dir., *La Franc-maçonnerie dans les ports*, Pessac, Presses universitaires de Bordeaux, 2012.
[4] ROCHE (Daniel), *Les Républicains des Lettres. Gens de culture et Lumières au XVIIIe siècle*, Paris, Fayard, 1988, p. 302.
[5] Sur cette question de la maison comme lieu de sociabilité, voir GHERCHANOC (Florence), *La Maison, lieu de sociabilité, dans des communautés urbaines européennes, de l'Antiquité à nos jours*, actes du colloque international de l'Université Paris VII-Denis Diderot, 14-15 mai 2004, Paris, Éditions Le Manuscrit, 2006.

cadre de vie privé se trouvant théâtralisé et destiné pour partie à l'entretien de formes de sociabilité.

Nous nous proposons ainsi d'étudier quels sont les liens tissés entre les objets du quotidien et l'utilisation qui en est faite par les négociants, et au-delà, de nous interroger sur la manière dont se crée une culture collective favorable à la fréquentation de ses semblables.

L'hôtel particulier, cadre privé de rapports publics

Dans l'enceinte urbaine, l'hôtel particulier est le seul bien immobilier d'habitation des négociants à profiter de leur opulence financière et de leur ascension sociale.[6] Par leur volonté de se démarquer des simples marchands détaillants et de calquer leur cadre de vie sur celui de l'aristocratie, les grands entrepreneurs investissent dans des constructions qu'ils vont transformer tant d'un point de vue esthétique que fonctionnel. À l'instar de ce qui peut être observé à Nantes ou à Bordeaux, La Rochelle va ainsi subir de profondes mutations au XVIIIe siècle. L'évolution du bâti découlant de l'investissement privé des hommes d'affaires n'est pas sans conséquences et son étude permet de mettre en évidence les modifications que

---

[6] Le terme d'« hôtel particulier » n'est jamais relevé dans les différentes sources du XVIIIe siècle. En effet, c'est le terme de « grande maison » qui désigne le bâtiment d'habitation du négociant et de sa famille. Toutefois, soulignons que cette grande maison a toutes les caractéristiques de l'hôtel particulier à la parisienne : située en ville, elle est luxueuse, spacieuse, sise entre une cour d'honneur et un jardin, abritant une seule famille mais aussi les domestiques. Par souci de clarté, nous emploierons délibérément le terme d'« hôtel particulier ».

subit le paysage urbain rochelais par effet de ricochet. Selon Guy Saupin,

> l'apport des négociants au patrimoine immobilier et architectural de la ville [atlantique] s'affirme comme un phénomène majeur dans la construction de l'identité urbaine. [...] En recherchant un compromis entre les hôtels aristocratiques, la satisfaction de leurs besoins professionnels et résidentiels, et la rentabilité des opérations, les négociants ont créé un type d'immeuble assurant la transition entre la grande maison nobiliaire pour un lignage et les immeubles de rapports destinés uniquement à la vocation à des tiers.[7]

À La Rochelle, la transformation du paysage urbain est d'abord directement dépendante des agrandissements effectués sur les demeures du XVIIe siècle. La possession d'hôtels plus vastes reste chez les négociants fortunés le meilleur moyen pour prouver leur réussite économique et sociale ainsi que leur appartenance à un même groupe socioprofessionnel. Du fait d'un centre-ville dénué de tout espace libre à construire, la stratégie adoptée consiste à racheter une maison ou deux disposées aux côtés de la demeure du négociant pour procéder à un agrandissement par la destruction des cloisons. Ou alors, le plus souvent vétustes, de petites maisons sont soit rénovées et couplées pour former une nouvelle habitation, soit détruites pour permettre la construction d'un hôtel neuf. Par leur imbrication à des maisons voisines, les hôtels particuliers sont considérablement modifiés sur leur largeur. D'abord étriquées sur une lanière de terrain étroite, les habitations passent progressivement à un

---

[7] SAUPIN (Guy) dir., *Villes atlantiques dans l'Europe occidentale du Moyen Âge au XXe siècle*, Rennes, Presses Universitaires de Rennes, 2006, p. 18.

plan en U situé entre « cour et jardin », déjà fixé dans la deuxième moitié du XVIIe siècle mais véritablement développé au XVIIIe.[8] Ainsi, à l'instar des demeures des familles Fleuriau, Bernon, Lambertz, Garesché, Pascaud ou encore Gilbert, l'hôtel de référence est désormais constitué d'un corps de bâtiment principal prolongé de deux ailes perpendiculaires reliées par un mur d'enceinte, le tout déterminant une cour fermée sur le côté rue. À l'arrière, la façade du bâtiment principal donne sur un jardin plus ou moins étendu selon la localisation dans la ville.

Si les transformations du bâti opérées au XVIIIe siècle mettent d'abord en lumière une modification de l'apparence extérieure des hôtels particuliers, les agrandissements provoquent de manière concomitante un bouleversement dans l'organisation intérieure des foyers. Comme l'a expliqué Pierre Lavedan, il est nécessaire de procéder à une distinction entre l'urbanisme esthétique et celui dit fonctionnel, pratique.[9] À La Rochelle comme ailleurs, les négociants vont organiser leur cadre de vie en le calquant sur celui des élites traditionnelles, leur apportant dès lors une touche de mondanité. L'espace vécu se voit profondément modifié par la transformation du rôle antérieurement dévolu à certaines pièces de l'habitat et par la création d'espaces qui n'existaient pas jusque-là, ce qui provoque une évolution de la circulation au sein des foyers. Mais si un mimétisme nobiliaire s'exerce et suscite des mutations, ce n'est pas pour autant que

---

[8] GARNOT (Benoît), *Les Villes en France aux XVIe, XVIIe et XVIIIe siècles*, Paris, Ophrys, 1989, p. 21.
[9] LAVEDAN (Pierre), *Histoire de l'urbanisme. Renaissance et temps modernes*, Paris, H. Laurens, 1972, t. 2, p. 202.

l'immeuble négociant ne conserve pas des caractéristiques propres à l'activité commerciale. Dans les hôtels particuliers, le bâtiment central est le réceptacle des pièces de vie du négociant et de sa famille, les ailes latérales contenant le plus souvent les dépendances et le comptoir, humble et propice au travail. Par la fuite de la polyvalence encore de mise chez le peuple et la disparition d'un système de pièces en enfilade, les négociants tendent ainsi à s'approcher du cadre matériel de l'élite nobiliaire. Cette spécification de plus en plus prononcée des aménagements internes s'organise avant tout entre les pièces dites de sociabilité et celles dévolues à la vie privée. Cette « double vision » dont nous parle Antoine Lilti, incarnée par la séparation de deux espaces antagoniques, permet alors de distinguer les différents comportements qui, mis en adéquation, permettent aux membres de notre élite de promouvoir leur ascension.[10] De la spécialisation des pièces découle inéluctablement une réorganisation de l'espace vécu. Les étages supérieurs sont dévolus à la sphère privée : la privatisation des chambres à coucher du négociant et de sa famille est véritablement enclenchée, phénomène qui peut s'observer par l'absence d'une réelle capacité à recevoir des invités et par les pratiques de l'hygiène. Le rez-de-chaussée est quant à lui monopolisé par les visiteurs. L'unité antérieurement affichée par l'ancienne « salle » est désagrégée, laissant la place aux « salons » et à leurs boiseries, généralement séparés par un office ou un vestibule : la nécessité de les traverser pour se rendre au salon produit ainsi un phénomène de parade. À cela s'ajoutent d'autres agencements comme les

---

[10] LILTI (Antoine), *Le Monde des salons. Sociabilité et mondanité à Paris au XVIIIe siècle*, Paris, Fayard, 2005, p. 86.

antichambres, de nombreux couloirs et galeries qui convergent vers une modification de la circulation des invités. Les salons sont ici les pièces privilégiées : bénéficiant de la primauté de la description par le notaire comme cela a pu être le cas pour la chambre au XVIIe siècle, ils sont de compagnie ou à manger, étant parfois d'hiver ou d'été. Quant aux cabinets, ils peuvent aussi bien être l'enjeu d'une démonstration sociale en dévoilant des bibliothèques fournies et des collections d'envergure que des espaces clos et réservés à l'intimité du négociant et à celle de sa famille.

Les salons : entre mode et apparat

Pour déchiffrer la manière dont les négociants rochelais reçoivent leurs invités, il convient d'observer l'ameublement des pièces de sociabilité qui définit l'ambiance élitiste des foyers. Le salon de compagnie est incontestablement l'axe de sociabilité qui profite des plus luxueuses décorations d'intérieur.[11] D'opulentes tapisseries de haute lisse ou d'Aubusson couvrent une grande partie de ses murs et remplissent une double fonction : à la décoration massive s'ajoute un rôle important pour la préservation d'une chaleur que la cheminée n'arrive pas à produire de manière suffisante. Les thématiques les plus prisées sont la nature, l'histoire ou des sujets plus désuets, la religion étant réservée à la chambre. À ces tapisseries se conjugue la miroiterie, faite d'abord de glaces mais aussi, à partir des années 1750-1760, de trumeaux toujours plus nombreux.

---

[11] Sur la question du luxe, l'on se reportera notamment à PERROT (Philippe), *Le Luxe, une richesse entre le faste et le luxe, au XVIIIe et au XIXe siècles*, Paris, Seuil, 1995.

Grâce à l'étude des inventaires après décès, il est possible de distinguer plusieurs effets de mode auxquels les négociants et leur famille succombent et qu'ils utilisent pour démontrer leur ascension socioprofessionnelle à leurs invités. En premier lieu, les tapisseries sont de moins en moins nombreuses au fur et à mesure que le siècle s'écoule, substituées par les lambris et les boiseries, mais aussi par la vogue du papier peint qui survient dans les prémices de la Révolution française.[12] Avec la miroiterie, de nouveaux changements sont également perçus parallèlement à l'apparition du trumeau. Au milieu du siècle, la console de marbre s'impose, ce matériau étant communément ajouté aux tables, guéridons et commodes. À la fin de la période, la dorure est progressivement remplacée par le gris et la généralisation des lustres, des candélabres, des pendules et des bibelots participent à la création d'une forme plus poussée de raffinement. Aux côtés des personnages en biscuit de Sèvres, des bonbonnières et tabatières incrustées d'or, des coquillages exotiques transformés en boîte et des vases en cristal, d'autres objets surgissent et ont une vocation plus culturelle comme ce buste de Voltaire en ivoire qui s'offre aux yeux des visiteurs entrant dans le salon de Jacques-Jean-Baptiste Bernon.[13]

Dans les espaces de sociabilité des négociants rochelais, la quantité de meubles d'assise est le deuxième élément à prendre en considération. Pour

---

[12] PARDAILHE-GALABRUN (Annick), *La Naissance de l'intime. 3000 foyers parisiens (XVIIe-XVIIIe siècles)*, Paris, Presses Universitaires de France, 1988, p. 373.

[13] Archives Départementales de la Charente-Maritime (= AD 17), 3 E 35/12, *Inventaire après décès de Jacques-Jean-Baptiste Bernon* (An XII), notaire Herard, acte n° 56, fol. 3 r°.

comprendre la disposition de ce mobilier, mais aussi l'utilisation qui en est faite, il convient de « distinguer les sièges « meublants », fauteuils et canapés, qui étaient alignés contre les lambris et que l'on ne déplaçait que très rarement, et les sièges « courants », peu nombreux que l'on apportait des antichambres au gré des besoins, ce qui permettait d'adapter aux circonstances leur disposition et donc la configuration des conversations ».[14] Partout, quelle que soit la période, le nombre de meubles où s'asseoir est très élevé. Chez Pierre-Isaac Rasteau, ce ne sont pas moins de 28 fauteuils en velours d'Utrecht cramoisi et quatre bergères garnies en satin à fleurs qui sont disposés dans un salon de compagnie contenant pour 1 992^L de meubles.[15] Nicolas Guyon a quant à lui « seize fauteuils au petit point » estimés 800^L dans une salle basse de son habitation qui englobe aussi une pendule à 350^L, ainsi que « quatorze fauteuils dont douze sont garnis de tapisserie des Gobelins » et « un canapé de même tapisserie que les fauteuils » montant à 880^L.[16] Comme dans les chambres, le souci d'harmoniser les teintes des revêtements du mobilier est de rigueur.

Grâce à sa position dans le circuit du commerce transatlantique, La Rochelle réceptionne tout au long de l'année les bois exotiques rapportés d'Afrique et des Amériques. La possession de meubles façonnés avec ces nouveaux matériaux permet aux négociants de se démarquer du reste du peuple. Ainsi, les « meubles de port » en bois marbré, en ébène, en acajou ou en gaïac,

---

[14] LILTI (Antoine), *op. cit.*, p. 98.
[15] AD 17, 3 E 1030, *Inventaire après décès de Pierre-Isaac Rasteau* (1781), notaire Drouhet, acte non numéroté, fol. 3 r°/v°.
[16] AD 17, 3 E XVIII56, *Inventaire après décès de Nicolas Guyon* (1742), notaire Guillemot, acte non numéroté, fol. 46 r°.

mobilier auquel l'on ajoute bien volontiers le marbre et la dorure, arrivent progressivement dans les intérieurs des hôtels particuliers. Une fois de plus, les salons et les cabinets en sont les premiers bénéficiaires : armoires, tables, bureaux, commodes, chiffonnières et bien sûr les nombreux guéridons propices au support des ustensiles à thé, tous ces meubles sont désormais façonnés avec des bois importés. Par la disposition de meubles en bois exotique dans ces pièces de sociabilité s'entrevoit la volonté de prouver son appartenance à une élite commerciale en lien avec les marchés du Nouveau Monde. Il en va de même pour les décorations présentes au-dessus des portes des salons de compagnie et à manger. Entre la corne d'abondance, le bâton d'Hermès, le globe terrestre, l'ancre de marine, le dictionnaire de commerce ou la longue-vue, les frontons sont composés de figures allégoriques destinées à rappeler aux visiteurs l'origine de l'enrichissement du négociant qui les reçoit.

Pour prouver son appartenance à la haute société, mettre à la disposition de ses invités un salon richement décoré ne suffit pas : il faut aussi savoir paraître soi-même et séduire de sa propre personne, la mode vestimentaire devenant un principe de lecture sociale.[17] Au XVIIIe siècle, les garde-robes des négociants et de leurs épouses se diversifient et les matières changent : pour une adéquation entre luxe et confort, les cotons et

---

[17] « Le vêtement confère à tous une identité sociale, mais en même temps il révèle le caractère et la personnalité de celui qui le porte, il marque l'individualité et l'originalité de chacun plus encore que la démarche et les gestes, les traits ou les déformations de la stature ; c'est un moyen d'identification immédiat ». ROCHE (Daniel), *Le Peuple de Paris, la culture populaire au XVIIIe siècle*, Paris, Fayard, 1999 (1981), p. 220-221.

les soieries trouvent une place de choix, accompagnant des habits de plus en plus sophistiqués et des chemises dont la blancheur ne fait qu'affirmer une marque de distinction supplémentaire. Du fait de nouvelles vogues, la gamme de couleurs se diversifie nettement, les silhouettes changent et l'originalité commence à prendre le pas sur une certaine rigueur. Partout, les accessoires se multiplient : mouchoirs de Cholet, éventails en ivoire, cannes à pommeau d'or, montres de Paris, boucles de vêture et de parure, bracelets ou colliers en or sertis de diamants sont autant d'artifices prompts à élever la séduction sociale des négociants et de leurs épouses. Il n'est toutefois pas rare de trouver chez les négociants en faillite des pierres fausses, moyen d'en imposer tout en trompant son monde.

Pour une nouvelle ritualisation des rapports sociaux

Comme Daniel Roche l'a remarqué à propos de Lyon, Rouen ou Bordeaux, les négociants rochelais « ne sont pas exclus de la culture, simplement ils ont leurs propres formules et leurs lieux de sociabilité ».[18] À La Rochelle, la formule adoptée est celle des « sociétés » qui tiennent séance à domicile. Le principe d'association est bien connu au XVIIIe siècle, l'une des plus célèbres étant la chambre de lecture de la Fosse à Nantes, fondée en 1759.[19] Il en va de même à Bordeaux où les salons se développent avec un réel engouement.[20] Mieux encore, en réponse à leur absence de l'Académie

---

[18] ROCHE (Daniel), *Les Républicains des Lettres…, op. cit.*, p. 293.
[19] QUENIART (Jean), *Culture et société urbaines dans la France de l'Ouest*, Paris, Éditions Klincksieck, 1978, p. 432.
[20] BUTEL (Paul) et POUSSOU (Jean-Pierre), *La Vie quotidienne à Bordeaux au XVIIIe siècle*, Paris, Hachette, 1980, p. 242.

et à sa rigidité, les négociants bordelais disposent de leur *Musée* et rentrent avec force dans ce qui constitue rapidement une véritable institution dans la ville.[21] Pour Jean Quéniart, la société « permet d'utiliser les richesses d'une bibliothèque […] de lire les journaux et d'échanger les idées sans se plier aux structures rigides et aux pertes de temps qu'imposent le fonctionnement d'une Académie et la lecture de mémoires d'un intérêt qui n'est pas unanimement partagé ».[22] Avec un coût d'abonnement socialement dissuasif,[23] les diverses sociétés permettent aux négociants de se prouver leur appartenance à un même corps tout en entretenant mutuellement leur intérêt pour la culture.

À La Rochelle, les sociétés sont toutes tenues par de grands négociants : elles sont composées de familles ayant les mêmes goûts, la même situation de fortune, souvent des liens de filiation par le mariage, mais elles ne prennent pas en considération la religion des différents membres. L'une des plus célèbres est alors celle animée par les filles de Jacques Carayon, notamment Marie-Marguerite, épouse de Jean-Joseph Gast, renommée pour sa beauté et son sens aigu de la danse. Chaque société comptant environ une vingtaine de personnes, des négociants pour la plupart, l'effectif total devait donc s'approcher des 150 membres. L'été, les sociétés semblent assez inactives, la plupart des sociétaires profitant de leur maison de villégiature. L'hiver cependant, des réunions sont organisées presque tous les jours dans les hôtels particuliers et

---

[21] FIGEAC (Michel), *Destins de la noblesse bordelaise (1770-XVIII30)*, Talence, Fédération Historique du Sud-Ouest, 1996, t. 1, p. 273.
[22] QUENIART (Jean), *op. cit.*, p. 433.
[23] Le droit d'entrée pour la Chambre de la Fosse est de 27L, porté à 48 en 1783, la cotisation annuelle étant pour sa part de 24L.

chaque famille reçoit à tour de rôle entre 18 et 20 heures, avant le souper, ce qui induit donc un lien de réciprocité. Les négociants et leurs épouses s'entretiennent, se tiennent informés des nouvelles du monde : Marie-Anne-Suzanne Liège, veuve d'Aimé-Benjamin Fleuriau, est abonnée au *Mercure Français* dont elle fait sûrement profiter ses invités.[24] Ont aussi lieu des concerts, surtout chez les frères Weis qui en offrent un tous les jeudis. Les bals sont nombreux et constituent un divertissement très prisé : ils sont organisés dans des cadres domestiques dont le luxe des ameublements est propre à prouver une appartenance mutuelle à un groupe socioprofessionnel.

La qualité et la quantité des meubles d'assise favorisent la conversation, mais aussi la sociabilité du loisir et notamment celle du jeu.[25] À Nantes par exemple,[26] les tables à jouer sont partout visibles. Les tables de trictrac, de quadrille, de piquet ou de bouillotte sont ainsi devenues courantes et, bien qu'on puisse parfois les apercevoir dans les chambres et les comptoirs, elles restent le plus souvent disposées dans les salons de compagnie et les cabinets où elles sont nombreuses. Jean-Paul Robert n'a ainsi pas moins de six tables de jeu et cinq boîtes à quadrille dans son

---

[24] AD 17, 4 J 3762, *Coupons d'abonnement au Mercure Français pour Marie-Anne-Suzanne Liège* (1792).
[25] Sur les jeux, notons l'importance des différents travaux d'Élisabeth Belmas et notamment l'une de ses dernières publications : BELMAS (Élisabeth), *Jouer autrefois. Essai sur le jeu dans la France moderne (XVIe-XVIIIe siècle)*, Seyssel, Éditions Champ Vallon, 2006.
[26] PETRE-GRENOUILLEAU (Olivier), *L'Argent de la traite. Milieu négrier, capitalisme et développement : un modèle*, Paris, Aubier, 1996, p. 133.

salon.[27] Comme pour les armoires, les guéridons ou les commodes, toutes ces tables profitent de matériaux luxueux et exotiques : la pratique du jeu constitue donc un moyen supplémentaire pour se rappeler que le commerce colonial est la source d'un enrichissement commun.

Les salons sont toutefois le cadre de rencontres plus sérieuses où les négociants discutent alliances matrimoniales et stratégies professionnelles, mais aussi politique intérieure et extérieure. C'est un endroit où s'entretiennent différents groupes de pression et notamment celui des représentants des nations étrangères. C'est ainsi que régulièrement, se rencontrent Conrad-Achille Weis, Consul du Saint-Empire romain germanique, Hermann Wilckens, Consul de Prusse, Pierre-Casimir Noordingh de Witt, Consul du Danemark, Pierre-Jean Van Hoogwerff, Commissaire général de la Marine des Provinces-Unies.

Mais une autre forme d'interaction se repère également dans les intérieurs des négociants rochelais : elle relève de la sociabilité religieuse et surtout clandestine, puisqu'elle concerne l'exercice de la foi, et tout particulièrement la tenue du culte protestant. Sur le modèle des sociétés, les négociants protestants se réunissent dans les hôtels particuliers pour célébrer un culte une à deux fois par semaine. Ces sociétés collectent des fonds pour payer le pasteur et les frais de culte, et déboursent aussi pour les œuvres de bienfaisance et l'entretien d'hôpitaux, ce qui développe l'aura des négociants dans la société rochelaise.[28] Le

---

[27] AD 17, 3 E 1984, *Inventaire après décès de Jean-Paul Robert* (1785), notaire Fredureux-Dumas, acte n° 19, fol. 3 v°.

[28] À ce sujet, lire : POTON (Didier), « L'édit sur les « non-catholiques » en Aunis (1787-1788) : un révélateur de

culte est alors célébré dans des pièces dont la fonction dédiée à la spiritualité tranche par rapport aux autres pièces de convivialité, car elles sont dénuées de tout objet luxueux. L'on y observe simplement des chaises couvertes de paille, une croix sans christ, quelques tableaux d'inspiration religieuse, et surtout, des livres de piété offerts à la dévotion collective.

L'art de la table : entre exotisme et tradition

Au sein des pièces de sociabilité, les marqueurs de la réussite ne s'organisent pas seulement autour d'une décoration luxueuse. Dans les salons se tiennent bien souvent des déjeuners ou des dîners propices au tissage du réseau d'affaires. Indéniablement, la ritualisation des rapports sociaux entre négociants se réalise à travers la commensalité : le plaisir de bouche qui conforte leurs liens.[29] Par la prise du thé, du chocolat ou du café avec du sucre, nouveaux totems alimentaires du XVIIIe siècle, par l'usage de vaisselles luxueuses, de grands crus et de mets raffinés, les négociants et leur famille tendent encore une fois à démontrer leur capacité à calquer leur vie sur celle des élites traditionnelles. Par cette transformation non moins concrète des habitus de

---

l'autonomisation des pratiques et des comportements religieux des familles réformées ? », dans COCULA (Anne-Marie) et PONTET (Josette) dir., *Au contact des Lumières. Mélanges offerts à Philippe Loupès*, Pessac, Presses Universitaires de Bordeaux, 2005, t. 2, pp. 149-159.
[29] Concernant cette thématique, notons la publication de deux récentes synthèses : MEYZIE (Philippe), *L'Alimentation en Europe à l'époque moderne. Manger et boire XVIe s.-XIXe s.*, Paris, Armand Colin, 2010 ; QUELLIER (Florent), *La Table des Français. Une histoire culturelle (XVe-début XIXe siècles)*, Rennes, Presses Universitaires de Rennes, 2007.

sociabilité, les négociants, réunis autour du repas, se trouvent alors partagés entre la conservation d'une tradition européenne de l'art de la table et la tentation des nouveaux mets exotiques, biens alimentaires en lien avec leurs activités outre-Atlantique.

En matière de service de table, l'argenterie garde de très loin son monopole. Le plus souvent, elle reste conservée dans de belles armoires en acajou qui se trouvent dans l'office, pièce qui permet aux plus riches de marquer une nette distinction avec la cuisine et témoigne de l'aisance déployée dans les réceptions. Concernant sa valeur, la diversité est la règle : évaluée à 2 500^L en moyenne, l'argenterie de Théodore Delacroix est estimée à 18 000^L, soit l'équivalent d'un demi-siècle de salaire d'un journalier.[30] À l'instar des élites nobiliaires, les négociants aiment aussi personnaliser les couverts en argent en y apposant leurs initiales. Ces gravures désignent alors tout autant les négociants eux-mêmes que leurs épouses, puisque cette argenterie provient parfois du mariage (dot). De Limoges ou de Chantilly, la porcelaine arrive aussi à s'imposer, surtout pour le moment du goûter.

Incontestablement, la réception de convives est désormais marquée du sceau de l'exotisme. Théière, sucrier, jatte à chocolat, cafetière, blague à tabac, moulin à café, mais aussi râpe à sucre, tous ces objets sont de plus en plus familiers à notre élite et sont les marqueurs de l'opulence du négoce, d'une capacité à adopter un phénomène de mode élitiste qui fait fureur dans les salons aristocratiques et qui témoigne de l'essence même des activités des hommes de profit avec les îles. Le sucre, le café, le thé et le chocolat sont partout visibles, l'essor

---

[30] AD 17, 3 E 770, *Inventaire après décès de Théodore Delacroix* (1771), notaire Crassous père, acte non numéroté, fol. 11 v° et 12 r°.

du premier étant le corrélat de celui des trois autres. La présence d'épices se fait pour sa part exceptionnelle. Les élites sociales s'en détournent « depuis quelques générations, recherchant les plaisirs d'une cuisine française en train de s'affirmer comme une marque de distinction parmi d'autres. La consommation du thé, du café, du chocolat va dans le même sens : les gens de bien vont boire ces nouveaux breuvages, fumer parfois, conserver et lire des journaux dans des lieux spécifiques d'une sociabilité séparée de celle du vulgaire ».[31]

Si le goûter est marqué par la consommation de mets rapportés de lointaines contrées, celui du repas reste surtout français. C'est à ce moment précis que la consommation de grands vins trouve chez les négociants toute sa raison d'être. Pour Daniel Roche, « préférable à l'eau polluée des cités et des puits, […] le vin gardera longtemps son rôle de sociabilité ; il rassemble et unit les compagnons de table et les amis » et « du berceau à la tombe, il accompagne les événements de la vie familiale et les grandes fêtes calendaires ».[32] Le marqueur de la sociabilité mise en place lors des repas mondains concerne définitivement la possession massive de grands crus.[33] De plus en plus exigeants dans leur course effrénée contre l'aristocratie, les négociants n'hésitent visiblement pas à investir dans des vins inaccessibles au peuple. Aux bouteilles de

---

[31] MUCHEMBLED (Robert), *Sociétés, cultures et mentalités dans la France moderne. XVIe-XVIIIe siècles*, Paris, Armand Colin, 2e éd., 1994, p. 178.

[32] ROCHE (Daniel), *Histoire des choses banales. Naissance de la consommation. XVIIe-XIXe siècles*, Paris, Fayard, 1997, p. 254-255.

[33] Nous lirons avec un grand intérêt les actes d'un colloque international qui s'est tenu à Bordeaux du 15 au 17 mars 2007 : BOUNEAU (Christophe) et FIGEAC (Michel) dir., *Le Verre et le vin de la cave à la table, du XVIIIe siècle à nos jours*, Pessac, Maison des sciences de l'homme d'Aquitaine, 2007.

Saint-Émilion se mêlent celles de champagne, le vin de Bourgogne restant l'un des plus prisés et surtout l'un des plus chers.[34]

Par l'abondance quantitative et qualitative des mets servis aux invités, se discerne une stratégie de démonstration sociale qui est le corrélat de celle adoptée pour les services de table. Dans les achats de Madame Fleuriau par exemple, peu d'excentricités alimentaires sont à souligner. Chez les élites, « l'art culinaire ne s'est pas mis d'abord au service de la gourmandise – péché capital – mais au service du bon goût » qui, « pour les Français des XVIIe et XVIIIe siècles, est donc un goût classique ».[35] Pour les viandes et les volailles, l'éclectisme des animaux et des préparations est assuré. Cependant, notons l'absence flagrante du porc qui reste le symbole de la consommation populaire. Le seul achat porcin de Madame Fleuriau date du 29 septembre 1765 et consiste en un jambon à 5^L.[36] Le choix du morceau et le prix payé prouvent que « seules la quantité et la qualité distinguaient le mangeur privilégié du mangeur populaire, l'armateur, du marin ».[37]

Comme Jean-Louis Flandrin et Massimo Montanari l'expliquent, le XVIIIe siècle se signale par une consommation plus variée de morceaux et d'abats.[38] En 1771, Madame Fleuriau achète au marchand Bury des

---

[34] PARDAILHE-GALABRUN (Annick), *op. cit.*, p. 298.
[35] FLANDRIN (Jean-Louis) et MONTANARI (Massimo), *Histoire de l'alimentation*, Paris, Fayard, 1996, p. 701-702
[36] AD 17, 4 J 3800, pièces non numérotées, fol. 7 r°.
[37] CORBEAU (Jean-Pierre), « Le porc des ports », dans HUBERT (Annie) et FIGEAC (Michel) dir., *La Table et les ports. Cuisine et société à Bordeaux et dans les villes portuaires*, Pessac, Presses Universitaires de Bordeaux, 2006, p. 231.
[38] FLANDRIN (Jean-Louis) et MONTANARI (Massimo), *op. cit.*, p. 663.

ris et du mou de veau, des cervelles d'agneau, de la langue de bœuf, de mouton et d'agneau, l'addition pour le seul mois de janvier se montant à 214^L, soit plus de la moitié du salaire annuel d'un journalier.[39] Le fournisseur n'est payé que le 16 février, preuve qu'eu égard au montant et au statut de sa cliente, il ne peut exiger un paiement immédiat. Au regard des goûts alimentaires des négociants rochelais et des sommes allouées, l'opulence des mets va ainsi de pair avec celle du service et, comme à Bordeaux, « les tarifs pratiqués confirmaient le caractère socialement dissuasif ».[40] L'exceptionnel devient donc ordinaire, autour d'une pratique collective qui offre une visibilité sociale.

Mais ce qui reste le mieux renseigné dans les achats de Madame Fleuriau concerne indéniablement les desserts, si bien que pas une liste de courses ne contient au moins un article de ce genre. Certains achats d'une grande quantité de pâtisseries peuvent être mis en rapport avec un dîner mondain ou avec la tenue d'un « goûter ». Le 6 avril 1776 par exemple, Madame Fleuriau achète trois douzaines de choux, douze feuilletés, douze tartelettes, six massepains et pas moins de 154 autres macarons.[41] Il est à remarquer que l'amande joue un grand rôle dans la composition des gâteaux achetés. Comme à Bordeaux, un groupe de pâtissiers suisses a pignon sur rue, ces derniers se taillant la part belle du marché des desserts traditionnels, c'est-à-dire « de bon goût ».[42]

---

[39] AD 17, 4 J 3800, pièces non numérotées, fol. 29 r°.
[40] FIGEAC (Michel), « De l'art de manger aux arts de la table. Les journaux d'annonces témoins des pratiques culinaires bordelaises à la fin de l'Ancien Régime », dans HUBERT (Annie) et FIGEAC (Michel), *op. cit.*, p. 47.
[41] AD 17, 4 J 3800, pièces non numérotées, fol. 52 r°.
[42] FIGEAC (Michel), « De l'art de manger… », *op. cit.*, p. 47.

Culture et train de vie

Plus difficile à saisir, il est un autre défi qui oppose pareillement négociants et seigneurs. Imprégné par l'esprit des Lumières, le XVIIIe siècle constitue aussi le temps des rivalités intellectuelles. Dans les hôtels particuliers, les collections de livres représentent de très loin la partie la plus visible des moyens mis en place par les négociants pour démontrer leur ambition culturelle, constituant dès lors un véritable marqueur de groupe. Plus de la moitié des négociants ont une collection de livres de plus de 50 volumes, 40 % en ont plus de 100 et presque un quart du corpus en ont plus de 200. Pour ce qui a trait aux collections d'importance, trente négociants ont plus de 200 volumes de livres, le record étant à mettre au crédit de Pierre Dangirard avec une collection de 4 824 titres en 9 947 volumes.[43] Sous l'angle quantitatif, la culture livresque rochelaise s'étalonne sur celle observée chez les aristocrates parisiens et provinciaux.[44] Au demeurant, cette même fréquence semble être supérieure à celle observée dans les autres places de commerce, la confession réformée d'une majorité des négociants rochelais jouant en cela un rôle décisif. La culture livresque étant un élément essentiel de la subculture réformée, il n'est pas étonnant d'observer dans une communauté dont les protestants

---

[43] Pour une étude plus approfondie de la bibliothèque du négociant, voir : MARTINETTI (Brice), « Pierre Dangirard en sa bibliothèque : du négociant éclairé au 'pape des protestants rochelais' (1781) », *Revue française d'histoire du livre*, Genève, Droz, n° 130, 2009, pp. 191-214.

[44] ROCHE (Daniel), *Les Républicains des lettres…*, *op. cit.*, p. 93.

représentent plus de la moitié des effectifs une si grande appétence.[45] À côté des livres qui constituent incontestablement un passe-temps prisé, il est possible d'observer d'autres objets de culture mis en évidence dans un espace de sociabilité sous forme de collections.[46] Les objets scientifiques sont dans les inventaires après décès des instruments de choix : n'étant d'aucune nécessité vitale mais étant presque toujours dénombrés dans des pièces de réception, ils se font l'écho de l'élan insufflé par les Lumières : l'ouverture au Monde et aux sciences devient un élément incontournable dans la codification des relations sociales. Microscopes, télescopes, boîtes d'optique, baromètres, globes terrestres et célestes, tous ces objets s'affichent ostensiblement aux yeux des convives. S'observent aussi de nombreuses collections d'estampes, une majorité de négociants ayant entre dix et cinquante œuvres en moyenne. Chez Nicolas Weis, ce sont dix-sept gravures de différentes formes et grandeurs qui sont dénombrées dans le salon de son hôtel particulier de la rue Porte-Neuve, dix-neuf dans une galerie du premier étage, quatorze dans sa chambre à coucher, vingt dans sa bibliothèque ou encore vingt-deux autres dans un cabinet.[47] Chez Pierre Dangirard, ce ne sont pas moins de 1 168 gravures et 97 cartes qui

---

[45] ARIÈS (Philippe) et DUBY (Georges) dir., *Histoire de la vie privée. De la Renaissance aux Lumières*, t. 3, Paris, Seuil, 1986, p. 135.

[46] Sur le monde des collections, soulignons l'importance des nombreux travaux de Dominique POULOT et notamment l'ouvrage dirigé avec Jacques GUILLERME : *Les Collections : fables et programmes*, Seyssel, Éditions Champ Vallon, 1993.

[47] AD 17, 3 E 1704, *Inventaire après décès de Nicolas Weis* (1793), notaire Delavergne fils, acte non numéroté, fol. 3 r° à 12 v°.

forment une collection affichée en partie sur les murs de ses pièces de vie.[48]

Au sein des intérieurs des négociants rochelais, certaines collections sont d'une très grande richesse comme celle de Jean-Pierre Pelletan. En 1808, dans une maison de douze pièces et deux étages située près de l'Arsenal, le notaire Herard vient dresser l'inventaire après décès du négociant en compagnie de nombreux créanciers.[49] L'ouverture de deux pièces servant de cabinets va considérablement ralentir la rédaction de l'acte. Dans le premier cabinet se trouvent pas moins de 801 volumes de livres et 73 gravures. À cela s'ajoutent un baromètre à cylindre, un petit baril d'ivoire sur lequel est disposé un cadran solaire, deux œufs d'autruche, un microscope, un hydromètre, un globe de cristal et un petit télescope. Dans le deuxième cabinet, outre 86 verres d'optique et un « arc de sauvage », c'est un médailler en marqueterie qui retient l'attention du notaire. Dans le meuble aux 71 tiroirs figurent 1 473 pièces de monnaie de différentes origines ainsi que 132 médailles.[50] En plomb, en plâtre, en cuivre, en papier sous verre ou dans des matériaux plus onéreux, ces objets constituent pour le négociant une véritable collection et témoignent d'un véritable intérêt personnel, ce que confirment les nombreux ouvrages de numismatique et d'archéologie présents dans la bibliothèque.

---

[48] AD 17, 3 E 989, *Inventaire après décès de Pierre Dangirard* (1781), notaire Daviaud, acte non numéroté, fol. 24 r° à 29 r°.
[49] AD 17, 3 E 35/16, *Inventaire après décès de Jean-Pierre Pelletan* (XVIII08), notaire Herard, acte n° 1013
[50] *Idem.*, fol. 3 r° à XVIII v°.

Chez les négociants rochelais, l'argent rapproche les modes de vie. D'abord considéré comme relevant du domaine du privé, l'hôtel particulier est un lieu où la profession finit par rassembler, interférant ainsi avec d'autres réseaux urbains. S'y exerce entre pairs une sociabilité du loisir, du repas, du réseau professionnel, de la religion, toutes relations qui relèvent d'une forme de psychologie collective, élitaire et mondaine. Dans des espaces modernes mis en scène, devenant de véritables centres de gravité, observer les objets du quotidien peut être un fil d'Ariane pour saisir les différentes manières dont les négociants entretiennent leurs relations, prouvent leur appartenance à la haute société, puisqu'ils se doivent d'incarner l'idéal d'abondance et l'idée de performance, et que le regard de l'autre est décisif pour que s'opère un mécanisme de distinction. La décoration d'intérieur, le service de table et les mets présentés, le mobilier en bois des îles, les collections livresques ou scientifiques sont autant de combinaisons synergétiques dans la démonstration sociale affichée aux yeux des visiteurs. Une fois ces atouts financés et organisés, il ne reste plus aux négociants et à leur famille qu'à prendre place en personne dans cette culture d'un paraître de groupe, et à jouer de la sociabilité du corps et de ses apparats. Les négociants rochelais mettent ainsi en scène des foyers qui correspondent à un modèle partagé dans les autres places commerciales atlantiques, incorporant toutefois des originalités dans l'organisation du bâti et surtout dans leur appétence livresque et picturale, fruits d'une subculture réformée autour de laquelle se retrouve la majorité de l'effectif.

Bibliographie sélective

Angiolini (Franco) et Roche (Daniel) dir., *Cultures et formations négociantes dans l'Europe moderne*, Paris, EHESS, 1995.

Ariès (Philippe) et Duby (Georges) dir., *Histoire de la vie privée. De la Renaissance aux Lumières*, t. 3, Paris, Seuil, 1986.

Belmas (Élisabeth), *Jouer autrefois : Essai sur le jeu dans la France moderne (XVIe-XVIIIe siècle)*, Seyssel, Éditions Champ Vallon, 2006.

Bouneau (Christophe) et Figeac (Michel) dir., *Le Verre et le vin de la cave à la table, du XVIIIe siècle à nos jours*, Pessac, Maison des sciences de l'homme d'Aquitaine, 2007.

Butel (Paul) et Poussou (Jean-Pierre), *La Vie quotidienne à Bordeaux au XVIIIe siècle*, Paris, Hachette, 1980.

Delafosse (Marcel), *Histoire de La Rochelle*, Toulouse, Privat, 1985.

Figeac (Michel), *Destins de la noblesse bordelaise (1770-1830)*, t. 1, Talence, Fédération Historique du Sud-Ouest, 1996.

Flandrin (Jean-Louis) et Montanari (Massimo), *Histoire de l'alimentation*, Paris, Fayard, 1996.

Garnot (Benoît), *Les Villes en France aux XVIe, XVIIe et XVIIIe siècles*, Paris, Ophrys, 1989.

Gherchanoc (Florence), *La Maison, lieu de sociabilité, dans des communautés urbaines européennes, de l'Antiquité à nos jours*, actes du colloque international de l'Université Paris VII-Denis Diderot, 14-15 mai 2004, Paris, Éditions Le Manuscrit, 2006.

Hubert (Annie) et Figeac (Michel) dir., *La Table et les ports. Cuisine et société à Bordeaux et dans les villes portuaires*, Pessac, Presses Universitaires de Bordeaux.

Jeannin (Pierre), *Marchands d'Europe, pratiques et savoirs à l'époque moderne*, Paris, Éditions Rue d'Ulm, Presses de l'École normale supérieure, 2002.

Lavedan (Pierre), *Histoire de l'urbanisme, Renaissance et temps modernes*, t. 2, Paris, H. Laurens, 1972.

Lilti (Antoine), *Le Monde des salons. Sociabilité et mondanité à Paris au XVIIIe siècle*, Paris, Fayard, 2005.

Martinetti (Brice), *Les Négociants rochelais au XVIIIe siècle. Formations, évolutions et révolutions d'une élite*, thèse de doctorat en histoire moderne sous la direction de Didier Poton, Université de La Rochelle, 2012.

Martinetti (Brice), « Pierre Dangirard en sa bibliothèque : du négociant éclairé au « pape des protestants rochelais » (1781) », *Revue française d'histoire du livre*, Genève, Droz, n° 130, 2009, pp. 191-214.

Meyzie (Philippe), *L'Alimentation en Europe à l'époque moderne. Manger et boire XVIe s.-XIXe s.*, Paris, Armand Colin, 2010.

Muchembled (Robert), *Sociétés, cultures et mentalités dans la France moderne. XVIe-XVIIIe siècles*, Paris, Armand Colin, 2e éd., 1994.

Pardailhe-Galabrun (Annick), *La Naissance de l'intime. 3000 foyers parisiens, XVIIe-XVIIIe siècles*, Paris, Presses Universitaires de France, 1988.

Petre-Grenouilleau (Olivier), *L'Argent de la traite. Milieu négrier, capitalisme et développement : un modèle*, Paris, Aubier, 1996.

Perrot (Philippe), *Le Luxe, une richesse entre le faste et le luxe, au XVIIIe et au XIXe siècle*, Paris, Seuil, 1995.

Poton (Didier), « L'édit sur les « non-catholiques » en Aunis (1787-1788) : un révélateur de l'autonomisation des pratiques et des comportements religieux des familles réformées ? », dans Cocula (Anne-Marie) et Pontet (Josette) dir., *Au contact des Lumières. Mélanges offerts à Philippe Loupès*, Pessac, Presses Universitaires de Bordeaux, 2005, t. 2, pp. 149-159.

Poulot (Dominique) et Guillerme (Jacques), *Les Collections : fables et programmes*, Seyssel, Éditions Champ Vallon, 1993.

Quellier (Florent), *La Table des Français. Une histoire culturelle (XVe-début XIXe siècle)*, Rennes, Presses Universitaires de Rennes, 2007.

Queniart (Jean), *Culture et société urbaines dans la France de l'Ouest*, Paris, Éditions Klincksieck, 1978.

Révauger (Cécile) et Saunier (Éric) dir., *La Franc-maçonnerie dans les ports*, Pessac, Presses universitaires de Bordeaux, 2012.

Roche (Daniel), *Les Républicains des lettres. Gens de culture et Lumières au XVIIIe siècle*, Paris, Fayard, 1988.

—, *Le Peuple de Paris, la culture populaire au XVIIIe siècle*, [1981], Paris, Fayard, 1999.

—, *Histoire des choses banales, Naissance de la consommation. XVIIe-XIXe siècle*, Paris, Fayard, 1997.

—, *Le Siècle des Lumières en province : académies et académiciens provinciaux (1680-1789)*, Paris, EHESS, 1978.

—, *La Culture des apparences. Une histoire du vêtement XVIIe-XVIIIe siècles*, Paris, Fayard, 1989.

—, « Négoce et Culture dans la France du XVIIIe siècle », *Revue d'histoire moderne et contemporaine*, t. XXV, juillet-septembre 1978, pp. 375-395.

Saupin (Guy) dir., *Villes atlantiques dans l'Europe occidentale du Moyen Âge au XXe siècle*, Rennes, Presses Universitaires de Rennes, 2006.

Entre amitié et vertu : sociabilités de Schoppenwihr à Vizille au tournant de la période contemporaine

Laure Hennequin-Lecomte
Université de Strasbourg

À la fin du siècle des Lumières, en Alsace, une « petite société d'émulation »[1] fait montre d'une faculté à vivre ses relations sociales à l'intérieur de la sphère publique et privée. Celles qui sont passées à la postérité comme les demoiselles de Berckheim, dans l'espace rhénan, et leurs amis en Europe, entretiennent des rapports sous le signe de Calliope et d'Érato, ce dont leurs correspondances, leurs *ego*-documents et leurs divers ouvrages se font l'écho. Réuni à l'origine sous l'égide du poète Pfeffel, le cercle de Schoppenwihr prend l'appellation de la résidence familiale des Berckheim. La société qui lui succède porte le nom d'une rivière qui coule dans la propriété dauphinoise des Perier, la Dui. Le château de Vizille est un des lieux où le vent de la Révolution a commencé de souffler. À la fin du Directoire, il est l'espace de création nocturne

---

[1] *Correspondance des demoiselles de Berckheim et de leurs amis, précédée d'un extrait du Journal de Mlle Octavie de Berckheim et d'une préface de M. Philippe Godet*, 2 tomes, Paris, Neuchâtel, Imprimerie Delachaux et Niestlé 1889, tome 1, p. 66.

d'une législation dans la sphère privée, sous le sceau de « l'amitié et [de…] la vertu »[2]. Sous quelles formes ce réseau intellectuel, qui a pour objet l'amélioration personnelle d'un point de vue intellectuel et spirituel, avec ses hautes exigences, fait-il la synthèse d'un retour aux sources antiques et de la connaissance de la Nature, illustration du « commerce des esprits » ?[3] De quelle manière évolue-t-il de l'Alsace au Dauphiné, dans l'espace châtelain et dans une Europe en révolution et en guerre ? Comment s'effectuent les transferts informatifs et culturels entre ces deux aires géographiques, l'espace rhénan transfrontalier et l'espace rhodanien ? Nous emprunterons leurs formules à ceux qui marchent « dans le sentier de la vie comme membre d'une confrérie dont la devise est *Unis pour devenir meilleurs* »[4]. Nous examinerons les modalités originales de cette sociabilité des élites rhénanes au tournant de la période contemporaine, en brossant le tableau des « régions de l'amitié »[5] de Schoppenwihr à Vizille. Nous déterminerons le « trait électrique de

---

[2] Traité de famille, 9 mai 1801, Bibliothèque municipale de Grenoble, B.M.G., R 90564.

[3] TREBITSCH (Michel), « Correspondances d'intellectuels, le cas des lettres d'Henri Lefevre à Norbert Guterman (1935-1947) », RACINE (Nicole) & TREBITSCH (Michel) dir., *Sociabilités intellectuelles, lieux, milieux, réseaux*, Cahier n° 20 de l'Institut d'Histoire du Temps Présent, C.N.R.S., mars 1992, p. 82.

[4] *Correspondance des demoiselles de Berckheim, op. cit.*, tome 1, p. 141.

[5] GÉRANDO (Gustave) éd., *Lettres de la baronne de Gérando, née de Rathsamhausen, suivies de fragments d'un journal écrit par elle de 1800 à 1804*, 2ème édition, Didier et Compagnie, libraires éditeurs, Paris, 1881, p. 101.

l'amitié »[6] de deux figures estimées emblématiques par les sociétaires en montrant comment Oberlin et Pfeffel veillent « au feu sacré ».

Les « régions de l'amitié »

La modalité primitive de cette sociabilité cimentée par des liens de famille et d'amitié est constituée par le livre d'amitié de Caroline, fille de Pfeffel, épouse de Berger, pédagogue œuvrant avec son beau-père dans l'Académie militaire. Les correspondances entre ce livre d'amitié, les bouquets de mariage offerts à deux sociétaires, Amélie de Berckheim et Annette de Rathsamhausen, et la charte de la fin de l'Ancien Régime au Directoire, constituent les formes de ce lien social qui s'appuie ainsi sur un support double, écrit et iconographique. Nous verrons comment ces emblèmes entrent en résonance afin de cerner le « motif dans le tapis »[7] de la sociabilité des élites rhénanes.

L'image et l'écrit sont les facettes de cet *album amicorum* que composent les correspondances émanant de Schoppenwihr, la charte et les testaments d'amitié de la Dui. La devise de Schoppenwihr « Unis pour devenir meilleurs » est formulée dans la propriété des Berckheim, famille de noblesse immémoriale, située non loin de Colmar. Cette devise s'ajoute à celle du temple de la Dui,[8] édifié dans le château de Vizille,

---

[6] *Lettre d'Henriette Perier à Camille Jordan,* Vizille, ce 8 prairial, BOUBÉE (Robert), *Camille Jordan en Alsace et à Weimar, d'après des documents inédits avec un portrait,* Paris, Plon, 1911, pp. 185-194.

[7] JAMES (Henry), *The Figure in the Carpet* [1896], Paris, Garnier-Flammarion, 2004 (édition bilingue avec dossier)

[8] ROYER (Louis), « Une société d'amitié au château de Vizille », *Petite revue des bibliophiles dauphinois,* II, 4, p. 99.

propriété de la « tribu bourgeoise »⁹ des Perier qui a accueilli les États généraux à la fin de l'Ancien Régime. Pfeffel est la cheville ouvrière du cercle alsacien. Lors de leurs retrouvailles, « les membres de [cette] petite société »[10] se communiquent leurs travaux littéraires. Les amies de Caroline Pfeffel filent des métaphores végétales pour célébrer la nature de leurs sentiments dans les courts poèmes dédiés à la fille du poète : « Mais l'Amitié est l'immortelle/Qu'on cueillit en chaque saison ».[11] Elles expriment leurs liens de manière littéraire et figurative par des motifs floraux et des dessins où les fleurs, protagonistes à part entière, ne constituent pas seulement un élément du décor, mais le motif du tapis. Caroline Louise Pfeffel a tenu pendant treize ans ce livre d'amitié, témoignage des liens privilégiés entre les familles Berckheim, Dietrich et Pfeffel.[12] Il comporte de nombreux croquis et dessins, de petits poèmes ou des déclarations d'amitié en prose émanant notamment d'Amélie de Dietrich[13] et d'Amélie de Berckheim.[14] Ce « livre blanc des amis »[15] est un vecteur de la sociabilité rhénane d'abord utilisé en Allemagne pour recueillir des autographes d'amis, type de sociabilité encore en vigueur aujourd'hui dès l'école primaire.

---

[9] Charles de Rémusat emprunte la désignation de Mme de Staël (*Mémoires de ma vie*, tome 2, Paris, Plon, 1960, p. 130).
[10] *Correspondance des Demoiselles de Berckheim et de leurs amis, op. cit.*, *Journal d'Octavie*, tome 1, p. 66.
[11] Jeannette Charlotte Lamey, Manheim, ce 15 mars 1786, p. 73 bis.
[12] Ms 889.
[13] Ms 889, p. 43 bis.
[14] Ms 889, p. 73 bis.
[15] SIMONET-TENANT (Françoise), *Le Journal intime, genre littéraire et écriture ordinaire*, Paris, Téraèdre, coll. « L'écriture de la vie », 2004, p. 26.

Entre amitié et vertu :
sociabilités de Schoppenwihr à Vizille au tournant de la période contemporaine

Du début de la période contemporaine témoigne la dédicace de l'illustre écrivaine Sophie de La Roche :

> Conserves [*sic*] avec amitié l'assurance du sentiment d'estime que tous les gens de bien porteront toujours à une jeune personne qui suit les préceptes de sagesse d'un père comme le vôtre et l'exemple des vertus d'une mère comme celle que Dieu vous donnat [*sic*]/Je suis chère Caroline pour toujours votre vieille amie/Sophie de la Roche/Colmar le 7 9br 1789.[16]

Ses romans sont appréciés par les demoiselles de Berckheim, comme le signale Octavie dans son journal lors de la visite de Sophie de La Roche à Schoppenwihr. Ce livre d'amitié peut être mis en parallèle avec la pièce de théâtre composée pour le mariage d'Amélie de Berckheim. Il fait alterner témoignages amicaux en prose et en vers, dessins variés dont plusieurs variations florales imagées. Ces bouquets d'amitié dessinés par la gent masculine et la gent féminine au fil des pages prennent une forme différente lors du rite de passage. Il ne s'agit pas seulement de quelques phrases consignées dans le livre d'une jeune fille pour sceller l'intensité d'une relation amicale. Le mariage amène les amis et les membres de la famille à composer des « bouquets » d'hyménée. Le cercle de Schoppenwihr célèbre en 1797 les noces d'Amélie de Berckheim avec Fritz de Dietrich. La comédie *Bouquets offerts à Lonny, par ses sœurs et ses amies, le jour de son mariage*[17] invite les « jeunes filles en fleurs », à endosser, de façon éphémère, une autre identité qui n'a rien à voir avec leur place dans la société. Au cœur de la Révolution française, dans l'espace rhénan en guerre, Octavie, Henriette et Fanny

---

[16] *Journal d'Octavie, op. cit.,* 1789, tome 1, p. 3-5.
[17] Archives de Dietrich, ADD 93/3/8.

de Berckheim, Pfeffel et ses filles, les cousines de Dietrich expriment l'intensité de leurs sentiments par des pièces littéraires, jouées à l'occasion du mariage d'Amélie avec le fils du maire de Strasbourg chez qui *La Marseillaise* a été chantée la première fois. Le 27 mai 1797, à Colmar, par l'illusion comique, elles jouent de leurs ressemblances et différences. Elles poétisent et théâtralisent leur fraternité et leur amitié en faisant référence à leur appartenance à un groupe bien défini, fondé sur le lien électif. Elles puisent dans l'histoire de la littérature et dans une œuvre de Pfeffel, clef de voûte du cénacle culturel. Le *Diadème de perles fines*[18] qui magnifiait la sororité est recopié et commenté par Octavie dans un cahier de son journal. Ces mascarades d'hyménée sous le signe des « affinités électives » mettent en jeu le diptyque « nature-culture », vecteur symbolique de leur germanité. Ces amies et ces sœurs idéalisent le lien adelphique au sein du cercle de Schoppenwihr. Les amies des quatre sœurs sont Frédérique et Caroline Pfeffel, filles du pédagogue, Marie d'Oberkirch, enfant unique de la célèbre mémorialiste baronne d'Oberkirch, ainsi qu'Annette de Ratsamhausen, future épouse de l'idéologue Joseph de Gérando. Co-auteurs du poème et de la pièce de théâtre, elles composent sous l'égide de leur père biologique et spirituel. Frédérique Pfeffel copie les documents manuscrits. Les masques littéraires servent une écriture au féminin, marquée par un vertige du double. Le rite de passage amène ces jeunes patriciennes à expérimenter une sociabilité originale. Le temps de la fête, elles mettent en scène leur fratrie et leur cercle amical sous une forme à la fois comique et

---

[18] *Correspondance des demoiselles de Berckheim, op. cit.*, tome 1, p. 58-60.

poétique. À l'occasion de ces « fêtes galantes », le jeu de masques correspond au jeu de l'amour, et non du hasard, lors d'une cérémonie où elles s'amusent à changer d'identité. Elles s'affublent à l'âge adulte, en toute liberté, d'un surnom qui diffère du prénom usuel et du pseudonyme qu'elles se donnent dans les échanges épistolaires, sous le sceau de la flore et de l'Antiquité. L'artifice participe de l'imaginaire dans un conte merveilleux, *La Couronne de Pallas*,[19] où les jeunes patriciennes jouent sur l'initiale de leur prénom réel. L'écriture les transforme en actrices.

L'année suivante, en 1798, Pfeffel célèbre l'union de Joseph de Gérando et d'Annette de Rathsamhausen. Son épithalame, *Ein Winterblümchen in Annettens Brautkranz*,[20] *Une fleur d'hiver dans la couronne d'Annette*,[21] s'inscrit dans la même thématique florale. Auteur privilégié de ces œuvrettes nuptiales, après Amélie de Berckheim, il s'intéresse à une autre sociétaire de Schoppenwihr. Il insiste sur le caractère religieux du mariage. Le jour de la cérémonie, pour leur vie future, Dieu est considéré comme présent. Le bouquet reste conceptuel : il s'agit de « roses célestes » que « la main de la Providence » a tressées « autour de ton front ».[22] Pfeffel présente les noces comme la récompense d'une vie vertueuse qui reçoit ainsi un nouvel élan « auprès d'un initié des muses ». Autrement dit, Annette gagne au change. Elle perd les plaines éloignées de l'Alsace, mais dans sa « nouvelle patrie », elle partage l'existence

---

[19] ADD 93/3/11.
[20] Poème en allemand, imprimé sur deux pages, 25 vers, décembre 1798.
[21] *Ein Winterblümchen in Annettens Brautkranz*, titre original cité dans *Revue d'Alsace*, 1895, « Pfeffel et le baron de Gérando ».
[22] *Lettres de la baronne de Gérando, op. cit.*, p. 155.

d'un homme poète à ses heures perdues. Elle garde par le biais de la correspondance Pfeffel « l'ami que des liens anciens et sacrés rattachent à toi ».[23]

Le noyau dur du cercle de Schoppenwihr est formé par les quatre demoiselles de Berckheim. La première partie de la correspondance d'Annette de Rathsamhausen, leur amie commune, épistolière et diariste, permet de saisir l'originalité de leur conception de l'amitié. À travers ces liens, elle exprime un besoin, une quête de perfection, tant sur le plan moral que religieux :

> Je bénis la Providence qui daigna me faire connaître et m'accorder de si précieux amis. Puissé-je un jour, réunie à eux dans le séjour de la lumière et de l'amour éternel, sourire avec reconnaissance à ces deux vertueux amis qui ont aussi contribué à épurer mon cœur et mes affections ! Ah, je le sens bien, avec les secours de l'amitié je pourrai beaucoup ; je ne serai rien sans elle.[24]

Le substantif « amitié » est polysémique. Il désigne la *philia*, l'amitié au sens moderne du terme : « J'étais fort heureuse de compter parmi ceux que j'aime un si parfait ami ».[25] Dans le cercle de Schoppenwihr, l'amitié et l'amour ont des exigences identiques. Quand Annette définit ses relations avec Scipion Perier, elle insiste sur plusieurs éléments. Le caractère sexué n'est pas nié, mais dépassé. Deux êtres se regardent, faisant abstraction de leur corps, de leur identité sexuelle. L'objectif est de s'améliorer.

Pour la plus jeune et celle restée demoiselle de Berckheim, « ce n'était pas une société de paresseuses et de poseuses ». Ainsi, Fanny rappelle à sa sœur aînée

---

[23] *Ibid.*, p. 156.
[24] *Ibid.*, p. 76.
[25] *Ibid.*, p. 138.

leurs « bonnes résolutions », leur « pacte »[26] qui consiste en un apprentissage continu. Une lettre adressée à Camille Jordan par Henriette résume, sous une forme interrogative, scandant par la répétition d'un adjectif à connotation positive, les engagements pris par les membres de cette confrérie amicale et intellectuelle : « Profitez-vous de ce précieux temps ? Êtes-vous fidèle aux rendez-vous, aux souvenirs, aux bonnes résolutions, aux lectures, au bon emploi du temps ? »[27] Dans une lettre à sa sœur Amélie, Henriette utilise une phrase exclamative concernant leur évolution respective, alors qu'elle n'a pas encore été reçue au sein de la société de la Dui : « Ô mon Amélie, ô mes bonnes sœurs, n'est-il pas vrai qu'un sentiment intime nous unit à jamais et qu'il existera toujours ! Cette chaîne d'amitié nous liera du Nord au Sud, de l'Est à l'Ouest. N'est-il pas vrai que nous n'aurons d'autre goût que celui du beau, d'autre but que celui du bien ! »[28]

Du cercle de Schoppenwihr à la société de la Dui

Les sœurs de Berckheim, séparées par les mariages respectifs de trois d'entre elles, ont à cœur de poursuivre leur programme ambitieux fixé dans le cadre du cercle de Schoppenwihr. Lorsque les circonstances séparèrent les amies, elles s'étaient juré de se retrouver

---

[26] Fonds Turckheim, Carton 58, Feuillet 18, *Correspondance des demoiselles de Berckheim, op. cit.,* tome 1, *Lettre de Mlle Fanny de Berckheim à Mme Fritz de Dietrich à Paris,* 13 septembre 1798, p. 224.
[27] BOUBÉE (Robert), *Camille Jordan en Alsace, op. cit.,* p. 189.
[28] TURCKHEIM (F.), Carton 58, feuillets 528-529, 6 juin 1798.

mentalement, tous les soirs, à huit heures au clair de lune.[29]

Le cercle de Schoppenwihr, puis la société de la Dui dessinent une iconographie de l'amitié censée pallier l'absence. Les emblèmes figurent dans le livre d'amitié de Caroline Pfeffel. Il comprend quelques croquis réalisés à la fin du siècle, articulés autour de symboles picturaux et littéraires encore présents dans la charte de la Dui. Il est significatif que ces icônes récurrentes de l'amitié soient utilisées sous une forme iconographique et littéraire par ce réseau rhénan et européen. Octavie de Berckheim dessine pour Caroline Pfeffel. Son île de l'amitié fait explicitement référence à celle qui existe réellement dans le parc du château de Schoppenwihr, et constitue une préfiguration de celle de la Dui. De même, l'urne finement dessinée au début du carnet d'amitié, entourée d'une couronne de fleurs roses et bleues, est une des figures de l'amitié que les sociétaires de la Dui vont utiliser sous une forme simple comme le stipule l'article 10 de la charte :

> Les archives de la Société seront déposées dans ce temple. Chacun des associés y aura une urne où sera enfermé après sa mort un bouquet de ses cheveux et un tableau de sa vie.
> Il sera le lieu du rendez-vous au moment des réunions et on y célèbrera en commun l'anniversaire du jour où la Société fut fondée et la mémoire des amis qui ne seront plus.

Le carnet d'amitié est comparé à un « monument » à plusieurs reprises et débouche sur une mise en abyme. De manière métonymique, il comprend des dessins de temple et notamment celui croqué par Octavie de Berckheim. Elle y a dessiné le temple de l'amitié avec

---

[29] BRAEUNER (Gabriel), « L'univers féminin du poète Pfeffel », *Saisons d'Alsace. Femmes d'Alsace*, n° 97, septembre 87, p. 80.

finesse. La feuille a été découpée en languettes octogonales dont le centre est le temple, d'où part une mèche de cheveux châtain. Elle idéalise le temple qui avait été édifié à Schoppenwihr et qui, situé sur une île, était accessible par un petit pont.[30]

L'article 9 de la charte précise le cahier des charges de l'extérieur de ce temple, tandis que l'intérieur est détaillé dans un alinéa ultérieur :

> Il sera élevé, dès que les circonstances le permettront, un temple modeste sur le bord de la fontaine de la Dui. Augustin Perier demeure chargé du soin de le faire construire. Il sera de forme ronde ; son frontispice sera composé de quatre colonnes d'un ordre simple. On lira ces mots sur le fronton : *À l'amitié et à la vertu.* » On placera dans l'intérieur du temple, au-dessus du lieu où seront déposées les urnes, cette devise : *Unis pour devenir meilleurs* ».

Le dessin antérieur d'Octavie entre en résonance avec le préambule de la charte :

> Amis, s'écrièrent-ils presque ensemble, qu'un temple modeste soit élevé près de cette fontaine ! […] Que la morale, les idées religieuses, que tous les sentiments purs, bannis aujourd'hui du milieu des hommes, trouvent encore un refuge dans notre temple et servent d'objet au culte que nous y instituons ! […] Que chacun de nous trouve dans ce temple et dans le souvenir de ses amis une douce et consolante immortalité ![31]

Pour garder le souvenir de l'autre, les amies de Caroline Pfeffel ont recours à deux moyens ingénieux, semblables à ceux que l'on trouve dans les romans épistolaires alors en vogue. Elles substituent à l'absent

---

[30] À Schoppenwihr, ce dernier a été conservé. Ses ruines peuvent encore aujourd'hui être admirées par les visiteurs du parc, seul vestige conservé de l'époque des demoiselles de Berckheim.
[31] BMG R 90564.

aimé une partie de sa personne en utilisant les cheveux comme un talisman.[32] Le corps est sublimé, dans des objets symboliques, cheveux, portrait, lettre, substituts vénérés de l'autre qui permettent d'accéder à l'âme. Par ailleurs, les mèches de cheveux sont des éléments intimes que les sociétaires doivent offrir à la société comme gage de leur appartenance à la Dui. Des mèches enrubannées de bleu et de rose sont collées dans le livre d'amitié. Les relations entre le cercle de Schoppenwihr et la société de la Dui sont consolidées par des liens matrimoniaux. Augustin Perier projette, au printemps 1798, d'épouser Henriette de Berckheim. Le mariage est célébré à Colmar, région natale de la mariée, au début de l'été, vers la fin de juin 1798, en présence des Dauphinois Joséphine Savoye de Rollin, Scipion Perier et Augustin Jordan. Le 31 décembre 1798, Joseph de Gérando et Annette de Rathsamhausen deviennent mari et femme. La demeure féodale, « miroir promené au bord du chemin » du Dauphiné,[33] est le siège de la nouvelle société, mixte tant du point de vue sexuel que confessionnel, qui expérimente l'amitié par une charte en vingt articles.[34] Elle insiste sur la volonté de renouvellement. L'adage rhénan « Unis pour devenir meilleurs »[35] est adopté, alliant sens pratique et mysticisme. Des créations littéraires symbolisent

---

[32] *Correspondance des demoiselles de Berckheim, op. cit.*, tome 1, 1889, p. 289. *Lettre de Fanny de Berckheim à sa sœur Octavie*, Strasbourg, automne 1797.

[33] STENDHAL, *Mémoires d'un touriste*. Dans cette relation des périples de l'écrivain à travers la France, le Dauphiné a une place de choix. La famille Perier y est mentionnée.

[34] BMG R 90564.

[35] *Correspondance des demoiselles de Berckheim, op. cit*, tome 1, p. 141 et *Lettres de la baronne de Gérando, op. cit.*, p. 69.

l'intensité du pacte[36] renouvelé sous le sceau de Flore et de l'Antiquité, comme l'atteste le poème de Joseph de Gérando écrit pour Pfeffel : *Mirtyle et Daphné, idylle, hommage offert à l'amitié*.[37] La « société intime » est désormais vouée « à l'amitié et à la vertu »[38] et s'ouvre sur l'extérieur : « Chaque membre de la Société mettra au nombre de ses premiers devoirs le zèle pour l'amélioration des hommes. Il sera invité à la diriger particulièrement sur quelques individus pris hors du cercle de la Société, dont il s'étudiera d'éclairer la raison et gagner le cœur. »[39]

Pfeffel et Oberlin: figures centrales d'une sociabilité fraternelle

Pour cerner l'évolution de cette sociabilité fondamentalement chrétienne, intellectuelle et pourtant fondée sur l'action, il est judicieux d'étudier deux figures centrales du protestantisme puisqu'elles jouent le rôle d'intermédiaire : elles mettent en relation les différents membres des deux cercles, l'un catholique, l'autre de la confession d'Augsbourg. Pfeffel et Oberlin se portaient tous les deux une estime réciproque. En 1786, Oberlin écrit quelques lignes en français dans le *Fremdenbuch* de Pfeffel, portant un jugement favorable sur l'académie militaire fondée par Pfeffel : « Jean Frédéric Oberlin, ministre de Waldersbach, a enfin été assez heureux pour revoir un établissement dont il est

---

[36] *Lettres de la baronne de Gérando, op. cit.*, p. 82.
[37] SCHOELL (Théodore), « Pfeffel et le baron de Gérando », *Revue d'Alsace*, 1896, p. 67-70.
[38] La société intime est créée le 19 février 1797 et connaît des modifications.
[39] Le 18 juillet 1798.

enchanté ».⁴⁰ Joseph de Gérando, rédacteur de la charte de la Dui, nous incite à réunir Pfeffel et Oberlin, faisant d'eux des protagonistes à part entière de son œuvre. Avec l'idylle *Mirtyle et Daphné*, il remercie Pfeffel d'une manière littéraire. Il lui fait également octroyer par Napoléon une pension de 1200 F⁴¹ et, à son décès, permet le versement d'une pension de 800 F à sa veuve.⁴² Gérando lui consacre un développement dans *Les Bons Exemples*.⁴³

Désigner Oberlin⁴⁴ et Pfeffel comme clefs de voûte, inspirateurs de cette sociabilité originale, et les rassembler comme figures tutélaires, c'est faire référence explicitement au journal d'Octavie de Berckheim, qui n'est pas seulement une des dessinatrices du livre d'amitié de Caroline Pfeffel, épistolière assidue du réseau rhénan, mais aussi diariste à la fin de sa vie de jeune fille. Elle recopie dans son journal *La Ballade de perles fines*⁴⁵ que le pédagogue et poète Pfeffel a composée pour elle et ses sœurs, et qui a servi de modèle à la *Couronne de Pallas*. Elle rédige la

---

⁴⁰ Pfeffel a rencontré pour la première fois Oberlin en 1778 à Colmar et loue ici le personnage et ses actions dans sa correspondance, cité dans PFANNENSCHMIDT (Dr H.), *Gottlieb Konrad Pfeffel's Fremdenbuch mit biographischen und culturgeschichtlichen Erläuterungen*, Selbstverlag des Herausgebers, Colmar, 1892, p. 136.
⁴¹ Le Général Rapp a joué le rôle du médiateur : voir BRAUENER (Gabriel), *Pfeffel l'Européen, op. cit.*, p. 119.
⁴² BRAUENER (Gabriel) « L'univers féminin du poète Pfeffel », art. cit., p. 81.
⁴³ DELESSERT (Benjamin-Jules-Paul) et GÉRANDO (Joseph-Marie de), *Les Bons Exemples : nouvelle morale en action*, ouvrage rédigé avec le concours et publié sous les auspices de MM. le Bon Benjamin Delessert et le Bon de Gérando, Paris, Didier, 1858, p. 49-50.
⁴⁴ Il s'impose comme référence pédagogique dans *Middlemarch* de George ELIOT, Gallimard, Folio Classique, Paris, 2005, p. 60.
⁴⁵ *Correspondance des demoiselles de Berckheim, op. cit.*, tome 1, p. 61.

relation détaillée d'une visite au presbytère Waldersbach en 1794.[46] Oberlin et Pfeffel font la synthèse de l'onomastique en vigueur au sein de Schoppenwihr. Pfeffel participe des « vies illustres » de l'Antiquité en s'érigeant en modèle : on le surnomme Bélisaire en raison de sa cécité. Oberlin signale le rôle capital qu'il attribue à la nature en s'attribuant un surnom végétal, le Cèdre. Dans un souci d'introspection et d'examen de soi, Octavie indique l'ouverture nécessaire de la sociabilité de Schoppenwihr : « cette petite confrérie ne doit pas nous permettre d'oublier la grande, dont nous sommes aussi membres et membres nécessaires ».[47] Elle mentionne l'exemplarité de l'objectif du cercle de Schoppenwihr en mentionnant l'existence de projets similaires dans d'autres cénacles rhénans : « Mlle Seitz les avait en quelque sorte surpris chez des amis car ils y mettent une activité discrète et propagent le bien sans que l'on s'en doute. Ils ont un cercle d'amis 'unis pour être meilleurs', comme le nôtre l'est pour devenir meilleurs ».[48]

Octavie s'interroge sur l'avenir de la confrérie, estimant que son objet est en adéquation avec l'accomplissement des membres, la conciliation du beau et du bien : « Unis pour devenir meilleurs. Une association pareille peut-elle jamais s'affaiblir ? Pourra-t-elle jamais empêcher que nous soyons heureux, puisqu'elle exige que nous devenions bons ? ».[49] Il ne s'agit pas de justifier la place éminente occupée dans la société par nos acteurs. Ils ne remettent pas en cause cette dernière, estimant être légitimes à cette place. Ils

---

[46] *Ibid.*, p. 94.
[47] *Ibid.*, p. 141.
[48] *Ibid.*, p. 93.
[49] *Ibid.*, tome 1, p. 69.

jugent déterminants les services rendus à la société, leur volonté privée de s'améliorer et, dans la sphère publique, leur volonté de servir soit l'État soit leur pays. Ils ont à cœur d'être heureux individuellement et de participer au bien-être collectif. Avant leur mariage, dans le cadre de Schoppenwihr, Annette secourt des pauvres, Gérando s'intéresse à l'instruction primaire. Lors de son séjour chez Oberlin, Octavie est admirative du travail que ce dernier accomplit au Ban de la Roche. Oberlin[50] est une des personnalités les plus singulières du protestantisme alsacien. Pasteur de 1767 à sa mort, il a construit une œuvre encyclopédique entre mysticisme et pragmatisme.[51] Théologien, éducateur, philosophe, botaniste, géologue, géographe, ingénieur et chirurgien, il est passé à la postérité comme pédagogue des Lumières. Pour échapper à la folie, le poète Lenz (1751-1792), incarnation du *Sturm und Drang*, va chercher refuge chez lui, comme le raconte Büchner.[52] Octavie décrit un repas avec Oberlin[53] où la Cène est expérimentée et expliquée, et où par la coupe de fraternité et la boisson symbolique, Oberlin met la compagnie à l'unisson.[54] Elle décrit la communion sous une espèce, le vin. Protestants et catholiques boivent fraternellement à même la coupe pastorale, après une promenade dans les Vosges, révélant plus qu'une sorte d'œcuménisme, une réelle fraternité :

---

[50] Jean-Frédéric Oberlin est né à Strasbourg en 1740 et mort au Ban de la Roche en 1826.
[51] CHALMEL (Loïc), *Oberlin, le Pasteur des Lumières*, La Nuée Bleue, Strasbourg, 2006, p. 43.
[52] BÜCHNER (Georg), *Lenz, suivi d'un extrait du journal d'Oberlin*, Éditions Jacqueline Chambon, Nîmes, 1991, p. 22.
[53] *Correspondance des demoiselles de Berckheim*, op. cit., tome 1, p. 128, 130.
[54] *Ibid.*, p. 104.

Entre amitié et vertu :
sociabilités de Schoppenwihr à Vizille au tournant de la période contemporaine

Après le premier verre de vin extra, on lui en fit passer un second ; il remercia, ne voulant pas en prendre davantage ; mais comme il était versé et que rien ne doit se perdre, il y trempa ses lèvres et pria ses jeunes amies de droite de le boire par amitié pour lui. Le verre passa de main en main, chacune en prend quelques gouttes, qui cimentent la fraternité. Perier boit comme les autres, je bois après lui avec un recueillement religieux, je me sentais des larmes dans les yeux. Quel moment ! je ne saurais le rendre par aucune expression. Ce verre, qui sortait de la main d'Oberlin et nous faisait boire à la même coupe, était significatif pour mon cœur : j'y voyais quelque chose d'*auguste* qui me rappelait l'institution de la Sainte-Cène. Et n'étions-nous pas les disciples de la vertu et de l'amitié ? Chacun approchait ses lèvres de la boisson symbolique, chacun pouvait en boire. Oh ! puissent nos cœurs rester toujours aussi purs et ce jour se renouveler ! Voilà, me disais-je, comme il serait doux de vivre, voilà comme notre piété serait notre félicité ; tous d'une même coupe, tous frères, tous enfants du même Dieu, plus de séparation entre les Églises. Mme E. T. qui était assise à ma droite n'a pas bu, comme nous tous. Boira-t-elle un jour comme nous ? Oui, son jour lui est sans doute réservé. Le verre était revenu à Oberlin qui le vida ; ainsi il en prit la première et la dernière gouttes et n'est-ce pas aussi lui qui tient le commencement et le bout de la chaîne pour la sceller.[55]

La description de la diariste met en lumière la pratique effective de la commensalité. La Sainte Cène n'est pas un sacrifice offert à Dieu, mais un repas auquel le Seigneur lui-même convie les chrétiens et

---

[55] *Ibid.*, p. 104-105.

s'offre à eux. La Cène n'est pas seulement explicitée par Oberlin. Pfeffel dans son *Épître à la postérité* revisite le dernier repas du Christ. Les deux membres du cercle de Schoppenwihr promeuvent une existence sous le signe de la fraternité et de la vertu et une réunion des proches dans l'au-delà. Pfeffel imagine un rituel original à mettre en parallèle avec la pastorale d'Oberlin et la législation née à Vizille.

La charte de la Dui exige de ses sociétaires la rédaction d'une lettre détaillant les dernières volontés à conserver dans une urne du temple.[56] Trois sociétaires respectent l'article 7 en déposant leur testament de l'amitié : Scipion Perier, le 27 décembre 1798 (« Aux amis, par Scipion Perier,[57] 7 nivôse an VII »), Joseph de Gérando, 16 prairial an VII (26 mai 1799), à Oullins, et Henriette Perier, née de Berckheim, le 26 juillet 1801, à Schoppenwihr. Ces sources comprennent une thématique chrétienne dans la droite ligne des dernières volontés de Pfeffel, lesquelles consistaient en des injonctions amicales. Durant l'été 1800, Pfeffel compose un long poème, *La Postérité*, dont les derniers vers constituent un testament poétique, proposant une célébration posthume originale, art de mémoire à destination des vivants. Il signale à ses proches la forme particulière que doit prendre leur mémoire future. Il leur fait une première recommandation concernant sa disparition. Il refuse par avance les larmes que l'on pourrait verser sur lui au moment de son trépas. Il

---

[56] 27 décembre 1798 : « Chaque associé […] déposera dans les archives une lettre cachetée qui devra être ouverte après sa mort et sera le testament de l'amitié ». B.M.G., R 90620 : voir BARRAL (Pierre), *Les Perier dans l'Isère au XIXe siècle d'après leur correspondance familiale*, P.U.F., Paris, 1964, p. 52.

[57] B.M.G., R 90620.

estime que lorsque l'heure sera venue, il devra tout simplement s'incliner, ainsi que ceux qui le perdront pour la vie terrestre. Il juge qu'il aura accompli ce qu'il devait sur terre, en accord avec les volontés divines, et que le chagrin et les regrets ne sont pas de mise. Il signale même la possibilité de l'absence d'une vie après la mort. Débarrassée de son enveloppe charnelle, l'âme sera libérée et cette libération ne doit en aucun cas être pleurée. Il réconforte par avance les êtres chers que sa mort affligera par la mention de la vie éternelle dont une image mal dégrossie est offerte aux hommes vivant sur terre. Il compare la vie humaine au déroulement lumineux d'une journée, à la course du soleil et du temps, pour dire qu'un nouveau jour se lèvera pour lui, que le cerveau humain ne peut correctement imaginer. Il demande à ceux qu'il aime de songer à la félicité possible qui l'attend. Cet espoir doit les guider absolument. Il refuse un chagrin démonstratif, il espère plutôt un léger effleurement, une dernière poignée de main, reliquat de sa vie charnelle, comme si les vivants souhaitaient au disparu bon voyage. Cette dernière caresse lui semble nécessaire aux survivants qui font ainsi leurs adieux au décédé. La journée anniversaire de sa disparition, il ne veut pas que ceux qui pensent à lui se recueillent au cimetière. Il désire être associé à la vie, et non à la mort, aux échanges dans le cadre de réjouissances familiales et amicales. Cette fête apparaît comme le prélude à de futures retrouvailles, quand viendra l'heure de la mort pour ses proches. Il propose un repas pris en commun, comme le faisaient les premières communautés chrétiennes. Pfeffel a l'espoir d'une confrérie fraternelle, d'une réunion de compagnons, en adéquation avec l'étymologie du terme, ceux avec qui on partage le pain. Il espère que son souvenir va demeurer vivant dans le cœur de ses proches. Il imagine un rituel original, à la place de ceux qu'on observe habituellement. Ce repas sera l'occasion d'honorer la mémoire du disparu en partageant pain et souvenirs. L'allusion à la Cène est légitime. Pfeffel achève ses dernières volontés, en évoquant l'union de ses proches, cimentée par le souvenir des heures heureuses partagées et le respect de la bonté, valeur qu'il leur a enseignée de son vivant. Il conclut son poème selon des principes de morale chrétienne proches de ceux qui définissent le cercle de Schoppenwihr.

Pour cerner les formes de cette sociabilité fondamentalement amicale, nous avons passé au crible de la critique les divers documents qu'elle a suscités. Ces grandes figures de l'Alsace, ces « Français de l'intérieur », helvétiques de souche et germaniques d'origine, forment un cénacle culturel multiconfessionnel, auquel présidait la volonté de perfectionner le corps et l'esprit. La circulation des informations et des idées, les retrouvailles amicales et familiales, tout épisodiques qu'elles ont été, se lisent sur un mode littéraire : livres d'amitié, compositions littéraires sont réalisés en même temps que se croisent les correspondances. Elles donnent lieu à des poèmes, à un pacte et à des testaments d'amitié. Schoppenwihr constitue ainsi un laboratoire de l'interspatialité, conséquence des alliances matrimoniales, point d'ancrage fort pour les membres actifs du cercle, recomposé à Vizille au sein de la société de la Dui.[58]

---

[58] ROYER (Louis), « Une société d'amitié au château de Vizille », *Petite revue des bibliophiles dauphinois*, II, 4, pp. 89-108.

Entre amitié et vertu :
sociabilités de Schoppenwihr à Vizille au tournant de la période contemporaine

Bibliographie sélective

Archives de Dietrich, ADD 93/3/8 et ADD 93/3/11.

Boubée (Robert), *Camille Jordan en Alsace et à Weimar, d'après des documents inédits avec un portrait*, Paris, Plon, 1911.

Correspondance des demoiselles de Berckheim et de leurs amis, précédée d'un extrait du Journal de Mlle Octavie de Berckheim et d'une préface de M. Philippe Godet, 2 tomes, Paris, Neuchâtel, Imprimerie Delachaux et Niestlé 1889, t. 1.

Braeuner (Gabriel), « L'univers féminin du poète Pfeffel », *Saisons d'Alsace. Femmes d'Alsace*, n° 97, septembre 87.

Büchner (Georg), *Lenz, suivi d'un extrait du journal d'Oberlin*, Éditions Jacqueline Chambon, Nîmes, 1991.

Chalmel (Loïc), *Oberlin, le pasteur des Lumières*, La Nuée Bleue, Strasbourg, 2006.

Delessert (Benjamin-Jules-Paul) et Gérando (Joseph de), *Les Bons Exemples : nouvelle morale en action*, ouvrage rédigé avec le concours et publié sous les auspices de MM. le Bon Benjamin Delessert et le Bon de Gérando, Paris, Didier, 1858.

Eliot (George), *Middlemarch*, Gallimard, Folio Classique, Paris, 2005.

Fonds Turckheim, Carton 58, Feuillet 18 et Carton 58, feuillets 528-529.

Gérando (Joseph de), *Du Perfectionnement moral ou l'éducation de soi-même*, Paris, 1824.

Gérando (Gustave), *Lettres de la baronne de Gérando, née de Rathsamhausen, suivies de fragments d'un journal écrit par elle de 1800 à 1804*, 2ème édition, Didier et Compagnie, libraires éditeurs, Paris, 1881, p.101.

James (Henry), *The Figure in the Carpet*, Garnier Flammarion, 2004.

Pfannenschmid (Dr. H.), *Gottlieb Konrad Pfeffel's Fremdenbuch mit biographischen und culturgeschichtlichen Erläuterungen*, Selbstverlag des Herausgebers, Colmar, 1892.

Pfeffel, *Ein Winterblümchen in Annettens Braukranz*, titre original cité dans *Revue d'Alsace*, 1895, « Pfeffel et le Baron de Gérando ».

Rémusat (Charles de), *Mémoires de ma vie*, tome 2, Paris, Plon, 1960.

Traité de famille, 9 mai 1801, Bibliothèque municipale de Grenoble, B.M.G., R 90564.

Trebitsch (Michel), « Correspondances d'intellectuels, le cas des lettres d'Henri Lefevre à Norbert Guterman (1935-1947), in Racine (Nicole) et Trebitsch (Michel) dir., *Sociabilités intellectuelles, lieux, milieux, réseaux*, Cahier n° 20 de l'Institut d'Histoire du Temps Présent, C.N.R.S., mars 1992.

Royer (Louis), « Une société d'amitié au château de Vizille », *Petite revue des bibliophiles dauphinois*.

Schoell (Théodore), « Pfeffel et le Baron de Gérando », *Revue d'Alsace*, 1896.

Simonet-Tenant (Françoise), *Le Journal intime, genre littéraire et écriture ordinaire*, avant-propos de Philippe Lejeune, Paris, Téraèdre, coll. « L'écriture de la vie », 2004.

Conclusion
Des espaces de la sociabilité en France et en Grande-Bretagne au XVIIIe siècle ou les leçons d'une géométrie dans l'espace

Éric FRANCALANZA
Université de Bretagne Occidentale, Brest

Au terme de ce volume, nous souhaiterions ressaisir la question de l'espace ou des espaces de sociabilité en France et en Grande-Bretagne au XVIIIe siècle sans verser dans une description par trop particularisante, tant les études marquent la diversité des lieux et des pratiques sociales, tant pèse sur la nature même de la sociabilité, sur ses formes, sur ses modes d'existence, toute une série de circonstances *a priori* extrinsèques. Nous nous demanderons donc comment les représenter, songeant que quelques considérations méthodologiques pourraient sans doute faire l'affaire. Les enquêtes traditionnelles sur la sociabilité ont longtemps privilégié la description particulière d'un milieu. Les ouvrages qui entendent fournir un panorama de la vie littéraire proposent en général une sorte de *compendium* des études sur la question en procédant par juxtaposition : on donne une idée de chaque salon, de chaque café ou de clubs plus atypiques. Parfois, l'enquête choisit un type d'institution et se déploie sur tout un territoire : c'est le cas de l'étude magistrale de Daniel Roche sur les académies. L'unité de l'ouvrage est le plus souvent fondée sur son ordre chronologique. Or une saisie dynamique des modes et fonctionnements divers de la sociabilité fondée sur l'espace manque toujours, et cela tient essentiellement à la difficulté qu'il y a à représenter des modes d'existence sociale de cette façon. Est-il, du reste, judicieux, peut-on penser, de passer du temps à l'espace ? C'est ce qu'impose de toute évidence une comparaison entre deux pays, et que présentent certaines des études de notre ouvrage, en ce sens très novatrices. Pour ce faire, on ne saurait non plus se cantonner à une enquête comparée sur les réseaux de sociabilité intellectuelle, politique et culturelle. Il faut, au contraire, envisager une démarche qui esquisse, voire dessine la géométrie, et non plus la simple cartographie,[1] de l'ensemble mouvant des relations sociales en un moment donné, afin de comprendre les enjeux de la comparaison. Plusieurs types de carte, qu'il faudra combiner entre eux pour ne pas perdre de vue la temporalité dans laquelle s'inscrit la description, répondront sans doute chacun d'une manière différente à cette saisie optique de la vie sociale des lettres et de la culture. Il ne s'agit pas d'un simple jeu ou d'une transposition d'un repère temporel dans un repère spatial : aux espaces de la sociabilité s'appliquent en effet plusieurs espèces de carte qui rendent compte, d'une manière que l'on peut estimer tout aussi relative qu'objective, des approches diverses de la question générale des rapports de la sociabilité entre France et Grande-Bretagne et de leur histoire.[2]

---

[1] Entendons une carte traditionnelle sur laquelle des points identifient des milieux.
[2] On sait par ailleurs que le centre de l'Europe se déplace au XVIIIe siècle et qu'on peut ainsi distinguer plusieurs pôles stratégiques : à

Conclusion

À vrai dire, une des difficultés majeures de cette enquête tient à son ambition fondatrice : comparer des espaces dans une durée, autrement dit définir une géographie comparée des agrégations sociales selon des critères à peu près stables. Or les pratiques sociales qui peuvent discriminer chacun des cercles observables sont si puissamment inscrites dans une histoire des lieux et conditionnées par des circonstances qui ne sont pas sans rappeler une typologie à la manière de l'*Esprit des lois* (climat, territoire, démographie, histoire sociopolitique, économie, évolution des techniques et des mentalités…) qu'elles ouvrent à des questions d'identité surplombant la nature des cercles (problème d'identité « nationale », religieuse, culturelle ou politique), et cela est d'autant plus conséquent pour notre propos que, dans les études que présente cet ouvrage, ces pratiques remontent d'évidence à une définition passablement divergente de la sociabilité en fonction du pays : les cafés de Paris ne se définissent ni tout à fait par les mêmes pratiques ni *a fortiori* par les mêmes fonctions que les *coffee houses* de Londres. La lecture des périodiques ne se passe pas de la même manière d'un pays à l'autre, et les chambres de lecture françaises, à commencer par l'exemple de Nantes, semblent bel et bien offrir un exemple de sociabilité à la française. Il n'est pas jusqu'à la manière de converser qui ne diffère, d'un salon à un café, d'un club londonien à un cercle parisien. Eclatement des formes et des modes, dissémination des types de cercle sur un même territoire, tel peut se signifier une diversité irréductible même à un espace-temps précisément déterminé, et

---

la lumière de l'évolution éco-démographique, une des zones importantes regroupe Pays-Bas et Grande-Bretagne et remonte jusqu'à la Baltique (pays huguenots).

produire l'impression d'une myriade de cercles constitués selon des types assez différents, quand ils ne paraissent pas d'emblée protéiformes à l'historien. À quoi bon s'intéresser alors aux espaces de sociabilité dans leur ensemble, pourrait-on se dire, si c'est pour égrener, à la manière d'un dictionnaire obstinément incomplet, une série d'exemples, tous plus ou moins différents, qui échappent par conséquent à toute tentative de typologie structurale, base méthodologique d'une comparaison efficace ?

Même si elle reste d'une grande utilité, la représentation produite par cet à-plat qui juxtapose des descriptions, peine à expliquer les coexistences, voire les évolutions. Et pourtant, qui ne sait comme les formes peuvent aussi se pérenniser en se modifiant légèrement ? Le salon de Mme de Tencin ressemblait d'assez près pour son mode de réception au cercle de la marquise de Lambert auquel, pour ainsi dire, il succédait. Si l'on se déplace maintenant à une échelle supranationale, l'effet est encore plus redoutable, et la comparaison peut tourner au casse-tête. Il est certes des modes de sociabilité très proches, mais compris dans les réseaux auxquels ils appartiennent, comment en expliquer l'existence particulière ? Comment en comprendre l'inscription territoriale ? Et si l'on a à l'esprit le grand tour effectué par la noblesse anglaise qui se devait de séjourner quelque temps à Paris pour y prendre l'air du monde, que cela permet-il de saisir de la construction d'une sociabilité anglaise ? Le prétendu modèle français de sociabilité est en réalité bien loin d'être unifié – est-il utile de répéter qu'à Paris, les cafés n'avaient certes pas les mêmes fonctions que les salons, que certaines sociétés parodiaient des cercles à la mode, ou encore que chaque salon avait son propre mode de fonctionnement ? Mais cette idée de modèle, cet idéal, était sans doute nécessaire à une construction par imitation autant que par opposition. Durant toute une partie du siècle, résiste, si l'on peut dire, un modèle de sociabilité à la française, caractérisé par un mode de converser et une conception de la civilité.[3] En vérité, il fascinait encore tout autant qu'il dérangeait. Un rêve passait à travers l'idée d'un contre-modèle, c'était de promouvoir une sociabilité proprement britannique. Cette revendication d'identité nationale, qui s'est fait jour depuis la fin du XVIIe siècle, tend à s'imposer dans la seconde moitié du XVIIIe siècle : l'espace de la sociabilité en reflète l'émergence.

Il y a plus encore : l'histoire fait vivre la sociabilité à l'heure des déplacements et des implantations – ce qui, à l'aune des théories géostratégiques ou médiatiques, peut être analysé en termes de flux et de réseaux. Que dire du Refuge, par exemple ? Est-ce un phénomène assimilable à une périphérisation ? Appliquer ce terme de géopolitique à des questions socio-littéraires ou – historiques peut paraître paradoxal, n'était qu'il met en lumière une relation de domination fondée sur une situation spatiale : rapport qui va d'un centre perdu, la France d'avant l'abrogation de l'édit de tolérance, vers un nouvel espace socio-politique et religieux qui reste à définir, voire à conquérir. La périphérisation qu'entraîne l'expatriation s'apparente à un rejet possible en raison d'un déséquilibre des forces. Elle ne se confond

---

[3] Deux modes d'explication peuvent rivaliser : l'un sociologique qui tient compte de la diffusion des ouvrages de savoir-vivre, l'autre historique qui considère à la fois la situation de la monarchie anglaise après Cromwell et l'influence d'une France affaiblie à la fin du XVIIe siècle, mais toujours très influente sur les plans politique et culturel.

pourtant pas exactement avec un phénomène comme la diaspora. En vérité, elle est double, puisqu'elle se produit en France (raisons et risques du départ) et en Grande-Bretagne (problèmes de l'implantation). L'analyse des correspondances familières en témoigne : la sociabilité qui caractérise ce milieu huguenot atteste un état d'excentration du milieu d'origine et un phénomène d'appropriation de nouveaux repères. Elle montre comment un basculement s'opère progressivement : la sortie de la périphérie suppose non pas un retour dans le centre perdu, mais l'adoption de nouvelles pratiques linguistiques et sociales qui viennent se superposer, et en définitive s'imposer aux anciennes. De l'exil à l'intégration se déroule toute une histoire communautaire caractérisée par des faits d'acculturation tels qu'ils modifient aussi en retour les pratiques sociales du milieu d'implantation. L'échange a pour conséquence une modification réciproque du centre et de sa périphérie, avec une redéfinition des frontières. Envisagé dans le cadre de l'étude que nous menons, ce phénomène est avant tout d'essence culturelle.

Pour d'assez évidentes raisons qui tiennent à des particularismes sociaux, une comparaison ne serait donc possible qu'en étayant la notion d'espace de critères généraux qui rendissent compte de la dynamique dans laquelle est prise l'histoire de la sociabilité. Lorsqu'on tente de décrire les interactions entre les cercles et lieux divers qui la constituent, force est de constater que la méthode contraint l'historien de la vie sociale à faire jouer des couples qui permettent de décrire la dynamique des groupes : sur un plan politique, l'opposition entre centre et périphérie exprime des rapports de pouvoir (un salon comme antichambre d'une institution ou la réunion d'un groupe d'individus

Conclusion

puissants dans un domaine donné de la vie économique ou politique) ; sur le plan des échanges, la dialectique des flux et des réseaux saisit le système de la sociabilité par son maillage et permet d'apprécier les évolutions en termes également quantitatifs ; sur un plan plus descriptif, l'état et l'évolution des groupes et cercles s'inscrivent sur un ensemble de cartes – c'est là ce qui permet de lire à la fois, d'une manière ponctuelle, les activités particulières, la nature et l'identité propre de chaque lieu, et, d'une manière dynamique, des effets de centration, de croissance et de décrue (villes avec ou sans académie, développement des *coffee houses* ou d'institutions particulières…) ; enfin, le jeu des forces qui marquent l'empreinte d'un cercle dans son temps, se lit à travers les phénomènes d'ouverture et de résistance qui caractérisent la concurrence des espaces entre eux, voire une standarisation éventuelle de certaines pratiques. Une des déclinaisons de ce dernier paradigme porte l'attention sur les questions de genre : sociabilité des femmes et des hommes, exclusion ou acceptation des femmes,[4] rôle des rites et des règlements.

La nécessité d'ajouter le repère temps dans l'espace euclidien de la réflexion sur la sociabilité, la fait concevoir dans une représentation à diverses échelles : l'application de la cartographie nouvelle des géographes qui rend compte, par exemple, des échanges et des flux, aide à structurer une vision dynamique des espaces de sociabilité et à surmonter les différences les plus sensibles entre les formes françaises et anglaises de sociabilité pour les incorporer dans un processus de description évolutif. Un point de vue

---

[4] En France, les « salons » n'étaient pas souvent ouverts aux femmes, même lorsque c'était une femme qui recevait. Les clubs londoniens pratiquent aussi volontiers cette exclusion.

comportementaliste peut saisir une sociabilité élargie aux dimensions d'une ville dont l'espace lui-même se compartimente plus ou moins en fonction de son utilisation (monde du loisir ou de l'éducation). Ainsi peut se jauger la part des transferts culturels avec les adaptations qu'ils supposent toujours, et qui constituent des formes comparables de sociabilité. Toute une histoire dynamique et comparée de la sociabilité d'un bord de la Manche à l'autre est à cartographier à la lumière des échanges et transpositions culturels.

Pour ne pas se fourvoyer dans des généralités qui feraient passer d'une étude historique et littéraire de la sociabilité à des considérations sociologiques douteuses, ou tout simplement pour bien définir les champs de recherche que l'on croise, il se révèle indispensable d'envisager l'espace en fonction des flux, ce qui réfère l'étude de la sociabilité à une anthropologie de la communication et de la médiation, et non plus seulement à une donnée strictement territoriale. La mesure sera celle d'un commerce dans tous les sens du terme, dont il importera aussi de préciser le volume (pratiques épistolaires et nombre de lettres, dons et quantité, considérations financières et évaluation de la richesse). Des marchandises de toute espèce permettent d'apprécier les conditions d'exercice de la sociabilité. Ce qui en définit l'espace tient alors à ce qui constitue l'échange. C'est sur cette base que s'établit aussi une description des rapports entre les cercles et les familiers, entre France et Grande-Bretagne. L'invention de formes spécifiques de sociabilité demande qu'on réfléchisse aux enjeux de l'espace et qu'on observe l'évolution des réalités qui le déterminent : c'est le cas, par exemple, de l'éclairage des villes.

Conclusion

L'échelle est par conséquent indispensable à l'étude de la sociabilité et de son espace entre France et Angleterre. Il y va d'une méthode bien ajustée aux problèmes posés par une enquête comparative de ce genre. Comment ne pas soupçonner de grandes divergences entre une sociabilité observée à l'échelle d'une ville, et d'une capitale (Londres ou Paris),[5] et celle qui règle les rapports entre les individus d'une société de province d'évidence refermée sur elle-même, voire dont la clôture est une des raisons fondamentales d'existence ? Pour autant, une cité est elle-même constituée d'un ensemble de salons dont les rites ne sont pas sans évoquer les valeurs que l'on peut retrouver dans des cercles en apparence beaucoup plus intimes. Reste qu'on ne parle assurément pas de la même sociabilité lorsqu'on envisage la demeure d'un négociant rochelais et une chambre de lecture nantaise. L'objet en est profondément différent, bien qu'à certains égards, les fonctionnements puissent se comparer. On peut certes supputer qu'ils ont tous deux un rôle politique à jouer, même si ce n'est pas d'une façon similaire : l'espace et sa définition, qui fait en l'occurrence jouer ici le couple très moderne du public et du privé, suggèrent une lecture politique, morale et économique très contrastée de la sociabilité. De fait, sans perdre sa qualité matérielle, l'espace recouvre une forte dimension axiologique dont il importe de rendre compte, car si les formes diffèrent en raison des choix qui les sous-tendent, il arrive aussi que les mêmes formes n'obéissent pas aux mêmes principes. L'anthropologie ne nous a-t-elle pas appris qu'un

---

[5] On se souviendra que durant le XVIIe siècle, Londres voit sa population doubler, ce qui n'est pas sans incidences sur la vie sociale.

espace est toujours investi par un système de valeurs ? C'est ce que propose l'étude comparée des traités de civilité et de leurs traductions, des divers documents décrivant des sociétés privées ou des correspondances. Les règles de la conversation, essentielles dans les formes de la sociabilité aussi bien en France qu'en Angleterre, proposent également un point d'appui pour une étude de l'espace par son système de valeurs, surtout si elle se prend elle-même comme objet d'un apprentissage à visée sociale. Dans cet esprit, les mots eux-mêmes peuvent être affectés d'une portée indicielle qui marque une conversion des valeurs : ainsi, par exemple, de l'expression « bas-bleu » qui, naviguant d'Angleterre en France, finit par prendre une couleur péjorative. Après la fermeture de l'Entresol en 1731, le genre du club dit « à l'anglaise » retrouve une vitalité dès les années 80, et surtout durant la Révolution, en prenant une forme plus populaire. L'enjeu sur le plan culturel est donc considérable, puisqu'il témoigne avec précision de l'évolution des mentalités, goûts et sensibilités, mais aussi, plus particulièrement, du statut social des hommes et femmes de lettres : Garrick donne au public des cercles français accès à une meilleure connaissance de Shakespeare, et sa correspondance en porte l'empreinte.

Au demeurant, lorsque l'espace se saisit au niveau de l'individu, la carte des cercles dans un lieu déterminé souligne la synergie des ensembles par les intersections qu'on peut repérer. Ce travail qui s'apparente à une figuration dans un plan sans profondeur (carte traditionnelle) et fait jouer les ensembles à partir des points que sont les familiers de chaque cercle – à ce propos, les listes des habitués sont d'une utilité capitale pour une représentation de l'espace de sociabilité –

Conclusion

offre une lecture des échanges d'un cercle à l'autre, montrant ainsi comment se nuance le système des valeurs de chaque cercle. Dans cette configuration, les absents n'ont pas forcément tort : que madame du Deffand ne reçoive pas Diderot ou que Diderot n'ait pas désiré entrer dans son cercle, n'est pas dénué de signification, surtout qu'elle continue à admettre D'Alembert lors même qu'il réside sous le même toit que sa nièce Julie de Lespinasse, bannie de la rue Saint-Dominique en 1763. La comparaison entre villes d'échelle analogue comme les capitales apporte un éclairage saisissant, non seulement parce que l'évolution des cercles n'est ni synchrone ni homologique, en dépit des transferts possibles, mais aussi parce que les capitales se veulent un reflet coruscant des questions et modes nationales. Du reste, si l'on avait postulé un modèle à la française comme patron de constitution d'une sociabilité à l'anglaise, que penser de la fin du XVIIIe siècle en France ? Nombreuses sont les réflexions, certes surtout consignées à l'orée du XIXe siècle dans des mémoires d'exilés de retour au pays natal, qui saisissent une évolution des formes pressentie, nous dit-on, dès avant la Révolution, et qui, fondées sur la nostalgie d'un idéal français de sociabilité, accusent l'individualisme anglais ou les manières inciviles d'une étrange sociabilité à l'anglaise ?

Bref, les espaces de la sociabilité en France et en Grande-Bretagne au XVIIIe siècle sont particulièrement complexes à comparer, puisqu'ils jouent à la fois l'un contre ou/et avec l'autre, mais aussi l'un sans l'autre. Non seulement les cercles obéissent à des formes très diverses, parfois sans commune mesure apparente, mais la tâche de l'historien comparatiste devient encore plus ardue s'il suit une méthode bien ajustée à son objet de recherche : il s'impose à lui de représenter l'espace de la sociabilité de plusieurs manières, selon des échelles et des plans différents en fonction de l'objet par lequel il entend le définir. Cette précision méthodologique est d'importance : elle montre qu'il y a certes une détermination historique de l'espace, repère inéluctable de l'existence sociale, mais aussi des modes de représentation qu'il convient de penser en fonction des objets sur lesquels porte la réflexion. Cette méthode n'est pas sans écueil, puisqu'elle requiert d'éclairer le sens de l'espace de la sociabilité d'un point de vue définitoire : on ne saurait simplement le saisir à travers des données illusoires, purement sociologiques ou strictement historiques ou atemporellement géographiques, puisque c'est un espace investi de valeurs qui évolue par l'échange et sur lequel pèsent des facteurs culturels de toute espèce, quand ils ne sont pas tout à fait exogènes.

La comparaison des espaces de sociabilité français et anglais du dix-huitième siècle passe à notre sens par une méthodologie cartographique dont les études de cet ouvrage ont, nous l'espérons, rendu compte d'une manière aussi diverse que rigoureuse. Il nous appartenait de la faire émerger : l'étude des espaces de sociabilité requiert une méthode d'approche qui réfléchisse effectivement sur la figuration de ces espaces, et plus précisément sur l'échelle et les repères qui conditionnent jusqu'aux modes d'interprétation des données.

Imprimé en France pour les éditions
Le Manuscrit ✥ Manuscrit.com
avril 2014

Editions Le Manuscrit
- www.manuscrit.com -

Depuis 2001, les éditions Le Manuscrit - www.manuscrit.com - ont, par l'originalité de leur formule, ouvert un nouvel espace de publication dans le paysage de l'édition.

Grâce à un savoir-faire unique qui associe culture traditionnelle de l'édition et maîtrise d'innovations technologiques majeures, les éditions Le Manuscrit - www.manuscrit.com - garantissent la disponibilité permanente des textes sous un double format : le livre papier et le livre numérique, pour une souplesse totale d'édition qui inscrit le livre dans la culture du développement durable.

Un catalogue ouvert aux différents domaines éditoriaux (littérature générale, recherche-université, Europe...) propose, à travers le monde, un fonds de plus de 7 000 références et réunit 5 000 auteurs publiés dans toutes les langues. Chaque livre est protégé selon le code de la propriété intellectuelle et les droits d'auteurs rémunérés. Véritable éditeur de marques, les éditions Le Manuscrit - www.manuscrit.com - et leurs comités de lectures spécialisés créent des collections prestigieuses en partenariat avec les universités, centres de recherches, institutions, fondations et acteurs de la société civile.

Par un référencement ciblé, les éditions Le Manuscrit - www.manuscrit.com - assurent aux ouvrages une diffusion internationale, dans les librairies (référencement Electre, Dilicom, Titelive...) et sur les principales librairies en ligne (Amazon, AbeBooks, Alapage, Chapitre...). Un réseau de partenaires attentifs - libraires, bibliothèques, médiathèques, médias - s'associent aux éditions Le Manuscrit - www.manuscrit.com - pour favoriser la découverte des talents (Prix du Premier Roman Le Manuscrit, Prix du Scénario du Film de Femmes...), la transmission des savoirs, et promouvoir les titres et les auteurs auprès d'un large public.

Dynamique et innovant, le site manuscrit.com, par un accès gratuit et privilégié à la publication, propose une plateforme de contenus interactive et réunit autour des blogs d'auteurs des sources d'informations sur la vie culturelle ainsi qu'un espace de rencontre privilégié entre auteurs, lecteurs et partenaires actifs.

Les éditions Le Manuscrit - www.manuscrit.com - sont membres du Syndicat National de l'Édition.

www.manuscrit.com
communication@manuscrit.com
Téléphone : +33 (0)8 90 71 10 18
Télécopie : +33 (0)1 48 07 50 10
20, rue des Petits Champs
75002 Paris